幼儿园环境创设

主　编　　成　燕　杜　娟　孟　玥

副主编　　周佰胜　郭　杰　童　安

　　　　　游文娟　廖巍巍　杨大军

参　编　　伍一夫　徐自英　刘国强

　　　　　刘　洋　董　树

湖南师范大学出版社

·长沙·

图书在版编目（CIP）数据

幼儿园环境创设／成燕，杜娟，孟玥主编. —长沙：
湖南师范大学出版社，2019.1（2023.7 修订）
ISBN 978-7-5648-3471-5

Ⅰ. ①幼…　Ⅱ. ①成…②杜…③孟…　Ⅲ. ①幼儿
园-环境设计-幼儿师范学校-教材　Ⅳ. ①G617

中国版本图书馆 CIP 数据核字（2019）第 027067 号

幼儿园环境创设

YOU'ERYUAN HUANJING CHUANGSHE

成　燕　杜　娟　孟　玥　主编

策划统筹：文智达教育
责任编辑：麻丽娟　何海龙
责任校对：茹佳莹
出版发行：湖南师范大学出版社
地　　址：长沙市岳麓山
邮　　编：410081
电　　话：0731-88872751
网　　址：https://press.hunnu.edu.cn
经　　销：各地新华书店
印　　装：湖南省美如画彩色印刷有限公司
开　　本：787 mm×1092 mm　1/16
印　　张：15.5
字　　数：266 千字
版　　次：2019 年 1 月第 1 版　2023 年 7 月修订
印　　次：2023 年 7 月第 8 次印刷
书　　号：ISBN 978-7-5648-3471-5
定　　价：49.90 元

出版说明

教育是国之大计、党之大计。党的二十大报告提出，"坚持以人民为中心发展教育，加快建设高质量教育体系，发展素质教育，促进教育公平"。为贯彻落实全国职业教育大会和全国教材工作会议精神，根据《"十四五"职业教育规划教材建设实施方案》，为贯彻落实国家教育规划纲要，深化教师教育改革，全面提高教师教学质量，建设高素质、专业化教师队伍，并积极响应我国"办好学前教育"和"推进学前教育改革发展"的号召，进一步落实《国务院关于当前发展学前教育的若干意见》，促进学前教育持续健康发展，依据当前学前教育改革和发展的要求，积极推进全国师范院校学前教育专业课程改革和创新与实践型教材建设，全面提升学前教育工作者及幼儿园教师教育课程的专业品质，我们在全国范围内组织开展了"学前教育专业'互联网＋'精品教材"的编写工作。

依据教育部相继颁布实施的《教师教育课程标准（试行）》《幼儿园教师专业标准（试行）》的要求，结合《中共中央 国务院关于学前教育深化改革规范发展的若干意见》的相关指导精神，本着"权威、优质、实用、创新、育人"的原则，本套教材的编写主要呈现以下特色。

1. **权威编写，打造经典。**本系列教材邀请学前教育领域资深学者、知名教授成立专家指导委员会，指导并审定编写大纲，组织师范院校经验丰富的一线优秀教师主编，力争以编写人员精深的学科专业知识和严谨的治学研究精神，打造出面向全国学前教育专业的"院校乐用、学生易用"的精品教材。

2. **传承精粹，提升品质。**本系列教材"博采众家之长"，充分吸收以往研究成果以及其他相同科目教材的优点，同时积极开拓崭新的、领先的、科学的教育教学内容，着力提升其内容品质。

3. **紧贴实践，学以致用。**本系列教材充分结合教师教育实践以及广大学生高效学习的需求，以课堂教学知识体系为"纲"，以实践中能够学以致用为"本"，从课程的重点、难点知识着手，在知识体系讲解和板块体例安排中尽最大努力以"易教、易学、

易用"为原则进行科学设计，并特地邀请幼儿园园长、一线优秀教师参与编写，以切实适应现阶段我国学前教育专业的特点，重点突出基础理论的应用和实践技能的培养。

4. **与时俱进，积极创新**。21世纪是网络化、信息化、智能化时代。本次学前教育专业系列精品教材改革与时俱进，重点改革教材传授知识的方法与手段。本套教材积极融合现阶段"互联网＋"思想，拓展教学资源，建立了包含课程标准、电子教案、教学课件、教学检测、课外拓展等全面、丰富、立体化的课程体系，最大限度地满足现阶段信息化教学背景下师生之间"教"与"学"的教育要求，并在教材板块体系中引入"二维码""微课"等互联网信息化教学形式与内容，将传统教学手段与科技创新手段有机结合，体现严谨治学、与时俱进、生动活泼的风貌。

5. **融入思政，育人为本**。本系列教材建设深入贯彻落实习近平总书记关于职业教育工作和教材工作的重要指示批示精神，全面贯彻党的教育方针，落实立德树人根本任务，培养德智体美劳全面发展的社会主义建设者和接班人。本系列教材坚持马克思主义指导地位，将马克思主义立场、观点、方法贯穿教材始终，体现党的理论创新最新成果特别是习近平新时代中国特色社会主义思想，体现中华民族优秀传统，体现人类文化知识积累和创新成果，全面落实课程思政要求，弘扬劳动光荣、技能宝贵、创造伟大的时代风尚。

近几年来，随着学前教育事业的深入发展以及学前教育理论的不断更新与完善，幼儿教育越来越受到全社会的关注，幼儿教育事业也随之蓬勃发展起来，人们对学前教育的认识和理解也不断趋于科学化。随着幼儿园管理的逐步规范，以及教育教学的精细化、特色化，越来越多的幼儿园管理者及教师开始认识到环境对幼儿发展的重要性，明确了环境是幼儿园教育的重要资源，因此，如何为幼儿创设一个适合他们成长的环境，就成为幼儿园教育教学工作的重要任务。

2010年，是我国学前教育发展最快的一年，同年，国务院提出了《关于当前发展学前教育的若干意见》，进一步强调要把发展学前教育摆在更加重要的位置，加快建设一支师德高尚、热爱儿童、业务精良、结构合理的幼儿教师队伍；完善学前教育师资培养培训体系，建设一支高素质的学前教育教师队伍，是保证学前教育质量的关键和基石。教育部在2001年颁布的《幼儿园教育指导纲要（试行）》指出，环境是重要的教育资源，幼儿园应通过环境的创设与利用，有效地促进幼儿的发展。2012年教育部颁布的《幼儿园教师专业标准（试行）》也进一步明确提出，幼儿园教师要重视环境和游戏对幼儿发展的独特作用，环境创设要有助于促进幼儿成长、学习和游戏的教育功能。这就意味着幼儿园必须重视并积极创设有利于幼儿发展的教育环境，而幼儿园教师也必须树立科学的环境创设理念，具备幼儿园环境创设的专业知识和能力。

在此背景下，我们根据《教师教育课程标准（试行）》和《幼儿园教师专业标准（试行）》的要求，组织了一批业务能力强、理论知识和实践经验丰富的专家、一线教师，编写了这本教材。本教材在内容和结构上力求做到科学、系统、实用、新颖，编写中吸纳了国内外幼儿园环境创设的最新研究成果。力求体现以下特色：运用案例问题导入，突出教师教育的探究合作学习理念；运用主题网络图，为学生形成系统知识

体系奠定基础，体现以学生为本的教育理念；书中配有大量图片，皆为教师带领学生深入幼儿园参观考察的真实场景。

全书共分为六章：第一章幼儿园环境创设概述，系统阐述了幼儿园环境创设的基本理论，介绍了幼儿园室内外环境创设的理论依据；第二章幼儿园墙饰的设计与制作，分别从幼儿园墙饰的分类与设计要点、主题墙饰的基本要素、以及主题装饰壁画的制作技法这三方面加以阐述；第三章幼儿园各领域活动区的环境创设，分别介绍了幼儿园五大领域的环境创设要求；第四章幼儿园区域活动区的环境创设，主要涉及了区域活动区的环境创设和材料投放，以及幼儿园基本区域活动区的环境创设；第五章幼儿园主题活动与特色活动的环境创设，主要包括了主题活动的概述、主题活动环境创设的步骤，以及主题活动开展的环境创设跟进和配合几部分内容；第六章幼儿园附属设施设备的环境创设，主要从办公区环境创设、附属建筑的设置、附属设备的设置及玩教具的设计与制作等方面加以阐述。

在编写过程中，编者还参考了国内外专家、学者已出版的学术成果以及幼儿园一线教师的工作案例及图片，特向相关作者致谢。本书还配有精美教学课件和微课视频，并辅以课程标准以及全书同步教案的参考。

由于本书编写时间紧、任务重，编者学识水平有限，书中疏漏之处在所难免，敬请广大师生批评指正。

编　者

目 录 >>>>>>>>>

第一章 幼儿园环境创设概述

引 言

　　幼儿园环境创设作为一门隐性课程，对幼儿的影响是不可低估的，是幼儿园的第三位老师。瑞士心理学家皮亚杰说过："儿童的认识发展要在其不断地与环境的交互作用中获得。"《3～6岁儿童学习与发展指南》指出：幼儿教育应注重过程，应与幼儿生活经验相贴近，能符合幼儿的兴趣，满足每个幼儿的合理需要。幼儿园作为专门性的教育机构，是幼儿学习、生活的重要场所，把环境创设作为幼儿园整体教育的有机组成部分，是实现教育目标的重要途径。事实上，一个好的教育环境本身就是幼儿的教科书和良师。可以说，在促进幼儿早期教育方面，最有效的做法之一就是创设良好的幼儿教育、学习、游戏的环境，这也是幼儿园环境创设的重点所在。

学习目标

- 理解环境与幼儿园环境的概念，认识幼儿园环境的教育作用。
- 理解幼儿园环境创设的概念和原则，熟悉幼儿园环境创设的基本要求。
- 理解幼儿园室内外环境创设的内容。

第一节　幼儿园环境概述

一、幼儿园环境的概念

（一）环境

环境是指人生活于其中，并能影响人的一切外部条件的总和。这个

幼儿园环境创设概述

外部条件的总和，既包括人们在社会生活中的条件和社会关系的总和，也包括人们赖以生存的自然条件的总和。环境在个体发展中发挥着至关重要的作用。孔子云："性相近也，习相远也。"墨子也曾提出"染丝说"的观点："染于苍则苍，染于黄则黄，所入者变，其色亦变。"墨子认为什么样的环境和教育造就什么样的人。

（二）幼儿园环境

相对于一般环境而言，幼儿园环境是一种特殊的环境。何谓幼儿园环境？意大利著名教育家蒙台梭利认为："教育的基本任务是让幼儿在适宜的环境中得到自然的发展，教师的职责在于为幼儿提供适宜的环境。"我国近现代儿童教育家陈鹤琴则提出，幼儿园环境是"幼儿所接触的，能给他以刺激的一切物质"。幼儿园环境有广义与狭义之分，广义的幼儿园环境是指幼儿园教育赖以进行的一切条件的总和，它既包括幼儿园内部的小环境，又包括与幼儿园教育有关的家庭、社会、自然和文化等大环境；狭义的幼儿园环境是指在幼儿园中对幼儿身心发展产生影响的一切物质与精神要素的总和，它涵盖幼儿园的全体工作人员、幼儿、幼儿园设施设备、空间布局，以及各种信息要素，并通过一定的教育制度与观念，以及文化传统所组织、综合的一种动态的、有形与无形相结合的教育空间范围。

如无特殊说明，本书中的幼儿园环境均是指狭义的幼儿园环境。

二、幼儿园环境的分类

（一）按存在形式分类

幼儿园空间环境是由若干自然因素和人工因素有机构成的，是与教师、幼儿紧密联系、相互作用的物质空间。其中的自然因素包括阳光、空气、地形、山石、水体和花草树木等；人工因素则包括建筑物、空间分割、内部空间的大小、形状、灯光、设备、人工小气候、装饰等人为因素的幼儿园绿化，同时又是幼儿园自然环境的有机组成。在这里，人工环境与自然环境合为一体，即"人类化的自然"。

具体来说，幼儿园的空间环境由幼儿园的园门、围墙、户外环境、走廊、楼梯空间、活动室外和活动室内空间等部分组成。幼儿园的空间环境是指幼儿园环境建设的不同侧面，如幼儿园家具、设备和器材的造型和配置，室内外活动场地的分割组合及利用，包括由艺术饰品等布置起来的环境空间的质量等。

（二）按组成性质分类

按组成性质分类，幼儿园环境可以分为硬环境和软环境，或者有形环境和无形环境。也就是最常见的把幼儿园环境分为物质环境和心理（精神）环境两大类。

（1）物质环境

幼儿园的物质环境是幼儿园内对幼儿发展有影响作用的各种物质要素的总和。包括幼儿园里的各种场所材料，如幼儿园内的沙地、绿地、大型游乐玩具，以及教室、寝室、活动室等场所的教学设施、用具的布置，等等。

因为幼儿的认识活动主要是依靠感觉、表象和动作进行的，幼儿只要通过"触摸""看"和"听"来认识环境，因此，物质环境永远是幼儿园教育环境先决性的载体。良好的物质环境能陶冶性情，激发幼儿的好奇心，鼓励其探索行为，使幼儿在操作各种材料的过程中学习知识，获得各种社会行为，实现个体的发展。但如果教师不具备高尚的师德，以及正确的教育观、发展观、儿童观和必要的保教技能，即使有再好的物质条件，其教育效能也得不到充分发挥。如果盲目追求幼儿园物质条件的高标准、超豪华，而不注重教师素质、教学水平，就很难使物质环境发挥其教育作用。

（2）心理环境

幼儿园的心理环境是幼儿园内对幼儿发展产生影响的一切精神因素的总和，主要指幼儿园里的人际关系及风气或氛围。虽然心理环境是无形的，但却直接影响着幼儿的情感、交往行为和个性的发展。就幼儿的社会性发展来说，心理环境是幼儿园环境中更为重要的一方面，它与幼儿社会性发展的关系更为密切。

创设心理环境主要包括创设良好的人际环境，以及形成良好的一般日常规则与行为标准，也即园所文化。幼儿园的心理环境应该是自由、理解、温暖、宽容、安定、平等、合作、亲密的，具体包括教师与幼儿之间的关系、幼儿同伴间的关系及教师与教师之间的关系等。在心理环境的创设中，建立良好的师幼关系和帮助幼儿建立良好的同伴关系都是十分重要的。

物质环境和心理环境并不是孤立地对幼儿起作用的。首先，物质环境既然是人工的，本身就有多层含义，而心理环境必定要通过人与物来体现，因而不可能独立存在。其次，物质环境与心理环境有着密切的相互依赖关系。例如，物质材料不够会引起幼儿的争吵，过多时又会使幼儿烦躁或对幼儿的刺激度下降。又如，如果没有良好的班级氛围，再好的材料也不能发挥它应有的效应。物质环境需要透过心理环境才能发挥作用，而心理环境又必须有物质环境的基础才能体现出来。因此，物质环境和心理环境两者之间的关系是相互作用、相互制约、相互影响的。

（三）按照空间布局分类

按照空间布局分类，可将幼儿园环境分为园外环境与园内环境。

园外环境指幼儿园之外的环境。比如社区文化环境、家庭环境、亲子关系等。

园内环境主要是指幼儿园内部环境。包括户外环境、室外环境和室内环境。这里户外环境主要是指户外活动区，如器械设备区、玩沙戏水区等；室外环境主要指楼道、走廊、门厅等公共区域环境；室内环境就是班级环境，包括活动室内的各种区域。

图1-1　户外环境：器械设备区

图1-2　户外环境：玩沙戏水区

图1-3　室外环境：走廊

图1-4　室外环境：楼道

图1-5　室内环境：班级公共环境

图1-6　室内环境：班级区域活动环境

（四）按照幼儿园一日生活活动构成分类

按照幼儿园一日生活活动构成分类，可将幼儿园环境分为生活活动环境、游戏学习活动环境。

生活活动环境包括盥洗室、就餐区等。

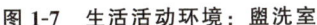

图 1-7 生活活动环境：盥洗室　　　　　图 1-8 生活活动环境：就餐区

游戏学习活动环境又可分为室外游戏区（包括玩水玩沙区、休育活动区等）和室内游戏区（包括角色游戏区、表演游戏区、结构游戏区、认知活动区等），后者也就是我们熟知的区域活动环境区。

（五）按照课程结构和特征分类

按照课程的结构和特征分类，可将幼儿园环境分为空间环境、组织制度环境、文化心理环境。

空间环境主要指幼儿园的园舍建筑、活动室设置和美化绿化等形式。

组织制度环境指幼儿个体与集体行为的准则与规范，主要有教育内容与活动的安排、教育评价与方式及教育管理思想与方式等方面。

文化心理环境包括师生关系，教师期望、行为和态度等。

三、幼儿园环境的特点

（一）教育性

作为专门的幼儿教育机构，幼儿园的环境与其他教育机构有显著的区别。幼儿园的环境不是一种自然自发或随意设置的环境，而是教育者根据幼儿园教育的目标，着眼于幼儿身心发展需要，有目的、有计划、有组织地精心创设的适宜的教育条件。意大利小镇瑞吉欧的幼教工作者把"幼儿园环境"与"幼儿园教育环境"等同起来，认为幼儿园空间本身就"具有教育内涵"，也就是包含教育性的信息和对互动的经验及建构式学习产生刺激。

（二）可控性

与不可控因素较多的外界环境相比，幼儿园的内部环境是精心创设的，具有很强的可控性。一方面，幼儿园内部环境的构成处于教育者的控制之下。社会上的精神文化产品、各种幼儿用品等在进入幼儿园时，教育者以利于幼儿发展为选择标准，进行精心的筛选、甄别；另一方面，教育者能有效调控环境中的各个要素，根据教育的要求及幼儿的特点，维护内部环境的动态平衡，使之始终保持在最适合幼儿发展的状态。

幼儿园环境的教育性与可控性之间是相互联系的：环境的教育性决定了环境的可控性，使可控性有了明确的标准和方向；而可控性又保证了教育性的实现。二者具有相互依存、相互制约的关系。

四、幼儿园环境的教育作用

美国哈佛大学心理学家怀特说:"在促进幼儿早期教育方面,最有效的做法是创造良好的环境。"这里说的良好的环境更多是指幼儿园精神环境的建设。新时代教育强国建设要求"办好人民满意的教育",着重提到了育人的根本在于立德树人、铸魂育人,这是幼儿园精神环境教育的重要体现。幼儿园环境教育一定要注重精神环境的建设,尤其要注重幼儿教师自身的修养建设,教师的一言一行对于幼儿的成长影响深远。由此可见,幼儿园环境对幼儿的身心发展具有重要作用。具体来说,幼儿园环境的教育作用体现在以下两个方面。

(一)促进幼儿认知的发展

幼儿的认知是在与周围环境相互作用的过程中不断发展的。幼儿园环境作为幼儿发展的一种刺激条件,可以有目的地塑造幼儿的某些行为习惯。一旦幼儿园环境创设具有明确的指向性,就可以影响或促进幼儿特定方面的发展。例如,我们在小班幼儿盥洗的生活环境创设区里,以富有童趣的动物形象或画面为主,粘贴图文并茂的步骤图,让幼儿能够通过观察图片,学习洗手的正确方法。告诉幼儿上完厕所要冲水的文明礼仪,教会他们正确区分男孩子和女孩子的小便池,这样既能激发幼儿对盥洗的兴趣,又能使幼儿对盥洗的方法有形象的认识,帮助其模仿盥洗的顺序。这种对生活环境的创设就是对幼儿行为的预期,即暗示进入该区域的幼儿要按正确的规则引导行为。显然,在这种情况下,环境就能替代教师的指导语,起行为习惯的提示作用。

环境应具有教育的功能。幼儿园的环境可以让孩子潜移默化地得到教育,获得认知的发展,激发其学习兴趣和求知欲望。例如,我们在墙壁上留了大量的空间让幼儿自己发挥想象力进行装饰,有的幼儿在上面留下自己的装饰作品,有的幼儿在上面留下自己的画、照片,也有的小班幼儿在上面留下涂鸦画,这里成了幼儿自由发挥的天地,让他们感到其乐无穷、兴致盎然。又如,我们在阅读区布置了一个温馨的小屋,小屋里有帐篷、围幔,还有幼儿收集的许多他们自己喜欢的书籍,墙面上悬挂着幼儿与家长一起制作的手工作品和绘画作品。幼儿可以挑选自己喜欢的玩偶来布置阅读区,同时对故事进行创编、讲述,像这样富有教育意义的环境会让幼儿更加专注和投入。

图 1-9 阅读区的温馨小屋

(二)促进幼儿社会性的发展

幼儿与幼儿、幼儿与教师、幼儿与物体之间的交流少不了环境的支持与介入。幼

儿园环境的诸多方面，如环境布置的内容及其营造的氛围，活动空间的安排及活动材料的投放等，会通过影响幼儿在交往过程中的情绪状态、交往对象的数量等来影响幼儿社会性的发展。例如，在幼儿园的楼梯下、走廊尽头或教室的一角设置私密空间，让幼儿到这个小空间里安静地休息，或与同伴谈心，使其内心得到一种释放或安慰。例如设置悄悄屋、心情屋等。

图 1-10　悄悄屋

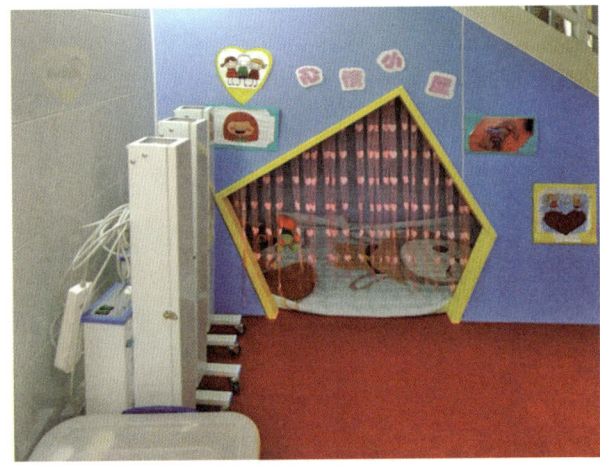

图 1-11　心情屋

另外，幼儿在与教师、同伴和家长共同创设环境的过程中，与同伴进行交流、合作，表达自己在遇到困难和疑问时的沮丧、郁闷及完成任务后的喜悦等，有助于幼儿在这一过程中逐渐了解人际交往的规范和技巧，进而逐步适应社会生活。教师在环境布置中，不妨放手，成为幼儿的合作伙伴，甚至协助者。可以根据幼儿的水平创设一部分任务，让幼儿在自主参与的过程中体验平等意识，培养他们的主人翁意识。例如，在布置与海洋有关的主题墙饰时，教师可以先让幼儿自由作画，教师通过添加、整合等手段做最后的整体调整装饰，幼儿也可以和老师合作完成线条部分的装饰，同时教师还可以根据整体画面，灵活添加一些相关内容，这样能启发幼儿充分想象。在幼儿眼中，环境中的作品如同己出，也让幼儿真正体验到成功的含义。

图 1-12　海里的故事

图 1-13　海底世界

第二节　幼儿园环境创设的基本理论

一、幼儿园环境创设的概念

幼儿园环境创设的基本理论

幼儿园环境创设是指教育者根据幼儿园教育的要求和幼儿身心发展的规律、需要，充分挖掘和利用幼儿生活环境中的教育因素，并创设对幼儿有积极作用的活动场景，把环境因素转化为教育因素，促进幼儿身心主动发展的过程。

创设整洁有序、与教育相适应的良好环境，是幼儿园实现教育目标，促进幼儿体、智、德、美全面和谐发展的必要条件。

二、幼儿园环境创设的代表思想

中外各国关于幼儿教育理念有很多，各有特点，但是无论是哪种理念，其基本的教育原则大体上是一致的，那就是都必须一切以孩子为主。在此，我们分别以国外比较知名的蒙台梭利幼儿教育环境观和我国陈鹤琴先生的幼儿教育环境观为例，分析总结这些独到的幼儿园环境教育思想对我国当代幼儿园环境创设所带来的启示与参考。

（一）蒙台梭利教育环境观

1. 蒙台梭利教育环境观的主要内容

（1）"有准备的环境"

这里的"有准备的环境"是指一个能够包含幼儿成长中所需要的心理、文化、社会、精神等各个方面的环境，简而言之就是包含了成长中的基本要素。"有准备的环境"需包括的因素应该有以下几点：

①自由的观念。蒙台梭利认为，只有在自由的气氛中，幼儿才会显露他们的本质，成人才可以观察幼儿的兴趣和活动，了解幼儿的个性和发展，随时改进环境以适应幼儿的需要。幼儿在一个日益有趣的环境中自由地选择感兴趣的工作并专注其中，可以达到自制、自我教育的境界，并且有机会了解行为对自己和他人的影响，了解自己的能力和不足。

②结构与秩序。外在的秩序感有助于发展幼儿内在的秩序感，因此环境的外部组织必须模仿或促进幼儿的内部秩序。由于幼儿对秩序十分敏感，因此教室的节奏和日常活动必须是可以预料的，学习材料须有秩序地组织起来，教师对幼儿的行为指导须正确而精确，幼儿能在自己期望的地方找到活动材料。但蒙台梭利也强调，并不是所有的东西都一直保持在原位，敏锐的教师会定期更改环境中事物摆放的位置，配合幼儿的成长脚步。

③真实与自然。蒙台梭利认为幼儿心理的吸收力很强，因此，幼儿手里拿的活动材料必须具有真实性。蒙台梭利环境为幼儿提供的工具是真实、可操作的，而且与幼儿身体大小相匹配。幼儿受自然界的强烈吸引，包括自然界的循环规律、节奏、内部秩序。因此，蒙台梭利认为，自然必须是学习环境的一部分。例如幼儿应该自己照料植物、动物、小花园。这些都是常见的可供幼儿学习的自然界事物。

④美感与气氛。蒙台梭利提倡不仅活动材料要具有美感，而且环境本身必须具备和谐的气氛。她认为，真正的美建立在简洁的基础上，教室环境在视觉上要协调统一、生动、美观、大方，但又不显得过分刺激和凌乱。除了美之外，蒙台梭利还提倡整个环境应当平和、有滋养力，轻松而温馨，使幼儿乐在其中。

⑤蒙台梭利专业教具。蒙台梭利教具不同于玩具，它是蒙台梭利根据现代科学理论设计出的一系列富有结构、秩序特征的工作材料。它不是提供给教师使用，而是提供给幼儿做"成长工作"时所使用的材料；它不是辅助教师上课的物品，而是让幼儿进行自我教育、自我探索的媒介。儿童在自我练习的过程中发展智力、注意力、持久的心理平衡、抽象思维和自然创造。可以说，教具正是蒙台梭利环境理论物化的结晶。

⑥社会生活的发展。环境不单指物质材料，更包含了与幼儿互动的人，并且人才是幼儿学习和吸收的主要对象，包括幼儿与幼儿互动、幼儿与教师互动。蒙台梭利教育采用混龄编班，即不同年龄的幼儿混合在一个班级里。在这样的混龄班级中，年龄较大的幼儿会自发地去帮助年龄较小的幼儿，而年龄较小的幼儿则能从年龄较大的幼儿的工作中得到启发，这便有助于幼儿社会生活的发展。这样的教导非常可贵，幼儿之间存在着一种精神上自然的"渗透作用"，使幼小的孩子很容易通过年长的幼儿学会那些我们难以传授的事物。

（2）"适宜的环境"

蒙台梭利认为幼儿自身具有发展的能力，幼儿的成长是内在生命力的发展，教师的任务是给幼儿提供一个适宜的环境，包括精神环境和物质环境。蒙台梭利在《蒙台梭利幼儿教育科学方法》中，对"适宜的环境"做了阐述："环境一定是适宜的，环境不适合幼儿，他的潜能也就得不到发展。"

2. 蒙台梭利教育环境观对我国幼儿园教育的启示

（1）既要重视硬环境的建设，更要重视软环境的创设。

相对硬环境而言，软环境的创设需要花费更多的精力与时间，且难度较大，也没有硬环境外显性强。而事实上，软环境对于幼儿的认知、情感、道德、个性、社会性以及动作技能的发展都起着巨大的作用。教师作为幼儿的支持者、引导者、促进者，尤其对幼儿发展起到至关重要的作用，应该引起足够的重视。

（2）让幼儿成为环境的主人和创造者。

通过对蒙台梭利环境观的了解，让幼儿真正地融入环境中，使幼儿获取对环境的归属感与亲切感，则更能发挥环境的教育作用。因此，我们应该鼓励幼儿参与到环境

的创设中来，成为环境的主人和创造者。

(3) 幼儿园的环境创设要保持动态。

蒙台梭利认为，有准备的环境具有结构性和秩序性的特点，环境的结构是为了配合幼儿的生活学习。幼儿园的环境应随着幼儿、教师以及课程的需要，不断调整变化，以符合幼儿身心发展的需要。

(4) 把握好环境的教育内涵。

环境既不能完全沦为外观，成为摆设，也不能只注重其教育意义，生硬地将知识刻在墙上，镶在框里。要重视环境对幼儿的熏陶作用，教育一线的工作者更要有针对性地深入思考环境创设在发展幼儿具体技能方面的策略，从而将知识技能训练和情感道德培养巧妙地渗透进环境创设中，使环境的教育功能得到充分体现。

(二) 陈鹤琴教育环境观

1. 陈鹤琴教育环境观的内容

陈鹤琴认为幼儿园（幼稚园）的课程应以"幼儿的环境"（包括自然环境和社会环境）为中心。他在《我们的主张》一文中指出："我们应当把幼稚园的课程打成一片，成为有系统的组织。……儿童的环境不外乎两种：一种是自然的环境，一种是社会的环境。自然的环境就是各种动植物的现象。社会的环境就是个人、家庭、集社、市廛等类的交往。"

(1) 大自然、大社会都是我们的活教材。

陈鹤琴的"活教育"课程观主张将大自然、大社会看作教育的活教材，让幼儿在大自然中、在社会中学习。陈鹤琴认为，"所有的课程都要从人生实际生活与经验里选出来"，切合人生的课程内容应是幼儿"一饮一食、一草一木的接触，灿烂的玩具用品"。

(2) 幼儿园环境创设必须坚持"中国化"原则。

陈鹤琴在吸收国外精华时，也有所改造，而非照搬照抄。例如，他所设计的"摇摇船"就是从国外引进图纸改制的。

(3) 幼儿园环境创设必须坚持"儿童化"原则。

环境的创设要充分考虑幼儿的特点。"教师必须清楚，环境是为儿童创设的，他们是环境的主人，是环境的使用者。因此，在设置环境时，应以儿童为基准。比如，挂图、照片和墙饰等的悬挂要与幼儿的视线齐平。""儿童化"原则还要求环境创设的过程中要有幼儿参与。"不要教师自己来做，让学生们自己来设计，自己来布置，这才格外有意思。"

2. 陈鹤琴教育环境观对我国幼儿园教育的启示

(1) 幼儿园环境创设应该突出生活性。

陈鹤琴指出，"大自然、大社会是我们的活教材"，我们应当"注意环境，利用环境"。换句话说，进行环境创设时要注重利用身边的自然资源、生活资源进行创设。

（2）幼儿园环境创设应该凸显幼儿的主体参与性。

"活教育"的教学论和方法论，体现了"共同学习模式的建构"和"以儿童为学习主体"等理念，幼儿园环境创设亦是幼儿学习不可错失的好机会。这就要求幼儿教师在日常的幼儿园环境创设中，要让幼儿真正地参与进去，让幼儿在环境创设的过程中与环境材料产生积极互动。这不仅能激起幼儿学习的积极性和能动性，还能培养幼儿的动手操作能力。而且由于幼儿的参与，就要求创设材料的大小是适合幼儿的，设备设施的高度是与幼儿的身高相符的。总之，幼儿园环境创设应从幼儿学习兴趣和积极性出发，凸显环境创设中幼儿的主体参与性。

（3）幼儿园环境创设应注重教育渗透性。

陈鹤琴在其"活教育"的德育论中提出了对幼儿进行教育的"训育十三条原则"，其中指出，要注重德育过程中幼儿自觉性的养成，要注重争取正面引导和积极鼓励的方法，要注重纪律约束和尊重信任相结合的方法，要注重家庭学校以及校内外各种因素的整体配合和协调统一，注重说服教育等，尤其重视对幼儿爱国主义的教育等，这也正是幼儿园环境的教育功能所要表达和提倡的。环境对幼儿的影响是潜移默化的，这就要求在进行环境创设时，有明确的针对性和指向性，通过创设特定的环境，引领幼儿朝着好的方向发展。

三、幼儿园环境创设的原则

幼儿的身心发展具有一定的顺序性和阶段性，并且具有极大的可塑性。幼儿是幼儿园的主体，幼儿园的空间环境就应该是幼儿喜爱的、能满足幼儿活动需要的环境。只有这样的环境，才能使幼儿乐于接纳并能与之融为一体。例如，很多幼儿园在创设幼儿园环境时有意识地突出设计方案的童趣化，国内幼儿园建筑造型中常见花园式、积木式或城堡式的设计风格，其设计意图就是将幼儿园建造成幼儿喜欢的童话世界，充分体现幼儿的年龄特征，符合幼儿的喜好。

图 1-14 城堡式幼儿园建筑

图 1-15 花园式幼儿园建筑

创设幼儿园空间环境时要遵循以下几个基本原则。

（一）适宜性原则

1. 与幼儿教育目标相适宜

幼儿园环境创设是幼儿园课程的一部分，环境的布置创设是服务于实现教育目标，促进幼儿全面发展，并根据教育目标对环境设置进行系统的规划。幼儿正处在身体、智力迅速发展及个性形成的重要时期，幼儿园环境创设是与幼儿身心发展相适应的。幼儿园的所有物质条件都要从保障和促进幼儿身心健康发展出发。幼儿园的环境创设要与幼儿园教育目标相一致，要有利于教育目标的实现，要能促使幼儿体、智、德、美的全面发展。

2. 与幼儿年龄特征相适宜

优质的幼儿园教育环境，应该拥有很强的自主性。不管是活动材料，还是场地的变化，都要根据幼儿实际需求，给幼儿提供熟悉的材料和游戏，让幼儿自主、自发地进行多样化的室内活动。因为自主性不仅能保证整体环境的有条不紊、互不干扰，还能让幼儿的个性得到充分的发展，使其学习更投入，理解能力更强，素质不断提升。因此，幼儿园环境创设还要体现幼儿的年龄特点。幼儿的年龄可以分成三个阶段，每个阶段中幼儿的个性、生理及认知发展水平都不相同，对环境的接受能力、对事物的接受能力也会有差异，这就要求幼儿园要有针对性地为不同年龄阶段的幼儿创设不同的环境。例如，小班幼儿动手能力较差，在他们生活的空间里可布置些美观的小型艺术品，从小培养他们爱美的情趣。另外，小班的幼儿生活范围相对比较狭窄，有着强烈模仿家庭的愿望。低矮的家具、粉嫩的色彩可为小班幼儿营造家的感觉，让幼儿在这里感到安宁、自由。活动室的一些物品可让幼儿自己带来，如照片、用具、玩具等。可在活动室内适当提供多部玩具电话机，供幼儿倾诉，缓解幼儿想家的焦虑心理。

图 1-16　小班区角设计

图 1-17　小班教室设计

中班幼儿的生活范围逐步扩大，已不再满足于模仿家庭生活。他们渴望参与社会生活，好奇地看待在成人带领下的吃、穿、住、行等日常活动。中班的环境创设应该是有变化的，可以让中班幼儿参与环境创设的整个过程，包括布置什么、怎样布置、怎样调整等，学习自己动手，满足他们对环境的需求与愿望。

图 1-18 中班区角设计

图 1-19 中班教室设计

大班幼儿动手、动脑能力较强，在他们活动的空间里可多布置些半成品，激发他们将半成品做成成品的欲望，培养他们的思维能力和创造能力。

图 1-20 大班区角设计

图 1-21 大班教室设计

只有对不同年龄阶段的幼儿进行有针对性的环境创设，才能对不同年龄的幼儿身心发展起到积极作用。

（二）独特性原则

独特性原则首先指不同地区、不同幼儿园应结合本地、本园的特点，创设出有自己特色的空间环境。独特性原则要求我们不能生搬硬套、模仿别人的做法，而应坚持因地制宜，表现在不同区域、不同幼儿园经济条件与自然条件的差异，充分挖掘和利用各种自然资源和现有材料，充分利用各个地区独有的人文特产和景观，因地制宜地美化幼儿园的环境空间；应着重强调形式的新颖和构思的巧妙，积极引导幼儿变废为宝，这样不仅可以装饰幼儿的生活环境，还可以不断启发幼儿的创造意识。

图 1-22　国粹京剧区角

图 1-23　绘画走廊

（三）启发性原则

　　一个具有启发性的环境能始终吸引着幼儿，启发他们的想象力和创造力，从而使幼儿成为环境的主人。由于理解能力的限制，幼儿往往缺乏对事物进行综合分析和推理的能力，因此，任何空洞、抽象的口号宣传和理论说教都不能让幼儿实现真正的内部消化，而只有通过"润物细无声"的熏陶，以及教师运用具体实验并配合运用启发性原则的教育，才能使幼儿在看、听、摸、做的过程中建构知识，形成某些观念。

图 1-24　建构区

图 1-25　娃娃家

（四）互动性原则

　　互动性原则强调环境创设与幼儿发展的互动关系。俗话说"自己做饭吃得香""自己盖房住得宽"。幼儿只有在和环境互动的过程中，才能真正与环境对话，并从中受到教育。同时，幼儿园环境创设也要讲究流动性。流动性是指在幼儿园室内环境布置的过程中，要不断地根据幼儿的身心特点进行调整。考虑到幼儿的学习能力、思维能力、生活能力等都比较差，在布置过程中要多给幼儿鼓励，留给幼儿一定的提升和自我学习的空间。这种流动性的空间，更容易让幼儿一起参与，使幼儿成为环境真正的主人。因此，在环境创设的过程中，应让幼儿积极参与，给幼儿提供活动和表现的机会，充分发挥幼儿自身的潜能。

幼儿参与环境创设的过程，也是幼儿以小主人的身份亲自参与教育的过程。这个过程使幼儿在环境中的角色发生了变化，由单纯的欣赏者变成了计划者、参与者。这种角色的转化能让幼儿充分认识到自己的能力，意识到自己是环境的主人。这一过程将向幼儿传递一个对其终身成长极为重要的信息：我们能影响自己的生活，我们的力量能使环境发生改变。教师可以引导幼儿利用自己动手制作的饰品装饰环境，师生可以共同讨论，确立环境创设主题，也可以通过师生共同收集环境创设的材料，利用环境开展活动等。例如，根据主题的变化、季节的交替指导幼儿收集素材，更换环境主题和布置的内容。

图 1-26 幼儿园绘本墙

（五）艺术性原则

艺术性原则是指在创设幼儿园空间环境时，应该在造型和色彩上符合幼儿的审美特点，给幼儿以美的视觉享受。空间环境创设的"秀美"原则，要求我们从幼儿出发，尊重、理解幼儿的审美需求，使环境布置适合幼儿的兴趣、爱好和接受能力，为幼儿设计一个安全、温馨、充满童趣的空间环境。

在造型方面，应尽量采用单纯、质朴的几何图形和生动鲜活的卡通造型，以便于幼儿理解、欣赏，给予他们想象的翅膀；在色彩方面，应尽量使用明快的颜色对比，让活泼好动的幼儿从中感受到色彩变化的节奏。同时，一个良好充满艺术氛围的环境，应该对幼儿的成长起到良好的积极作用，幼儿园各环境的创设，应该是互相联系，彼此衔接的，更要结合整体的

图 1-27 幼儿园绘本墙

教育活动内容，让幼儿在有序、和谐、整体的环境中学习、生活，进而获得良好的认知、观察、表达、分析、判断、记忆等多种实践能力。

图1-28　主题墙设计

（六）安全性原则

安全性原则是幼儿园环境创设必须遵循的原则，是指幼儿园环境创设必须使幼儿的生命安全、身心健康与环境资源和谐相处、互不伤害。安全的幼儿园环境是幼儿全面发展的必备条件，只有在安全的环境里，幼儿的生命健康才能获得保障，才有可能获得自由、快乐的发展。安全的幼儿园环境使生活在这个环境中的每个幼儿都感到为集体所接纳，能满足幼儿的求知欲望、成就欲望、交往欲望，为幼儿的正常发展奠定基础。

1. 材料安全

材料是构成环境的主要要素，是幼儿直接进行活动的物质基础。幼儿园环境创设的材料包括建筑材料、室内装饰材料、活动材料等。建筑材料及室内装饰材料应安全、无毒、健康、卫生。在幼儿园环境布置的过程中，需要经过画、做、贴等环节，这些环节均由幼儿和教师共同完成。在此过程中，材料的安全性是首要条件，如制作材料应无毒、无污染，不使用含有害物质的化学材料，活动材料无尖角，材料表面无尖锐的钉子。

2. 空间安全

幼儿园的建筑空间包括通道与楼梯、活动空间及生活空间。空间环境的设计要能够保障幼儿活动的安全。

（1）通道与楼梯

幼儿园应设置多个通道，包括日常出入通道和安全疏散通道。通道必须保证通畅、不设障碍，必要时可设防滑通道。楼梯踏步的高度与宽度应与幼儿身体发育相符合，便于幼儿活动。楼梯除设成人扶手外，还应在靠墙一侧设幼儿扶手，并在特殊位置设置防滑装置。

图 1-29　楼梯

图 1-30　走廊

（2）活动空间

活动空间的面积应符合《托儿所、幼儿园建筑设计规范》的相关规定，活动空间内的桌、椅、玩具柜、教具柜、小书架、水杯架、饭桌等应符合幼儿生长发育的特点，室内家具的规格与尺寸应适合大班、中班、小班不同年龄幼儿的正确坐立姿势和教学特点，以满足幼儿生长发育及幼儿园教学需求。室内家具的选择应以木质为主，活动室地面应为暖色调、有弹性地面，幼儿经常接触的 1.30 米以下的室外墙面不应粗糙，室内墙面宜采用光滑易清洁的材料，墙角、窗台、窗口竖边等棱角部位必须做成小圆角。室外活动空间的地面应铺设柔软的防摔垫及防滑垫，阳台、屋顶平台应设置一定高度的护栏，内侧应设有支撑装置，采用垂直装饰。

图 1-31　教学空间

图 1-32　活动空间

（3）生活空间

严禁将幼儿园生活空间设在地下室或半地下室。生活空间的净高应不低于 2.8 米。卫生间应临近活动室和寝室，厕所和盥洗室应分间或隔间，并应有直接的自然通风。盥洗池、便池的尺寸应方便幼儿使用，并加设幼儿扶手。

图 1-33　生活区

3. 设施安全

幼儿园内应有消防通道及消防设施，并保证消防设施使用正常。幼儿园的大型活动玩具需定期检修，活动材料无尖角。电源开关、插头应安装在幼儿够不着或不容易接触的地方并且要加上防护罩。悬挂装饰物要安全、牢固，制作材料无污染性，悬挂高度应略高于幼儿视线。有条件的幼儿园，还应加装监控摄像头，监控孩子活动情况，保证安全。

4. 安全提示语

在幼儿园环境创设中，安全提示语是不可缺少的内容。幼儿园的活动空间、生活空间、卫生间、盥洗室、楼梯、走廊等地方，都应设计醒目的、便于幼儿识记的安全提示。

图 1-34　安全标语　　　　　　　　　　图 1-35　安全提示

科学、生态的环境，对幼儿来说是理想的生活和学习空间。只有尊重孩子们主人翁的身份，了解他们的身心习惯，才能根据时代的趋势，做好幼儿园的环境创设。

四、幼儿园环境创设的基本要求

幼儿园环境创设是一种创造性的活动，应满足幼儿对环境的各种要求，包括舒适度要求、适宜度要求及和谐度要求这三个方面。

(一) 舒适度要求

幼儿园是幼儿的俱乐部，首先必须环境舒适。只有在舒适的环境里，幼儿活动的积极性、活动的效果才会达到较理想的状态。如果幼儿长期处于杂乱、肮脏、简陋并且活动费力的环境中，就会产生强烈的厌恶感。依据幼儿在环境中的舒适度，有研究者将幼儿园环境分成四个等级，如表1-1所示。

表1-1 幼儿园环境舒适度等级

等级	舒适度	环境表现
1	不能忍受	各项环境指数都可能危及幼儿身心的正常发展
2	不舒适	幼儿的生理、心理均要承受强大的外来压力，在这种环境中活动，幼儿很快就会疲劳
3	舒适	一般情况下，幼儿对这种环境可以接受，而且不会感到刺激和疲倦
4	非常舒适	各项舒适指标达到最佳程度，幼儿在一日活动中感到完全舒适和满意

人体对环境的舒适度要求包括空气、采光、温度、色彩和声音等方面。因此，要想提高幼儿的舒适度，也要从这几个方面采取措施。

空气：要注意保持室内空气流通，并在室外种植足够的花草树木，以期使空气质量达标。

采光：幼儿生活用房应布置在园内最好的日照方位，并满足冬天光照充足，日照不少于3小时的要求。同时，温带地区、热带地区的生活用房应一律避免朝西，否则应安装遮阳设备。

温度：舒适的幼儿园环境温度宜在20℃左右。当温度在27～32℃时，会加速幼儿的疲劳感，温度超过32℃会使幼儿注意力分散，极易引发高温疲劳；温度低于适度水平，也会给幼儿带来不利影响；若温度低于15℃，幼儿手的灵敏度会明显下降。

声音：一般来讲，幼儿园室内噪声应不大于50分贝。悦耳的音乐有助于幼儿的身心健康，幼儿园可以在适当的时候向全园播放音乐，以改善声音环境。

色彩：创设幼儿园环境时，要力争把光照和色彩两个因素协调起来，创造出明快轻松的整体环境。此外，布置环境时要多用幼儿喜欢的颜色。事实证明，幼儿园环境适宜的主色彩包括浅蓝、粉红、浅黄和浅紫等。

(二) 适宜度要求

适宜度要求是指幼儿园环境创设应符合幼儿的生理和心理特点。首先，要了解幼

儿身高、体重等身体指数，并以此为依据确定各设施的尺寸，以方便幼儿使用；其次，要根据幼儿视觉器官的特点进行环境创设。幼儿眼睛的视野小于成人，其头部转动的角度与视野范围的角度大致相同。幼儿头部转动的适宜范围是左右各 45°，上下各 30°，若是超出了这一范围，幼儿就会感到不适，因此，幼儿园环境的创设要从幼儿的生理特征出发进行设计和布置，如活动室墙饰的高度要以幼儿的视野为中心；最后，要把幼儿身体活动的姿势纳入设计考虑范围之内，并采取相应的环境安排策略。以活动区设计为例，在不同的活动区里，幼儿开展的活动不同，环境布置也是不一样的。阅读区的幼儿以阅读活动为主，常采用坐姿，因而最好为他们提供高度合适的座位；而在建构区，幼儿们则是有站着的、有坐着的，有趴着的、有跪着的，因此应该准备一块较为宽敞的活动区域，最好铺上地毯或地垫。

（三）和谐度要求

从形式上看，幼儿园环境创设就是创造一个美的环境。环境美包括自然景观美、建筑物美、雕塑美、绘画美、书法美和工艺美等，但美化环境并非这些构成要素的机械相加，而是将各种要素有机地统一起来。它着重强调环境与人之间、环境诸要素之间、各要素内部组成部分之间的关系，以寻求环境的整体审美效果。

随着社会的进步和文明程度的不断提高，人们对环境审美功能的需求已逐渐超越了最初作为主要功能的实用需求。在城市现代化建设进程中，花园似的社区、机构越来越多，亭台楼阁、秀水石雕、绿树成荫和百花争艳的艺术人居环境已成为一种时代潮流。因此，幼儿园环境创设也要跟上时代的发展，不仅要使其充分适应幼儿身心发展的需求，还要能够充分反映时代的审美特征，达到环境创设内外和谐的较高境界。

五、幼儿园环境创设的基本方法

（一）讨论法

讨论法是指在环境创设过程中，教师引导全班幼儿或几个幼儿通过讨论的方法集思广益，相互启发，选择或确定环境创设的主题和内容，与环境和材料互动的方法。幼儿园环境创设的主题和内容往往是从幼儿一日生活中感兴趣的活动中派生出来的，如果幼儿对教育活动中的某个主题活动特别感兴趣，教师就可以因势利导地引导幼儿对这一主题的内容进行讨论，派生出有关这一活动的墙饰、窗饰、门饰或区域活动的布置方案。

运用讨论法时应注意以下几点：①最好在幼儿已具备感性经验的基础上进行；②讨论的问题要围绕环境创设的主题，具体明确；③在讨论中，要让幼儿敢于发表自己的看法并善于倾听同伴的回答。

案例分析

认识松树

在"认识松树"主题活动中，幼儿在第一次观察松树后，展开了以下讨论：

幼儿A：松树外形轮廓像一个三角形。

幼儿B：松树的叶子很硬、很短。

幼儿C：松树不开花，常年是绿色。

幼儿D：松树长得很笔直。

……

谈话后，幼儿开始第一次画松树，布置主题墙饰。幼儿几乎都从树干上发散地画出松枝，然后在松枝上直接画出小短线似的叶子。

通过第二次观察松树的树叶，幼儿又展开了以下讨论：

幼儿A：有些叶子大一点，有些叶子小一点。

幼儿B：有些叶子全长出来了，有些叶子还是呈细长状卷在一起。

幼儿C：我发现松树叶子的排列是有规律的，松叶中间好像都长了个小东西。

教师：那是松树的果实，可爱的松鼠就喜欢吃松果。松果长得像宝塔，下面有点胖，靠近顶部的地方有点细而尖。

幼儿D：我发现叶子中间还有一条线。

教师：那叫叶脉，松叶围着叶脉生长，所以松叶像什么呢？

幼儿D：有的叶子像毛毛虫，有的叶子像扇子，有的叶子像针刺。

幼儿E：叶子是从松枝的叉叉（枝杈）上长出来的。

……

在仔细观察和讨论后，幼儿画出的松树就细致多了：松叶短而尖，一层一层生长在松枝上，而且还在松叶边上画了许多松塔……于是，大家对前一次环境布置中松树的造型做了进一步修改。

点评：从上述案例中可以明显看出，随着讨论的深入，幼儿对松树的认识也逐步深入，从而制作出了更好的主题墙饰。

（二）探索法

探索法是指让幼儿在环境中自己发现问题，独立地解决问题，从而获得知识的方法。

这种方法可以培养幼儿学习的内在动机，提高他们与环境和材料互动的积极性。

运用探索法时要注意以下几点：①创设的环境和提供的材料是幼儿探索力所能及的；②独立探索应与教师的指导结合起来，使幼儿的探索不断深化；③教师要在幼儿探索中帮他们找出所探索的问题与他们已知事物之间的联系；④教师要指导幼儿运用

已有的知识来促成探索，以提高幼儿探索的兴趣和质量，树立他们解决问题的信心。

案例分析

幼儿主动探索的案例

某班幼儿在进活动室时，教师事先把那些精美的壁画和墙饰都拆除掉，当幼儿来到幼儿园时，面对空荡荡的活动室，便产生了和教师一起布置墙饰的想法，这个想法得到了教师的赞同和支持。教师当即鼓励幼儿自己设计他们感兴趣的、想表达的内容，主动收集有关材料，这激发了幼儿布置墙饰的积极性。在这一过程中，幼儿学到了手工、绘画等多方面的知识，同时也锻炼了他们的动手和动脑能力。

墙饰制作完成后，幼儿根据墙饰的内容，向家长、同伴、教师讲述着自己的故事，随着墙体内容的不断变化，幼儿讲述的故事内容也在不断丰富充实。

点评：教师把墙饰布置的主动权交给幼儿，让幼儿自己探索，极大地提高了他们活动的积极性和探索新事物的兴趣。

（三）操作法

操作法是指教师指导幼儿动手操作，让幼儿掌握知识，形成技能和习惯的基本方法。

运用操作法时应注意以下几点：①鼓励幼儿亲自动手；②对操作提出不同的要求，哪怕是在原来操作的基础上稍稍提高一点；③允许幼儿出现操作错误，同时引导幼儿纠正错误；④操作的方式要多种多样，避免简单机械的重复。

案例分析

幼儿自主操作

课堂上，教师提出一个问题："汽车在什么样的路面上跑得最快？"并鼓励幼儿说出各自的答案。

为了让幼儿验证自己的猜想，教师发动幼儿找来各种高低不一、形状不同的积木、易拉罐等材料，启发幼儿用这些材料搭出不同倾斜度的斜坡，并提供橡胶、木板、玻璃等不同质地的斜坡面。然后让幼儿在搭好的斜坡上进行赛车，并提醒幼儿注意观察汽车的速度和路面的倾斜度及光滑度有什么关系。

通过多次操作，幼儿发现汽车滑下斜坡的速度不仅与路面的倾斜度有关，还与路面的光滑度有关，初步体验到速度与倾斜度、速度与摩擦力之间的关系。

点评：让幼儿自己动手找到问题的答案，既能提高幼儿的积极性，又能加深其印象。

（四）评价法

评价法主要是对环境质量的评价，包括对幼儿适应环境的评价、对幼儿的环境创设和互动行为的评价、对教师的环境创设效果的评价等。运用评价法时应注意以下几点：①支持幼儿按照自己的想法作用于环境；②促使作用于环境的结果能为幼儿所感知和体验；③用启发性和互动性的方式引入新经验。

第三节　幼儿园室内环境和室外环境的创设

幼儿园环境包括室内环境和室外环境，它们都是幼儿园教育教学活动可以利用的空间环境。

一、室内环境创设

幼儿园室内环境的结构是环境各部分之间形成的相互关系与联系、对空间的有计划的合理的安排与利用可形成良好的环境结构，并对幼儿的行为产生积极的影响。这里的室内环境主要是指幼儿园主体建筑的内部环境，包括门厅、走廊、楼梯、活动室、生活区等。

幼儿园室内环境和
室外环境的创设

（一）门厅

门厅是所有进出人员的集散地，是幼儿、家长、教职员工及外来人员的必经之地，因此，其环境创设应格外精心，尽力反映出幼儿园的整体规模。

门厅一般比较宽敞，可以考虑采用大型装饰壁画，壁画内容既可以是幼儿的绘画、剪纸和手工作品等，也可由专业人员设计制作；或者设置橱窗、展柜等使人们可以驻足观赏。

图 1-36　门厅壁画

图 1-37　楼梯屏风设计

（二）走廊

幼儿每天都要多次经过走廊，在走廊展示的内容可多次、反复影响幼儿，因此，可以利用走廊设计帮助幼儿学习一些生活与科学小知识。宽敞的走廊可以设置为幼儿的活动区，利用一些家具或玩具架隔断活动区域；狭长的走廊则可以设为展示区，设置各类橱窗、展示栏等展示师生的书画、手工作品等。

图1-38　走廊设计

图1-39　走廊展示栏

（三）楼梯

沿着楼梯墙面，可设立画廊，悬挂各种工艺美术品，增加展示艺术作品的空间；或者根据楼梯特点，运用剪贴、手绘等方法制作专门的楼梯墙饰。在楼梯的拐角处，可巧用手工花或装饰植物来点缀；楼梯的台阶、护栏上还可以配合楼层总体色调用彩色油漆涂刷；楼梯的角落可以布置成阅读区、娃娃家、表演区等活动区。

图1-40　楼梯角落

图1-41　楼梯下的阅读区

（四）活动室

幼儿园足够的空间是幼儿在室内开展各种活动的必要条件。研究表明，过于拥挤的环境有可能增加幼儿的攻击行为，减少幼儿的社会性交往活动，使观望、不主动参与活动的幼儿人数提高。蒙台梭利指出："以我们的经验，要达到舒适的感受，必须使房间的地面有一半是空着的，不得放置任何东西。这就是使孩子们感到愉快的可以进行活动的空间。"原国家教育委员会和建设部 1988 年颁布的《城市幼儿园建筑面积定额（试行）》明文规定：如果活动室与寝室分设，活动室的使用面积不小于 54 平方米。如果寝室与活动室不分设，则活动室应为 90 平方米。若按每班 30 名幼儿统计，每名幼儿应有 1～3 平方米的活动面积，包括家具、设备、占地面积。幼儿园室内环境应达到这一规定的面积，按规定控制每个班级的幼儿人数。

因此，在面积既定的情况下，要充分利用空间，尽量减少不必要的家具、设备，为幼儿空出活动空间。如一些日托幼儿园把床改成睡垫，睡觉时放下，不睡觉时就收起，这样的方式大大扩展了有效的活动空间。还有一些幼儿园走廊较宽敞，走廊就被利用作为幼儿进餐的地方。一些幼儿园在天气晴好的时候，让幼儿把角色游戏区、表演游戏区等放在户外，将室内、室外环境打通使用。

幼儿园的活动室按功能可分为多功能活动室、专用活动室和班级活动室三种类型。多功能活动室一般是幼儿园里的大型活动室，可供开展音乐、体育、游戏、观摩、集会及展示幼儿作品等活动；专用活动室是幼儿园专门设置的有着特定功能的活动室，如美工活动室、电脑室、图书室等；班级活动室是幼儿园各年龄班幼儿进行教学和室内活动的基本场所。

图 1-42　多功能活动室

图 1-43　图书室

活动室内以玩具为主，一般靠墙安置在最节省空间的地方，以使幼儿有较大的活动空间。活动器具的色彩要活泼、明快，不但要有实用功能，还要起到美化环境的作用。窗台和活动器具上可摆放一些较为固定的物品，这些物品的摆放位置、角度等要与环境相协调。

（五）生活区

幼儿在生活区的主要活动是睡眠和盥洗。有的幼儿园（主要是寄宿制幼儿园）把生活区和活动区分开，设有专门的睡眠室、卫生间，有的幼儿园则是按班级把幼儿的活动、午休、盥洗等功能集中在一起分区域设置。总之，生活区的色彩宜柔和，形式宜简洁。

综上所述，一个好的幼儿园室内环境应达到以下基本要求：①安全卫生；②空间安排合理有序，领域活动区数量、面积适宜，减少各领域活动的互相干扰；③材料丰富多样，可以满足不同幼儿的兴趣与需要，幼儿有独处的地方，室内设备的摆放应方

便幼儿取用和走动；④环境具有探索性；⑤美感与兴趣的和谐统一。

图1-44　睡眠室

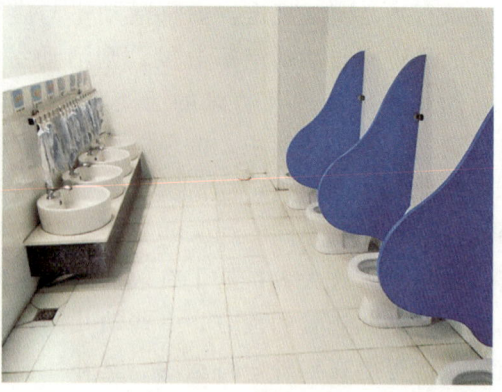

图1-45　卫生间

二、室外环境创设

室外空间环境主要是指幼儿园教室以外的空间环境，主要包括主体建筑、园门、园区绿化环境、室外游戏活动场地等。我国幼儿园室外环境一般可以划分为三大区域：集体活动区、器械设备区、种植养殖区。集体活动区主要供幼儿集体做操、上体育课，进行各种体育游戏，要求场地宽阔平整，器械设备区要能放置各种大、中型体育活动器械与设备，如滑梯、秋千、平衡木、爬网、跷跷板、攀登架等，以供幼儿练习与发展基本动作，锻炼身体活动能力。种植养殖区提供给幼儿种植蔬菜、花草以及喂养一些小动物。

（一）主体建筑

幼儿园的主体建筑主要是指教学楼，其面积大，引人注目，是幼儿园形象特征的重要组成部分。主体建筑在总体设计上应有儿童的生活气息，色调要明亮，清新夺目、富有童趣。

图1-46　主体建筑

（二）建筑物外墙

幼儿园内建筑外墙的环境创设也是户外空间环境的一个重要组成部分。一些新建幼儿园，拥有整体的建筑艺术设计，可以不必再考虑对外墙进行特殊的装饰处理。但一些早期的幼儿园，则需要考虑结合园区改造外墙装饰处理。

外墙装饰可采用绘画、镶嵌画、浅浮雕等手法，装饰风格可采用儿童画、墙绘涂鸦等方式，整体要求儿童生活气息浓郁，色调明亮、绚丽且富有童趣。如果配以树木花草等自然点缀，会使得整栋楼面显得生机勃勃、清新可爱。另外，还可以在底楼外墙制作一些立体篱笆，栽种一些爬山虎等植物会使得外墙更富有活力。

另外，利用某些建筑物外墙还可以设计橱窗，既可以展示幼儿的各类书法、绘画、手工作品，还可以设置公告、通知、家园交流等教育动态栏目。

图 1-47　绘画橱窗栏

（三）园门

园门是幼儿园给人的第一印象，往往也是幼儿园对外形象的代表。园门的样式很重要，但它的设计决不能与环境割裂开来。无论采用哪种设计样式，其色彩和造型都应该与幼儿园的整体环境和建筑风格相协调，并能体现出幼儿园的特点。例如，幼儿园园门采用栅栏式设计，使整体环境协调统一。

图 1-48　园门设计

（四）园区绿化环境

环境美化离不开绿化，幼儿园环境绿化工作有着多重意义。环境科学家把绿色植物说成是新鲜空气的加工厂、卫生消毒站、天然除尘器。据实验测定，紫薇、茉莉、香椿、香樟等植物都有很强的杀菌能力。此外，绿色植物还能减少粉尘污染、吸收噪声、调节改善气候，凡此种种，都可看出环境绿化的重要性。

环境绿化的基本方法是广植树木、多种花草。常青树种对绿化环境的效果最好，因而四季常青的树种是环境绿化的首选措施。藤本植物的绿化效果也不错，但要根据园区建筑设计综合考虑。

图 1-49　园区绿化

此外，可以结合幼儿的年龄特点和行为习惯增加一些趣味设计，如在绿化区域中设置立体雕塑，使其与绿化环境交相辉映，或在草地上铺设小径。

图 1-50　园区雕塑

图 1-51　草地上的小径

提示：幼儿园在进行环境绿化的时候，应严格遵守国家关于幼儿园禁止种有毒、带刺的植物的相关规定。教师尤其应该提高防范意识，增加甄别有毒植物的知识积累，尽量避免班级幼儿在植物角活动时发生中毒、刺伤等事故。

（五）室外游戏活动场地

幼儿天生好动，创设良好的室外游戏活动场地对于完善幼儿心理，促进幼儿身心健康发展具有重要意义。按照不同的活动功能，幼儿园的游戏活动场地可分为若干区域，如游乐设施区、体育活动区、戏水玩沙区和种植饲养区等。

1. 游乐设施区

游乐设施区是深受幼儿喜爱的地方。以肌肉动作为主的户外游戏活动能促进幼儿身体动作机能的发展，有助于幼儿形成健康的体魄，养成良好的行为习惯，形成活泼开朗的性格。

因此，幼儿园一般都将游乐设施作为基础设施来建设。

图 1-52　室外游乐设施

图 1-53　室内游乐设施

游乐设施应置于软质地面上，如沙地、草坪、塑胶地垫和自然土地等，越是大型设施，其安全防护措施就越要到位。同时，幼儿园应做好设施的日常维护工作，必须定期检查、维修，及时消除事故隐患。

2. 体育活动区

虽然各幼儿园的场地条件有很大差异，但都必须按照国家相关规定，设置有跑道的运动场，并为幼儿提供各种适合他们活动的固定器械。

图 1-54　运动场

图 1-55　固定器械区

固定器械对幼儿大肌肉活动的目的除了促进幼儿的肌肉机能发展外，还可锻炼幼儿强健的体魄和矫健、灵活、遇事机敏的身手，因此，在选购大肌肉活动的设备时，必须注意设备的安全、坚固耐用和可变组合。同时，也应以刺激幼儿进行探索、发掘和体验作为大前提。有些年轻父母由于对幼小子女溺爱和过分保护，以致很少让他们接触一些天然的物料，如沙、水、落叶、石子、泥土等，甚至推、拉和上下梯级等活动机会也不多。因此，选用器材时，需兼顾幼儿在这些方面的感官训练和肌肉机能发展。有关体育活动器械的配备请参考《幼儿园玩教具配备目录》（1992）。在设置固定器械时，应注意以下几个方面。

第一，要根据不同年龄层次幼儿的需要，合理地配置不同种类的固定器械。因为每一年龄层次幼儿的动作发展水平都不同，动作达标的要求也不同，固定器械的设置应考虑这些因素。在设置固定器械时，可以划分年龄区域，每一区域的固定器械应满足同一年龄层次幼儿运动的需要。例如，在小班幼儿区域内，应以小型单个的器械为主。

第二，要根据固定器械的功能，将其放置于不同的区域。每一件固定器械都有其不同的功能，有的发展幼儿的大肌肉，有的发展幼儿的小肌肉，设置时应避免功能相同的器械配置在一起，尽量做到布局合理。

第三，固定器械之间应有一定的间隔，保证幼儿有一个充分活动的空间，让幼儿随意地选择器械，自由进行活动。如果没有一定的活动空间，幼儿的运动效果就会大打折扣。

此外，一些幼儿园还可以利用场地条件建设一定规模的运动场，如篮球场、溜冰场、足球场、游泳池等。

3. 戏水玩沙区

戏水和玩沙是幼儿非常喜爱的游戏活动，幼儿园应创设适宜的条件，为幼儿提供与这些自然材料亲密接触的机会。在戏水池中可以放一些活动设备，如滑梯，以增添游戏趣味性；在玩沙区，教师可提供木制小动物、塑料小桶、轮胎之类的材料，但所有的材料、器械、工具必须无棱角锋刃，保证绝对安全。

图 1-56 戏水区　　　　　　　　　　　　图 1-57 玩沙区

4. 种植饲养区

在种植区内，多准备一些小花盆及种植工具，可让幼儿自己动手种植一些容易生长的蔬菜、花卉，如胡萝卜、丝瓜、蚕豆、辣椒、太阳花、菊花等。通过播种、浇水、施肥、收获的全过程，让幼儿了解植物的习性、特点及生长周期，并让幼儿懂得"有劳动才有收获"的道理，从中体验劳动的辛苦与收获的快乐。

在饲养区内，可以饲养一些性情温和、惹人喜欢的小动物，如小蝌蚪、小鸡、小鸭、小白兔、小乌龟等，以及部分鸟类。可以建造一些造型别致、色彩鲜艳的小房子，编上门牌号，然后围上篱笆，种些花草，让小动物们也住上漂亮的小屋。对幼儿来说，在饲养区活动、游戏就像是拥有了一个小小的动物世界，让他们天天饲养、关心小动物，从而可以培养幼儿爱护小动物、热爱大自然的习惯。

图1-58 种植区

图1-59 饲养区

模拟实训——幼儿园玩沙区设计的比较

【实训目标】

1. 使学生加深对环境创设理论的理解。

2. 培养学生对幼儿园环境创设实例进行比较和分析的能力。

【实训要求】

1. 根据本章所学的理论知识，对室内玩沙区和室外玩沙区进行比较，分析两种设计对幼儿玩沙游戏可能产生的影响，并提出改进的措施。

图1-60 室内玩沙区

图1-61 室外玩沙区

2. 将你的观点写成一篇不少于1000字的小论文，要求论点明确、条理清晰。

【实训考核】

实训结束后，教师根据表 1-2 所示的评分标准对学生进行评分。

表 1-2 评分标准

评分项目		分值	实际所得分值
设计方案	客观性	20	
	科学性	20	
	创新性	20	
分享过程	条理性	20	
	表述简练性	20	
合计		100	

课后习题

1. 创设幼儿园环境时要遵循哪些基本原则？

2. 幼儿园设置固定器械时，应注意哪些事项？

第二章 幼儿园墙饰的设计与制作

引　言

　　"一个好的幼儿园环境就应该是一本立体的、多彩的、富有吸引力的无声教科书。"环境对幼儿的发展起着不可低估的作用，其教育意义尤为重要。让墙壁说话，使墙壁环境更好地服务于幼儿发展，就是幼儿园墙饰所体现的教育价值。幼儿园墙饰是一种手法多样的综合性壁面装饰艺术设计，是集教育性、艺术性为一体的墙面环境装饰设计。它涵盖了绘画、雕塑、民间工艺、抽象艺术等多种表现形式。

　　幼儿园墙饰主要是在幼儿园各班教室中，以各学期相关教育内容为主题的各类墙饰设计，包括：主教室和副教室设计、主题墙的设计、"红花榜""家园共育栏"设计、各区角活动墙饰等设计。墙饰的设计，不仅要求主题鲜明突出，体现相关教育内容，而且还要求在教室整体的设计风格和内容上都有明确的呼应和协调。因为墙饰会因各时期教学目标的改变而频繁更换，只有根据幼儿的年龄特点，设计适合不同年龄班和主题要求的墙饰，才能达到教育目的，更好地促进幼儿的身心发展。

学习目标

- 了解幼儿园墙饰的分类，熟悉幼儿园主题墙饰的设计要点。
- 熟悉造型设计的几种变形方法和装饰色彩运用的法则。
- 了解几种创意幼儿园墙饰边框的制作技法。

第一节 幼儿园墙饰的分类与设计要点

幼儿园墙饰不仅具有装饰、美化环境的作用，还可以帮助幼儿丰富知识、陶冶情操。培养幼儿的审美能力，是对幼儿施以教育的有效途径。

幼儿园主题墙饰的
设计与制作

一、幼儿园墙饰的分类

根据幼儿园墙饰使用功能的不同，幼儿园墙饰可分为幼儿园装饰性墙饰和幼儿园功能性墙饰两类。前者主要以壁面装饰为主要目的，而后者则有明确的功能要求，如"班标""室标""红花榜""家园共育栏""每周食谱""晨检牌""值日生表""活动安排表""作息时间"，等等。

根据设计性质的不同，幼儿园墙饰设计可分为常规墙饰设计、主题墙饰设计和互动墙饰设计三大类。

（一） 常规墙饰

常规墙饰设计主要针对幼儿园各区域场所的装饰性或功能性墙饰设计。包括"室标"和"班标"设计、各类宣传板设计、活动区墙饰设计、园内环境墙饰设计等。一般情况下，常规墙饰使用时间较长，因此对墙饰设计的整体性和装饰性要求要高。

以家园联系专栏设计为例，家园联系专栏是教师与家长之间沟通联系的园地。通过这个专栏，可以帮助家长了解幼儿园各阶段的教学要求和内容，掌握幼儿园的教学情况，以及幼儿在园内的学习情况，配合教师做好教育工作。通过家园信箱等栏目，教师还可以向家长介绍一些教育理念；家长也可以把自己的意见、建议，通过信息传递给教师，更好地达到家园共育的目的。

图 2-1 家园联系栏

图 2-2　小班家园联系栏

图 2-3　中班家园联系栏

实践与训练 ▶▶

家园联系栏设计

对家园联系专栏进行设计和管理是幼儿园教师日常工作的一部分，学习和掌握家园联系专栏的设计构思方法，对今后胜任幼儿园的工作有很大帮助，主要设计要点如下：

（1）整体设计应该美观大方、朴素自然，版面设计要主次分明，层次清楚。

（2）栏目内容要贴近家长的需求，反映幼儿当前的情况。

（3）每个栏目要及时更换，这不是一种摆设，从而调动幼儿的积极性和参与性。

（4）栏目要表述清楚，让家长明白所要表达的事情是什么，从而形成互动的教育合力。

栏目设置上针对不同年龄班应有所区别。

例如，小班："您最关心的事""爱心导航""作息时间表""快乐宝贝"……

中班："家园在线""童言无忌""温馨提示"……

大班："快乐周末""做科学""卫生知识""五彩贝""每周小明星""环保小卫士"……

【实训目标】

1. 培养学生根据幼儿园教育特点设计家园联系专栏的能力。

2. 培养学生的设计策划能力及实践运用能力。

【内容与要求】

1. 参考上面图片实例，设计一个小班家园联系专栏。

2. 做出设计小样，栏目内容、表现形式自定。

【实训考核】

根据设计小样的内容为学生的设计方案评分。

（二）主题墙饰

主题墙饰是班级环境创设的重头戏，教师不能仅仅从美观装饰的角度考虑。主题墙饰的实质是教师和幼儿在本学期将要进行的学习、活动内容的一个展示。它的创设过程应该是从无到有，随着活动的深入而变化的，是动态发展的。主题墙饰的质量更多取决于班级活动的质量，活动设计得好，主题墙饰也就成功了一大半。从一定程度上来讲，主题墙饰的规划是对主题活动的规划。当我们确定了本学期开展的主题后，就需要根据班级的环境，对主题墙饰做出相应的安排。另外，还需要思考的问题有：主题墙饰呈现在班级环境的什么位置？学期初呈现的内容有哪些？预估在学期中可能还会呈现哪些内容？墙饰的留白如何处理……只有将这些问题思考清楚，才能初步完成主题墙饰的整体规划。

主题墙饰主要是在幼儿园班级教室中，处于比较醒目位置，并以相关主题教育内容为主要呈现方式的墙饰，包括主、副教室的墙饰，各区角墙饰等。主题墙饰的设计要求主题鲜明突出，能够体现一个阶段班级教育教学内容与课程活动特色等元素，同时要与教室整体设计风格和内容相呼应和协调。当然，主题墙饰会随着各时期教学目标的改变而适时更换调整。

图 2-4　春天来了

图 2-5　海底世界

（三）互动墙饰

互动墙饰是指让幼儿参与墙饰材料的准备和制作过程，师生互动共同完成的一种墙饰制作形式。互动墙饰不再局限于墙饰的美化设计，而是侧重于师生相互游戏的随机设计，以及引导幼儿参与展示的创意设计。互动墙饰中的区角设计规划是班级环境创设的另一个重点，区角的内容选择必须基于班级幼儿的年龄特点及兴趣爱好来确定。数量可从满足每位幼儿游戏的需求上考虑，通常可从常态区角和创造性游戏两方面来设计和考虑。互动墙饰要以幼儿发展的需要为目的，紧紧围绕教育目标和教学内容，发挥幼儿的主体作用，从而能最大限度地发挥墙饰的教育作用。

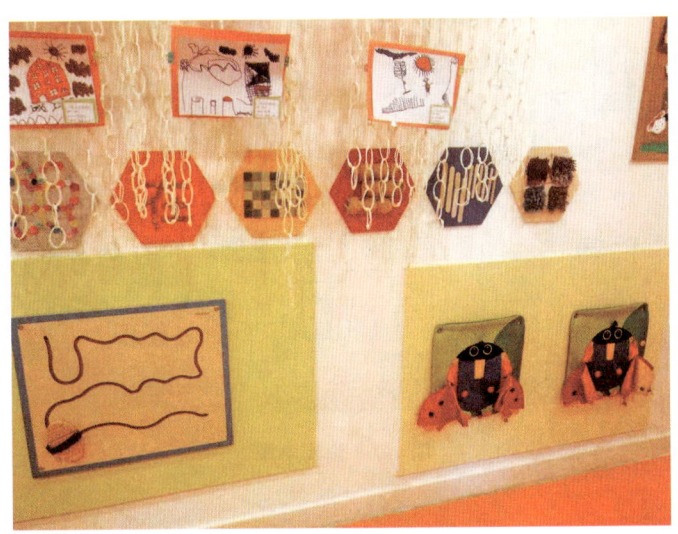

图 2-6　互动墙饰

我爱天安门

国庆节期间，很多孩子和爸爸妈妈一起去旅游，游览祖国的大好河山。回到幼儿园，有很多孩子想知道关于国庆节的各种知识，想与大家分享自己在祖国各地的见闻，由此教师可以进入主题墙的互动设计与制作。在设计主题墙时，教师首先要把孩子已经获得的基本经验放在主题墙的主要位置，即"祖国文化、风俗的丰富性，热爱自己的家乡、热爱祖国的情感，各民族的多元文化"。孩子们在讨论和交流过程中会产生很多问题，比如"北京天安门是什么样的""中国到底有多大……"用主题墙来呈现孩子们的关注热点和已有经验是最直观的方式，教师可利用现成的地图、拼板或孩子们在区角中的作品等来布置墙面。孩子们画下自己在天安门广场上照相的场景，同时折了一些红色和黄色的纸盒，一起布置成主题墙"我爱天安门"。这一墙面可以和个别化区角中的"旅游棋"布置在一起。墙上张贴了中国地图与世界地图后，孩子们的问题层出不穷，"世界上最高的山是什么""中国到底有多大"……孩子们用自己的方式提出问题，然后将问题制作成小卡片贴在墙上。孩子们回去查阅资料后，再来回答同伴的问题。随着问题的增多，孩子们的知识越来越丰富。名胜古迹、京剧小人、少数民族、长城、故宫、兵马俑……主题墙上各种中国元素组合在一起，教室里充满了浓浓的中国风，在中国文化的熏陶中，孩子们为自己是中国人而感到自豪。

借助主题墙饰的创设与展示，能够很好地弘扬我国优秀传统文化。通过以文化人、以美育人、以环境育人等相关内容，为幼儿营造浓郁的艺术文化氛围、深厚的人文教育环境，对幼儿心灵的塑造、爱国情怀的建立起着至关重要的作用。幼儿人生的第一粒扣子一定要为其系好、系正。

图 2-7 爱我中华

二、幼儿园墙面设置应遵循的四个原则

（一）遵循墙面环境与教育目标的一致性原则

为了保证环境的教育性，必须让环境的每一部分都有利于幼儿德、智、体、美各方面的全面发展。因此，在创设墙面环境时应目标明确，而且要把目标落实到班级月计划、周计划、日计划以至每个具体的教学游戏活动中，以目标为依据，与教学内容相结合来创设墙饰内容。

（二）遵循发展性原则

墙面环境创设的发展性是根据当前的教育目标和幼儿的现有水平，分期变换创设的。如：小班初期，幼儿绘画技能有所欠缺，教师和幼儿合作创设环境，教师画树，幼儿添画树叶、小草、水果等。到了中班，幼儿的绘画技能有所提高，作品也很丰富，可以开辟一面幼儿绘画作品展示墙，开设"个人小画家作品展"，增加幼儿的绘画热情和兴趣，使其体验到成功感和自豪感。到了大班，幼儿对个人画展不感兴趣了，教师可以组织幼儿进行小组合作的绘画作品创作，并引导幼儿围绕统一主题大胆创新，并自主装裱展出，这样可以使幼儿的审美情趣有进一步提高，并且也能培养幼儿的交往合作能力、语言表达能力等。总之，幼儿园墙饰的创设，不能随意、盲目，而应根据教育目标和幼儿现有水平做整体考虑，使环境创设服务于课程环境的整体发展。

（三）遵循幼儿参与的原则

幼儿园环境的教育性不仅蕴含在环境之中，而且蕴含在环境创设的过程中。幼儿园墙饰设计也是教师与幼儿合作，幼儿能以小主人的身份亲自参与教育教学过程。面对优秀的幼儿园墙饰作品，观者可以非常容易寻找并感受到师幼的亲密互动以及幼儿参与其中的痕迹。幼儿园墙面环境创设无论从内容来源、主题的产生等多方面都生动、直观、真实地再现了师幼之间近距离的对话、师幼之间亲密的关系、幼儿与幼儿之间的情感氛围。例如，前面谈到的，教师拟定一个绘画主题后，指导幼儿分成小组合作构思创作，作品完成后教师鼓励幼儿装裱作品，并让幼儿自己设计小组作品名签，幼儿在教师的带领下共同参与布置作品展示空间等，以上都可以很好地激发幼儿的主动参与度感和责任感。这一过程将向幼儿传递一个对其终身成长都极为重要的信息："我们能影响自己的生活。我们的力量能使环境、使集体发生改变。"

（四）遵循动态性原则

幼儿园墙饰创设的动态性主要包括两方面意思：一方面是指墙饰创设的内容和形式要根据教育目标和幼儿发展需要不断发展变化。另一方面是指在不断更新墙饰内容的过程中，为幼儿提供更多参与活动和表现自我的机会和条件。例如在创设主题为"二十四节气"的墙饰活动中，教师可以分阶段与幼儿共同制作关于二十四节气变化的主题墙饰壁画，幼儿通过亲自动手参与可以深刻了解自然规律和万物变化的特点。教师还可以采用留、变、添、减的方法，如表现二十四节气中关于四季树木的变化，春天让幼儿用皱纹纸制作迎春花，用毛球或超轻彩泥制作桃花蕾等分别粘贴在树干上；随着气温的升高，逐步引导幼儿将花蕾、迎春花、桃花，粘上碧绿色的叶子、补上黄绿色的小桃子，表示夏季枝叶茂盛，花儿结果；到了秋季，再让幼儿把绿叶换成黄、红、棕色的叶子，并表示出叶子飘落的情景；冬季来临，继续指导幼儿取下叶子，换上白色的棉花，表示积雪，以及剪贴漫天飞舞的雪花和落满白雪的青松。这样，四季的景色在幼儿的参与下不断变化。当然除此之外，动态的墙饰创设主题内容还可以根据国际、国内和园内大事不断变化。

总之，幼儿园墙面环境创设不再是强调"美化、绿化、净化"等外在装饰，也不再是教师一个人的手工劳动。应以幼儿发展的需要为目的，紧紧围绕教育目标和教学内容，发挥幼儿的主体作用，充分调动他参与的积极性，共同创设幼儿所喜爱的与之产生互动的墙面环境。使它对幼儿在认知、情感等方面产生隐性的影响，像海绵吸水那样融入幼儿成长的过程中。

三、幼儿园墙饰的设计要点

教师在设计幼儿园墙饰时，不仅要努力为幼儿构建一个愉快的视觉体验场，而且要积极引发和支持幼儿的游戏及各种探索活动。具体来说，要注意以下几点。

（一）应符合幼儿的心理特点

在设计幼儿园墙饰时，首先应考虑从幼儿的兴趣、爱好出发，针对幼儿的认知特点与接受能力，在造型和色彩上顺应幼儿对事物认知的发展规律，力求使墙饰符合幼儿的心理特点。

大部分幼儿不能完整地观察事物，他们往往只注意自己感兴趣的部分，而将事物加以简化或只看到事物的局部。因此，具有夸张、比喻、象征、抽象等手法的装饰画面很容易引起幼儿的兴趣。此外，在选择墙饰内容时，还应根据各年龄班幼儿的年龄特征，结合各阶段教育的内容及各方面因素进行综合考虑，使墙饰内容既生动富有童趣，又能

紧密结合幼儿园的教育教学，凸显实际的教育功能。例如，在"灿烂的中国文化"的主题墙设计中，教师指导幼儿设计青花纹、画青花瓷，并把幼儿的作品粘贴在墙面上。孩子们在活动中了解了青花瓷是中国特有的，他们的民族自豪感油然而生。

图 2-8　灿烂的中国文化

图 2-9　青花韵

（二）构思要新颖，立意要独特

幼儿园墙饰设计既要表现具体事物，又要让人印象深刻，便于识别记忆。因此，其结构布局要雅致清新，应巧用色彩、肌理等对比手法加强视觉效果，使墙饰设计醒目而富有情趣。可多用添加、排列、巧合、重复、夸张、变形、归纳等装饰手法，提炼、简化物象的造型。构图上尽可能简洁大方，注重画面结构、明暗、点线的穿插和组合，寻求意趣的独特性。

图 2-10　作品墙

（三）注重画面构图、情节的对比

利用形式上的对比表现内容的不同，也是绘画中常用的技巧。墙饰设计的韵律感

和节奏美可以从对比与协调中产生。画面中冷与暖、大与小、疏与密、白与黑的对比在视觉中展现出抑与扬、强与弱、虚与实、明与暗的反差；而情节设置的缓与急、简与繁、美与丑、喜与悲，则能营造出平和与动荡、简约与富丽、高尚与卑微、欢乐与忧郁等情感感受。这些看似两极的事物实际上相辅相成，处理得当就会相得益彰。例如，京剧是我国的传统戏剧，是中国的国粹，为了让幼儿了解京剧，增强幼儿对国粹艺术的热爱之情，并亲身体验国粹艺术的魅力，幼儿园可开展"京剧脸谱主题墙"主题活动。主题墙的布置通过各种不同形态的京剧脸谱和造型来展示京剧的角色、起源等。京剧脸谱有着浓烈的色彩，鲜明的艺术风格非常吸引幼儿，符合幼儿对色彩敏感的心理特点。另外，京剧脸谱也是比较有特色的美术欣赏材料，能让孩子了解祖国的传统文化，激发他们热爱中国传统艺术的美好情怀。在集体教学活动"京剧文化"结束后，幼儿们每人画了一个京剧脸谱，教师将幼儿的作品布置在主题墙上，别有一番趣味。

图 2-11 脸谱主题墙

（四）应用多样的装饰手法与材料

色彩明快、造型夸张的形象既是幼儿最易接受和喜爱的视觉符号，也最易激起幼儿模仿欲，调动其感官感受并留下深刻印象的艺术形式。但需要注意的是，变形的幅度、夸张的程度要恰到好处，过度则显荒诞。在物象基本结构基础上强化特征的变形才是具有美感、便于识别的装饰造型，切不可随心所欲地忽略其特点，失去造型本身的可视性。

同时，墙饰设计还要善于利用各种材料，采取多种形式进行构图，如利用树叶、树枝拼图，利用布条粘贴小动物，利用彩线构造各种图案，利用铅笔刨花制作小工艺品等。这样的墙饰不仅内容丰富多样，形式活泼可爱，给人以新鲜感与真实感，而且可以给幼儿以美的享受，使幼儿的性格得以塑造，情感得以陶冶。

图 2-12　好书墙

案例分析

幼儿园照片墙

　　某幼儿园的创意主题墙画风十分活泼，教师将孩子们的笑脸照片和名字张贴在墙上，记录孩子在幼儿园的变化与成长，让孩子对班级产生浓浓的归属感。照片墙用细线模拟出孩子们的身高，再在细线顶端贴上照片，一个可爱有趣的"比高墙"就完成了。这些照片吸引了孩子和家长们的关注，大家评论着：谁的微笑最美？你能找出自己孩子微笑的照片吗……创意主题墙中这些孩子的微笑让人如沐春风，这样的布置也可以增强家庭与学校之间的互动。除了摆放孩子的笑脸照片，老师们还奇思妙想地贴出了孩子双手的照片，再在照片下写出孩子一些小个性、特征等信息，既体现每个孩子可爱的一面，又有着自己独一无二的特点。当然，还可在创意主题墙中张贴出一些新教师的信息，不仅以轻松活泼的方式主动向家长介绍与孩子们朝夕相处的老师们，更能拉近教师和孩子们的距离。

图 2-13　照片墙

（五）力求与整体环境相协调

幼儿园墙饰是幼儿园整体环境的一部分，构思设计时需要在立意、构图上明确整体环境的基调，力求使主题墙壁的装饰与周围的自然环境和人工环境（包括室内装修）相协调。

此外，设计墙饰时还应根据幼儿园所处的地理环境、气候等外部条件进行合理的细化设计。例如，南北方气候有所差异，装饰画的色彩冷暖应有所区别。走廊和睡眠室的整体装饰风格与活动室相比要沉静一些，装饰不宜太花哨，应采用纯度相对较低的

图 2-14　照片墙与整体环境协调

暖灰色系（灰蓝、黄灰、粉白和灰绿等）、明度对比柔和的色调关系（淡紫搭配天青、粉红、奶白），外加适量对比色点缀其间，起到既不失童趣又可安定情绪的作用。

（六）提升整体设计意境

意境是色调、形象、造型等各种因素的综合产物，要想设计出能引人入胜、促人遐想的画面，还需要设计者在作品里融入自己的思想情感。在追求意境时，应注意整体视觉效果，既要再现自然状态，又要比现实的景物更强烈集中、更典型，要提炼出现实的美，这样才能起到陶冶幼儿性情、激发幼儿求知欲望和鼓励幼儿探索的作用。例如，以孩子们很喜欢的动漫作品《飞屋环游记》为主题的创意墙，可以把孩子们的作品或老师的寄语贴在气球上，使主题墙充满幻想和童趣。

图 2-15　创意墙

四、幼儿园主题墙布置的五大误区和对策

幼儿园主题墙对促进幼儿发展有着重要作用，越来越受到幼儿园教育工作者的重

视，但如果教师忽视幼儿的兴趣、需要和年龄特点，以自己的主观愿望去设计，就会使主题墙饰失去应有的正面影响和促进幼儿发展的教育价值。那么，教师在布置幼儿园主题墙时，常常会闯入哪些误区？作为幼儿园教师又该如何应对呢？

误区1：注重环境美观较多，体现教育价值较少。

一说起幼儿园的墙面环境，我们头脑里马上会浮现出活泼可爱的形象、鲜艳亮丽的色彩、逼真的卡通动物……美观、整洁、富有童趣似乎是幼儿园环境创设的一贯要求。可是当教师们辛辛苦苦地将墙壁布置得漂漂亮亮时，却发现墙饰的效果只是起到"挂历"的效果。那么，幼儿园墙面环境创设的目的究竟到底是什么？墙面环境的教育价值到底如何来体现？

对策：让环境与幼儿形成互动。

幼儿园要创设与教育相适应的良好环境，为幼儿提供活动和表现能力的机会和条件。就是说，环境创设的真正意义在于利用环境进行教育。环境能激发幼儿思考，引导幼儿的行为与活动，改变幼儿的认识与理解。幼儿正是在与环境的互动中获得各方面的能力和发展的。随着教育观念的更新，充分发挥环境的教育作用已越来越为教师所关注。教师在选择环境中墙饰的内容时，应更多地考虑墙饰内容隐含的教育价值，而不能一味只追求精致、美观。例如，选择一些常规及良好习惯培养的内容张贴在相应的墙上提示幼儿，不仅可以让幼儿自己对照，而且同伴之间还可以相互监督，这样做不仅可以培养孩子的一些良好习惯，而且也能减轻教师的工作负担。又如，可以在活动室的墙上张贴一些有关玩具要轻拿轻放、玩具要大家一起玩等提示内容，更好地体现环境的教育目的。

图2-16　值日生主题墙

误区 2：教师设想计划较多，幼儿设想计划较少。

现在许多幼儿园为了提高环境质量，都会有环境评比大赛，老师们为了让自己班级的环境在评比中获得好的名次，挖空心思地要将环境设计得完美无缺，这样一来，老师们纯粹追求环境布置的结果，势必会造成教师设想计划较多，而幼儿设想计划较少的局面。

对策：让幼儿成为环境的主人。

教师要改变观念，让幼儿以主人的身份直接参与环境创设。把墙面环境创设的主动权交给孩子，使教师从原先的直接操作者变为观察者、倾听者、支持者。教师要多关注孩子的兴趣点，激发他们创设主题墙饰的积极性，多倾听孩子创设墙饰环境的所思所想，给孩子提供适度的建议和鼓励，发动幼儿们讨论，最后共同设计出墙饰的内容。

图 2-17　互动墙

误区 3：观赏成分多，情感互动少。

现在很多老师都非常注重幼儿的参与性，所以在布置墙面的时候，会将幼儿的美术作品都张贴在墙上，可是这些用美术作品布置的环境创设好了之后，除了观赏就没有任何作用了，完全成了一幅"死"的装饰画，孩子们只是在初期有参与的积极性，之后就完全与环境隔离，更谈不上任何互动了。

对策：让墙面环境说话。

经过良好设计的墙面环境可以起到暗示作用，可以起到激发孩子积极行为的作用。环境的作用常常是潜移默化，并不断重复的，它的效果比教师的言传身教来得更实在。所以老师要让每一面墙壁都会说话，让孩子与墙面环境产生有效的互动。

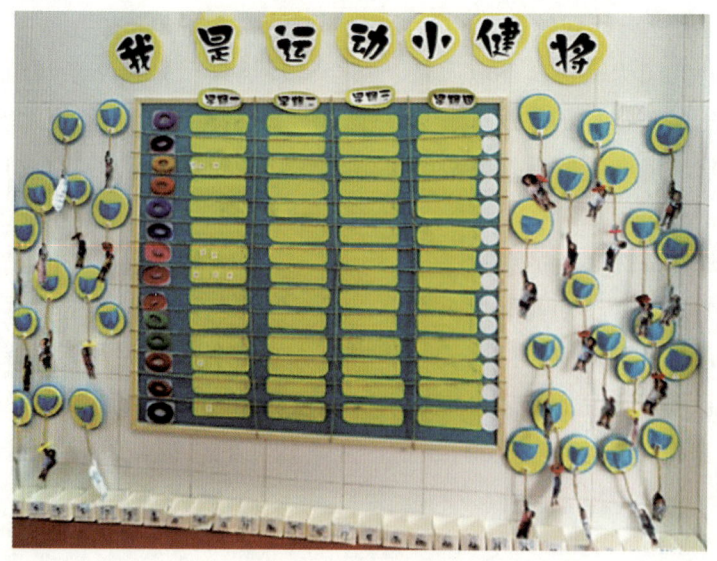

图 2-18　运动主题墙

误区 4：内容多，亮点少。

很多老师一做主题墙饰，马上就想到这个主题里所有的知识点，然后对这些知识点进行罗列、排版，最后都展示出来。看上去非常热闹、非常丰富，却让人看不到重点，找不到亮点。

对策：学会舍弃，抓住孩子的兴趣点。

如果老师死死抓住这个主题里所有的知识点，一个都舍不得放弃，那么结果只有一个——毫无建树，所以老师一定要学会舍弃，而舍弃的基础就是老师对这个主题中幼儿的兴趣点和能力点的把握。老师要找到幼儿在这个主题中最感兴趣的活动，以及最有把握的表现形式，然后将它挖掘得更透彻、更细腻。

图 2-19　京剧主题墙

误区 5：重复多，体现年龄特点少。

很多老师在进行墙面布置的时候，对幼儿的年龄特点考虑得不周全，从画面上根本分不清表现的到底是小班、中班还是大班。例如，小班的夏天是西瓜，中班的夏天是西瓜，大班的夏天还是西瓜，而且西瓜还都是一个个又圆又大的整个的西瓜，小朋友们既看不到诱人的红色，也感受不到香甜的美味。

对策：注重年龄差异，抓住年龄特点。

福禄培尔说："教育的任务要面向全体幼儿，而不同年龄段的幼儿的兴趣、表现能力、个性及发展水平等方面，都存在着很大的差异，不同幼儿对环境的要求是不一样的。教师要注意发现不同年龄段幼儿的不同发展水平和不同活动的需要，使环境的创设能促进幼儿能力和个性的表现及发展，促进每个人自身水平上的提高"。

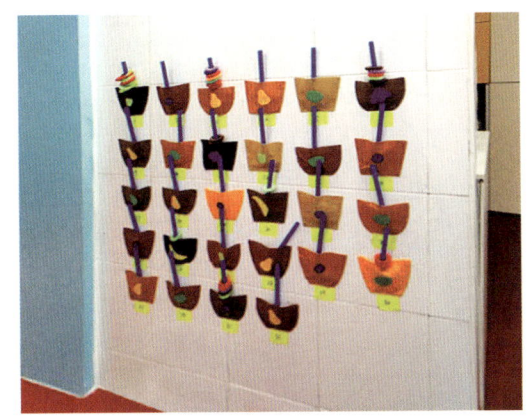

图 2-20　能量环主题墙

第二节　幼儿园主题墙饰设计的基本要素

一、主题墙的造型设计

幼儿园墙饰设计的基本要素

幼儿园主题墙饰属于空间艺术造型的范畴，隶属于工艺美术设计，因此幼儿园主题墙的造型设计的法则也应遵循美术设计中对形式的要求。

（一）造型美的基本要素

在形式美的法则里，多样与统一、对称与均衡、对比与协调、节奏与韵律、统觉与错觉等规则都是建立在点、线、面三种基本要素的构成关系上，所以，形象塑造，离不开对这三种基本要素的认识。

1. 点

按几何学的一般概论解释，点是不占面积的。然而，作为造型要素的点却不同，当视觉感知到点时，它已具备了一定的面积，甚至还有形状、颜色。在造型艺术中，点还可以是多边的几何形体（如圆形、水滴形、三角形、方形等），或是具体的形状（如树叶、飞禽走兽等）。点的组合构成了点在画面中的空间感觉，并且可以利用点的排列、重叠、象形变化、虚实等方式制造出动感、远近感和节奏感。在幼儿园墙饰设计中，我们可以把画面树叶间的关系看作单片大小点的重叠形式，也可以将林中的飞鸟和水里的游鱼的组合视为不同点的均衡形式，而点的象形组合也可以幻化出层出不穷的卡通形象。有时候主题墙并不会设计在一个完整的背景上，而是由多块小的版面组成，所以材料可以更加多样。例如，利用点制作一面主题墙面，将农村大锅的蒸屉、竹编斗笠、凉席、蓝花布等设计成各种动物形状，这样更富有想象力，而且材质更加坚固耐用、承重性好，同时体现最淳朴地道的民族风格。

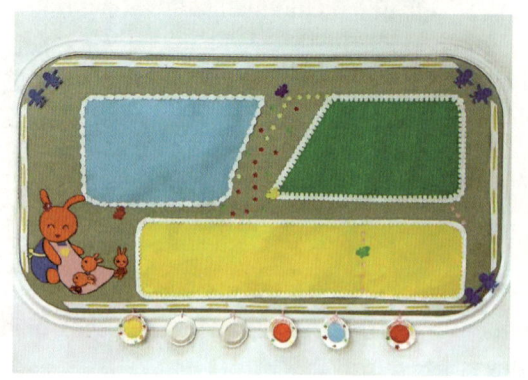

图 2-21　点状主题墙

2. 线

线是点的轨迹，在造型艺术中有着特殊的地位。和点一样，线的形态也极为丰富，并具有很强的情绪和情感表现力，不仅仅是各类美术形式最常用的造型方式之一，更是装饰设计中最主要的表现手段之一。在幼儿园墙饰设计中，将本来较为规范的线条排列进行切换变化，不仅可以装饰画面效果，还会制造出奇幻的视觉效果，强化视觉的真实感受。例如，用线交织而成的树干、用彩色线条排列绘制的楼房，都是较好的壁面装饰形式。比较有代表性的是利用线条制作主题墙面的打底设计。例如，线状主题墙布置起来省时省力，更换内容方便，可最大程度减小对墙面的损害。

图 2-22　线状主题墙

制作方法：选择两根厚度适中的长木条钉在墙上作为上下边框，用以隔开与墙面的距离，中间用丝带（或者布条、宽皮筋等，最好是较浅的大地色系或者原木色系）等距钉好。虽然看着普普通通，但是装饰之后视觉效果非常好，而且所有的图案都是固定在线绳上的，完全不伤墙。竖条纹的背景不会太空也不会太乱，纵向的线条不仅延长了视觉空间，还能完美适合各种风格的主题，直接用彩纸装饰，选择漂亮的颜色和可爱的字体或者用圆形 KT 板作为背景版块形状，都很容易搭配。

3. 面

面是相对于点、线而言的，在视觉中比点大、比线宽，是用线围起的充实整体，在画面装饰中具有稳定厚重的视觉效果。在幼儿园墙饰设计中，大部分的物象都是用自然形的面表现其生动效果的。面的大小、方向和明暗形成图形的空间关系，而面的分割在墙饰设计中就体现为平面的构架。例如，采用石膏或者木边框做出固定的墙面造型。一半固定、一半开放的设计最容易在短时间内做出成品。相同的背景色、相同系列的元素，会使主题墙的布置得心应手，而且使墙面看起来和谐统一。

图 2-23　面状主题墙

（二）造型的变形方法

自然形态的点、线、面主要来源于物体在平面中的投影。影像显示的是形体的基本特征，在此基础上经过各种变形处理，就可以得到需要加工的图形。下面简单介绍一些常用的变形方法。

1. 简化法

简化法是在不失自然形象特征的前提下，力求达到造型上的简洁与单纯。在变化中要做到精心选择、删繁就简、净化提纯，创造出整体美感强的图案形象。例如，在海底世界主题墙上用塑料管拼出海马的外形特征，使其形象更加鲜明。

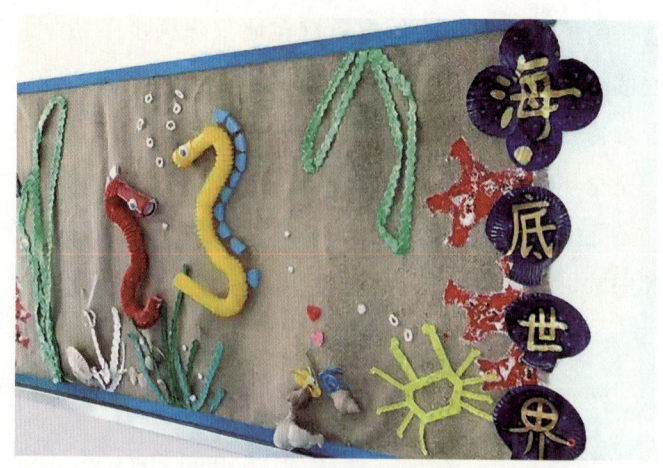

图 2-24　海底世界主题墙

2. 夸张法

夸张法是在简化法的基础上，抓住物象的典型特征，突出强调形与神的美感，以达到主题鲜明、感染力强的审美效果。例如，主题墙饰图"星星宝贝"通过夸张的构图布局，对画面元素进行了大小、疏密的分布安排，并使主次和重点更加突出夸张，更能激发幼儿的参与兴趣，提高幼儿与环境的互动性。除了外形夸张外，动态夸张、神态夸张也是常用的夸张变形手法。

图 2-25　星星宝贝主题墙

3. 添加法

添加法是在简化或夸张的基础上，把具有典型特征的形象合乎情理地与其结合在一起，充实与美化图案形象，达到构图饱满、变化丰富、主题鲜明、装饰性强的审美效果。例如，可以在主题墙上贴上好看的纸板，搭配麻绳，装饰小清新的自然物或者仿真自然物，顿时化身原木色小清新，这样的主题墙让人百看不厌。各区域的吊牌也可以按照相同的套路来制作，风格更统一。

图 2-26　家园之窗主题墙

4. 拟人法

拟人法即将物象的形态、动作、神态等进行拟人化处理，使之成为幼儿喜爱的形象。例如，在动物主题墙中，将所有的小动物都拟人化，非常符合幼儿的心理。

图 2-27　拟人化主题墙

5. 求全法

求全法是指把违反常规的事物组合在一起，使其具有美好寓意。例如，"摘水果"主题墙饰将不同种类的水果组合在一棵树上，打破了时间和空间的局限，满足了幼儿追求完美的愿望。

图 2-28　摘水果主题墙

6. 几何法

几何法是指抓住物象的特征，根据工艺制作、设计要求，把变化的物象处理成几何形，如三角形、圆形、方形、折线形、弧线形等。

7. 影像变形法

影像变形法是寻找适合的角度获取影像后，在自然影像的基础上，将边缘不必要的细节和多余的部分省略掉，然后修饰、完善缺损的地方，并在线内加上一些装饰性的结构花纹（如鸟的羽毛、鱼鳞等），就能得到生动的装饰图案。

8. 工艺变形法

工艺变形法是在对图案进行工艺加工时，出于造型或工艺的需要，采用的某种特有的造型形式。如民间剪纸中剪刀形成的剪口、印蓝花布上纸板漏印形成的圆点组合、竹编品上经纬条交织形成的特殊纹理等。工艺变形法形成的图案具有明显的材质特点。

二、主题墙边框制作技法

手工剩下的边角料往往是做主题墙边框的主要材料。将剩下的彩纸裁成长条，或剪成波浪形就可以了。不过，要想让边框吸引人，就要多动动脑筋。例如，将碎纸片、碎纸屑剪成五彩缤纷的几何图形、小花朵、小星星等，然后贴在边框上，绝对能给主题墙设计加分。又如，想要清新的风格，就用浅色彩纸剪一些小彩虹、小动物。再如，想要华丽风格，就一定要保证色彩和形状的丰富性。主题墙边框虽然往往只起装饰作用，却是幼儿园主题墙饰的重头戏。每更新一次主题墙就要构思一种新的边框出来。其中，对颜色、形状、层次等元素的搭配非常考验各位老师的创造力。下面这些材料不仅易得，制作简便，而且创意新奇，效果美观，老师可以大胆一试。

（一）利用幼儿手工作品

孩子们自己的作品是非常好用的材料，只要是轻质的、好粘贴的、占地不大的，都可以作为边框来用。例如，一次性纸盘作品、小动物、水果的造型，以及孩子们的小手造型作品都可以作为边框加以设计展示；小动物造型边框制作起来虽然有些复杂，但效果绝对是最棒的；或者发动孩子们剪出五颜六色的小手掌，贴在主题墙周围，效果一定不错；用彩色玻璃纸包裹纸盘，做成别致的大糖果，不仅可以作为主题墙的边框，还能用于感恩节、圣诞节等各种节庆场合。

图 2-29　作品边框

（二）巧用边角料和花式胶带

花式胶带印有漂亮的图案，轻轻一贴就能得到不错的边框，可谓贴边框小"神器"。花式胶带一般在文具店出售，两三块钱就能买到一大卷。在贴花式胶带的时候，如果能注意到层次感就更好了。不同花纹的每种组合方式都能产生一种新的边框。有的胶带自带花边，比如简约的邮票边框在国外就很常用。各种胶带层叠使用，效果更佳。如果想营造立体感，可以在每层胶带之间加入泡沫来垫一下，这样就有立体感了，唯一的小缺点就是可能会留下胶痕。

图 2-30　花式胶带边框

（三）巧用自然物

所有的自然物都自带自然美，合理利用自然物，不仅非常环保，而且对幼儿成长非常有帮助。要选择被阳光滋养过、被生物温暖过的材料布置，因为大自然总是能给人静谧的安全感。例如，把彩色的丝线缠在树枝上，枯树枝也能变得光彩熠熠；此外，瓶子盖、橡胶圈等废旧物，凡是形状独特、颜色丰富的小物件都可以拿来用；也可以试试用一棵大树作边框，或者用秸秆、稻草等自然材料，均匀地贴在主题墙四周，让画面更加逼真；栅栏和落叶也是不错的选择，用牛皮纸做成栅栏，纸盘做成南瓜，落叶飘飘，意境幽远；用秋天的树叶来点缀边框，也是别有一番风味。按照这个思路，以审美的视角投向自己身边的物品，让生活中的每个琐碎细节都能为环境创设服务。

图 2-31　自然物边框

（四）就地取材

将幼儿的照片绕着边框贴一圈，绚丽的花边就出现在我们眼前了。知识卡片、单词卡片也可以按照这个思路处理，不仅做了边框，还能学习知识。用绘本的书壳制作边框，不仅可以美化边框而且可以激起幼儿的阅读兴趣，简直就是一举两得。还有各种彩色商标、Logo 设计等绝对是最好的边框材料之一，尤其是那些深入人心的标志，做主题墙边框是相当漂亮的！

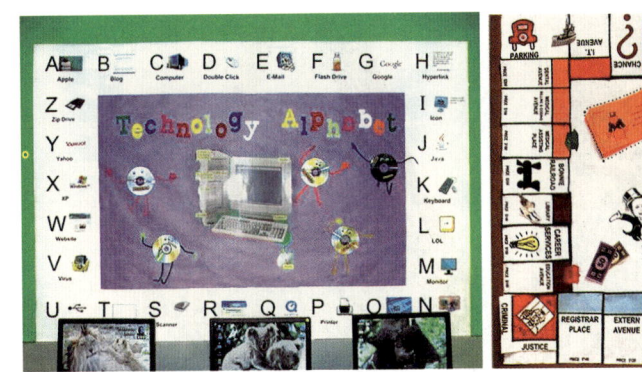
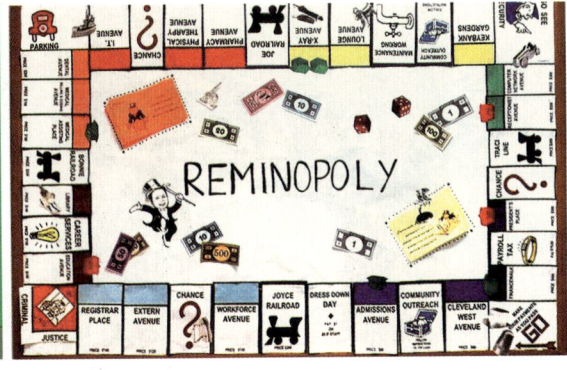

图 2-32 画片边框

（五）废旧材料再利用

七彩主题永远不会过时，七彩边框同样受孩子们喜爱。比如，在主题墙周围"种"上一圈美丽的鲜花。用彩笔画出的美丽彩虹，最适合装饰美工区主题墙了。美工区的边框还可以做成色卡的模式，将各色彩纸剪成渐变的色卡，既是美丽的边框，又是学习颜色的教具。此外，还可以用彩色气球、小彩灯等制作边框。五彩缤纷的装饰会让孩子们感到安心、放松。家中不用的发卡、皮筋、丝带、彩色手提袋等，都可以装饰主题墙边框，尤其在某些女性节日（妇女节、母亲节）的时候使用是最合适不过了。

图 2-33 废旧材料边框

（六）废旧玩具——乐高积木、拼图块

孩子们玩旧的乐高块也可以拿来作装饰。塑料质地很轻，用普通的胶带就能粘牢。积木本身的颜色和形状就能产生非常符合小孩子趣味的效果。如果正好有一套残缺不全的拼图，那就可以拿来装饰边框。把拼图块排列起来，可以整齐，可以凌乱，可以正着贴，也可以反着贴，怎样贴都很好看。如果主题墙的背景颜色较多，建议用素色的拼图（直接背面就可以）；如果主题墙背景很素淡，那就可以用五彩缤纷的拼图了。

图 2-34　废旧玩具边框

三、主题墙的色彩设计

造型作为一种传导方式，比色彩更有优势；而在情感氛围的烘托上，色彩则要胜于造型。因此，掌握色彩的理论要点，提高对色彩认知力和感受力，是幼儿园教师设计和制作幼儿园主题墙饰的基础。

（一）色彩的名词与基本理论

1. 色彩三原色：红、黄、蓝（三原色可以混合出所有的颜色）。

2. 色彩间色：橙、绿、紫（是指由任意两个原色混合而成的颜色）。

3. 固有色：指物象自身本来的颜色（决定物体的色调）。

4. 光源色：指光的色彩（硬性物体受光部的色彩）。

5. 环境色：指物体受周围环境影响而呈现的色彩。

6. 色调：不同物体所呈现的色彩总倾向，即总体的色彩面貌。

7. 补色：色环中相对的色为补色，对比最强（两种以适当比例混合后而呈现白色或灰色的颜色，如黄紫、红绿等）。

8. 同类色：色相类别相同的色为同类色（色相性质相同，但色度有深浅之分，如柠檬黄、中黄等）。

9. 类似色：不同色相类别或同一色相类别，但明度相近的颜色（如朱红与中黄、群青与紫色）。

（二）色彩的构成原理

色彩源于光照射在物体上产生的一种视觉效应。研究者们把晴天的昼光（偏蓝的白光）、太阳光、白炽灯光作为三种标准光源，设定红、橙、黄、绿、蓝、紫为光谱标准色，以二十四色相环为色彩研究的基础，为调色标准确立依据。追根溯源，调色是在红、黄、蓝三原色的基础上调配生成的。原色、间色、复色共同构成了色彩配色的基础。

图 2-35　二十四色相环

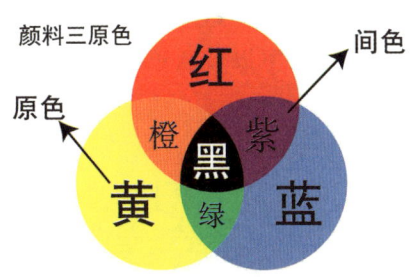

图 2-36　三原色

（三）色彩的三要素

1. 明度：指色彩本身的明暗度。如柠檬黄比大红、土黄明度高。一种颜色在调和其他色后明度相应会发生变化，如朱红加浅黄明度会提高。

2. 纯度：也叫饱和度，指原色在色彩中所占据的百分比。三原色纯度最高。凡是能靠视觉辨认出来的颜色都有一定的纯度，纯度的高低取决于调和次数和颜色中所含的黑、白、灰的量的多少。

3. 色相：指色彩的原有色彩倾向。如红苹果的色相为红色，菠菜的色相为绿色。

（四）装饰色彩运用法则

在运用装饰色彩时，要注意色调的处理、色彩的协调、色彩对比和色彩的象征性。

1. 色调和谐

色调即色彩的基调，也就是色彩的一种基本倾向。

图 2-37　暖色调主题墙

图 2-38　冷色调主题墙

2. 色彩协调

色彩协调是指由两种或两种以上的色彩按比例、有次序地组合在一起，给人感觉美、愉快和舒适的色彩组合搭配。色彩的协调并不是唯一的色彩组合，有时不协调色也会产生富有表现力的效果。以上规则在幼儿园墙饰设计中影响着作品整体氛围的视觉效应，是设计墙饰作品不可或缺的常识。不同的色调能营造出不同的环境氛围，例如，某幼儿园活动室以黄蓝色为主色调，色相对比使整个环境达到协调统一。

图 2-39　色彩协调的主题墙

3. 色彩对比

在色彩关系中，并不是色彩用得越多越好，对比关系既要鲜明又须统一，在有序的色彩中，适度加强或减弱某些对比，使之顺应视觉中的次序和节奏，是色彩对比的关键。在色彩对比法则中，当两个色块并置在一起时，它们就会产生对比。根据对比的种类可分为：色相对比、明度对比、纯度对比、冷暖对比、补色对比。

图 2-40　色相对比主题墙

4. 色彩的象征性

色彩的物理效应、生理效应以及心理效应的关系直接影响着现代设计和装饰色彩中色彩的传达效果。每种色彩都有自己的象征意义，这为我们的墙饰设计提供了意境形成的指向。合理运用色彩的象征性会起到意想不到的心理效应，可增强视觉效果，加强对幼儿心理的教育作用。

色彩的物理效应：

（1）色彩的温度感：红、橙、黄一带的色给人以温暖的感觉，称为暖色；蓝、青绿、蓝紫一带的色彩给人以寒冷的感觉，称为冷色；而黄、绿视其偏向可划为偏冷或偏暖，或为中性色。

（2）色彩的距离感：从相同距离看时，有的色彩给人的感觉比实际距离近，有的色彩给人的感觉却比实际距离远。前进色：暖色，纯度高、明度高的颜色；后退色：冷色，纯度低、明度灰暗的颜色。

（3）色彩的体量感：同样面积的色块，当涂上不同色彩时；有的看起来大一些，即膨胀色，有的看起来小一些，即收缩色。膨胀色的特点是高明度、高纯度；收缩色的特点是低明度、低纯度。

（4）色彩的重量感：同一物体，当其表面涂上不同色彩时，有的色彩给人以轻巧之感，即轻色；有的色彩给人以沉重之感，即重色。明度是其主要因素，明度越高，色彩的重量感越轻。

色彩的生理效应：

（1）不同的冷暖色能够使人兴奋与沉静。色彩对人的身心疾病有一定的调适作用，例如：紫色——神经错乱；靛青——视力混乱；蓝——甲状腺和喉部疾病；绿——心脏病和高血压；黄——胃、胰腺和肝脏病；橙——肺病、肾病；红——血脉失调和贫血。

（2）色彩的诱目性：当人们无意识地观看色彩时，容易引起人们注视的就是诱目性。通常人们说的"抢眼""醒目"就是指色彩的诱目性。色彩的诱目性与背景颜色有关：

背景为黑、中灰时：黄＞橙＞红＞蓝＞绿。

背景为白色时：红＞橙＞黄＞蓝＞绿。

背景中出现较少的、与背景成强烈对比的、兴奋的色彩其诱目性较强。

（3）色彩的疲劳感：若高彩度、多色相的色彩出现过多、过频时，会因色彩的过度刺激而使人产生疲劳感，而蓝绿色、中性色彩系列则有放松的功能。

色彩的心理效应：

（1）色彩的感觉与心理：色彩是视觉传达的一个重要因素，它能有力地表达人与人的情感、友谊，能在不知不觉中左右我们的情绪、精神及行动，导致人们不只停留在对色彩的一种主观感受中，更要扩展到人们需要去了解和研究色彩，以及它与人的行动、心理之间的关系。

（2）色彩的联想：当人们看到某一色彩时，就产生某种特殊的情感和联想。例如，在中国，红色让人联想到喜庆、节日；在西方，白色让人感到神圣和纯洁等。同时色彩还能给人冷暖感、兴奋和安静感、华丽和质朴感、活泼和抑郁感、柔软和坚硬感。色彩还能与味觉、听觉、心情相联系并产生联想。影响色彩感觉的其他因素还有民族性、地域性、年龄、性别、素养、流行色等。

（五）幼儿园环境创设配色指导参考

1. 色彩选择

越来越多的教师意识到，幼儿园班级环境不是打翻的调色板，不是花花绿绿的集合体，而应该做到和谐统一、高大上。但是，高大上并不等于不超过三个颜色。可以记住这个口诀，"确定主色，配以辅色，点缀对比色"，或者"整体协调，局部活跃"。例如，地中海风格的环境创设，多以蓝白为主，点缀黄色、紫色。春季主题，以嫩黄、嫩绿为主，点缀粉色、蓝色。还有正红、正黄、正蓝是很扎眼的颜色，能够瞬间抓住人的注意力，所以不适合大面积使用，否则会显得太过浮躁。

2. 幼儿园环境创设配色原则

幼儿园环境创设选择的颜色和色系应该遵循适合的才是最重要的原则，不能全凭教师个人喜好来决定幼儿园环境创设的风格与色调。在配色时，需要考虑以下几个方面。

（1）需要考虑幼儿的兴趣点和教学目标，不同的教学知识点、幼儿独特的兴趣点是配色时参考的第一要素。

（2）需要考虑不同年龄班级的情况。不同班级的用色倾向不同。例如，在创设小班环境的配色时，尽量选用形象可爱、颜色鲜艳、色彩分明的风格；中班可以选择明亮舒服的颜色，比如马卡龙色系等；大班可以多用冷色及对比色，环境创设风格以简约为主，只需体现大致的框架，给孩子们更多的自由发挥空间。

（3）需要考虑幼儿园每间教室的大小、朝向等。教室的大小、朝向，窗户的大小、高低，室外是否有建筑物遮挡等，都是配色时需要考虑的因素，所以，要有针对性地选择适合本班风格的色彩。例如，位置朝阳，有落地窗的教室可能会有较强的阳光，此时切忌采用明黄色等太亮的颜色，可以选择较清凉或稍深的颜色，如蓝色、绿色、卡其色等，甚至可以适当挑战一下黑色；东西向、北向，或装备小窗的教室自然光稍差，需要借助室内环境的颜色和灯光来提亮，黄色、浅粉色、白色等亮色更加适合，并有扩充空间的视觉感受。

（4）需要考虑班级现有的软装颜色。有的幼儿园建筑窗框和门框颜色是固定的，布置环境时可以根据建筑固有的颜色来搭配，避免使人产生不和谐感。此外，要注重窗外的风景。假如窗外是郁郁葱葱的大树，那就代表一年四季都有不同的风景可看，春天的花、夏天的绿色、秋天的金黄、冬天的白雪，这样的教室已经有了天然的景观和色彩，所以内饰就最好不要再用绿色和特别艳丽的颜色了，可以选用原木色、米色、白色等干净低调的颜色作为主体色，适当点缀彩色。

（5）需要考虑季节变化。一般幼儿园每学期要进行一次大的环境创设变更，春季开学时个人建议多用嫩黄色、嫩绿色、浅粉色、浅蓝色，既适用春季，又便于夏季的过渡。秋季开学时建议多用中黄色、棕色、棕红色，不仅可在秋冬季节给人温暖之感，还可更好地衔接元旦、春节等喜庆的节日。

（六）提升主题墙整体设计意境

幼儿园墙饰设计要想达到更高的要求，制作出富有童趣、情景交融、使人产生联想的高水平墙饰，还需提升整体设计的意境。提升意境应从以下几个方面深入。

1. 选材

要选取最能表达主题内容、最具说服力的形象组合和优美动态，以创造富有视觉冲击力的戏剧性画面，让墙饰会"说话"。

2. 取舍

去掉与主题无关的烦琐细节，巧妙精简画面的构架，全力突出景物的主要特征。

3. 修饰变形

强化墙饰造型的特点，修饰变形适当与否决定了整幅墙饰设计架构的成败。所以修饰和处理造型能力的强弱也正是设计水平高低的关键。

4. 设色

意境是色调的升华，需利用色调烘托不同的意境，要善于抓住和表现特殊的色调美感，对色彩进行概括、提炼，加深画面的艺术感染力。

5. 材质与技法选择

选择合适的材质与技法，也能提升壁面设计的质量。如运用插接、剪贴、浮雕、镂空等技法与各类材质结合，可以巧妙地增强画面栩栩如生的效果。

在设计幼儿园墙饰时，要有意识地追求环境的整体意境，决不能陷入图解式的描绘中去。构思上的奇思妙想、构图中的和谐秩序、恰如其分的形和色，加上适当的材质，配备精湛的制作技巧，是设计出优秀墙饰作品不可或缺的组成部分。

图 2-41　幼儿园墙饰布置

第三节　幼儿园装饰壁画的制作方法

幼儿园常规墙饰中的户外大型壁画雕塑等，大多是由专业的画家、建筑师或工艺师们为之量身定做的，保存的时间也较长久。壁画、雕塑等所在的场所、方位、结构、视觉效果、材料选择、制作方法等均需经周密考虑和研究，因此必须具备较强的美术专业技能方可完成。对于学前教育专业的学生来说，只需初步了解即可。而小型常规墙饰、主题墙饰及互动墙饰的设计与制作则是每个幼儿园都不可缺少的常规工作，也是幼儿园教师必须掌握的职业技能，因此有必要进行详细介绍。幼儿园装饰壁画常用到的有以下几种制作技法。

幼儿园墙饰的
制作技法

一、手绘技法

幼儿园装饰壁画可使用水粉、油画棒、丙烯、油漆等材料，采用手绘或喷绘等方式绘制，一幅壁画既可采用一种颜料绘制，也可综合几种颜料进行绘制。例如，大面积色块可采用油漆刷色，主线条或局部则采用油画颜料绘制。不同的材料和绘制方式可以产生不同的肌理效果，这些装饰因素的组合是形成整体装饰效果的手段。实际操作时，还应根据幼儿园的自然环境和经济状况决定采用何种技法。

图 2-42　幼儿园装饰壁画

水粉、油画棒、丙烯是几种常用的便利颜料。丙烯颜料包含了水粉和油画棒绘制的一些特性，所以，下面重点以丙烯颜料的使用为例，介绍装饰壁画的绘制技法。

丙烯颜料介绍

丙烯颜料属于人工合成的聚合颜料，是由颜料粉调和丙烯酸乳胶制成的。典雅的水彩风格、厚重的油画感、炫目的POP街头涂鸦，甚至富有韵味的仿国画效果，都可以借由这种颜料来实现。

丙烯颜料具有以下特性：

（1）可用水稀释，便于清洗。

（2）速干。颜料在落笔几分钟后即可干燥，不像油画颜料那样刚完成时不能碰触。如想有慢干效果，可用延缓剂来延缓颜料的干燥时间。

（3）着色层干后会迅速失去可溶性，同时形成坚韧、有弹性的不渗水的膜。这种膜类似于橡胶，起防水作用。

（4）颜色饱满、浓重、鲜润。丙烯颜料无论怎样调和都不会有"脏""灰"的感觉。着色后不会有吸油发污的现象。

（5）作品的持久性良好。丙烯胶膜从理论上讲永远不会脆化，也绝不会变黄。

（6）丙烯颜料在使用方式上带有一般水性颜料的操作特性，既能作水彩用，又能作水粉用。

（7）丙烯塑型软膏中有颗粒型颜料，有粗颗粒和细颗粒之分，为制作肌理提供了方便。

（8）丙烯颜料无毒，对人体不会产生伤害。

丙烯壁画的绘制工艺流程：

（1）做底

在进行过光洁处理的平整壁面上，用白乳胶调立德粉（不宜过量）做底，也可将现成的丙烯底料涂在墙壁上。墙面可以是水泥、瓷砖或木质板，也可以在墙上直接裱贴亚麻布，涂两到三遍的底料。如在远处的蓝色和近处绿色的衔接处用五色的笔刷匀，可多试几次，待其干透即可。

（2）绘制

将画好的小稿用打格子放大的方式或放幻灯片的方式放大到墙面上，用毛笔勾勒轮廓，确定造型。可以渲染和罩色。上色时应略比小稿的颜色深些，也可以稀释颜料后，一遍遍罩染，直到达到设计效果。此外，用国画重彩方法渲染，最后整体罩色也是常用的表现技法，也可以直接厚涂绘制。需要指出的是，丙烯颜料除了不能和油画颜料调和使用外，可与任何水调颜料（如水粉、水彩等）混合使用，是最灵活便利的绘制材料。如想使这些水调颜料的颜色耐久，最好加入丙烯颜料后再使用。

二、平面剪贴技法

平面剪贴装饰画大都追求抽象、概括的装饰特点，多采用夸张变形的造型手法。这类墙饰可使用的材料比较广泛，有底板材料和画面粘贴材料两大类。其中，底板材料是指充当画面底色的材料，如各色 KT 泡沫板、吹塑纸、植绒纸、白纸板、有色墙纸等均可作为底板材料；画面粘贴材料有各种花布、吹塑纸、植绒纸、旧挂历纸、包装花纹纸、旧画报、金银纸、糖纸、废旧邮票等，应根据画面内容和风格加以选择。

平面剪贴装饰画的制作工具材料一般有铅笔、剪刀、刻刀、小镊子、乳胶、双面胶、胶水、固体胶等。由于人工肌理是装饰因素之一，在制作过程中会涉及一些特殊的技巧需要进行特别处理。运用不同的材料，融入不同的技能技巧，会产生不同的艺术效果。常用的简便易行的处理技法有以下几种。

（一）平贴法

平贴法是指用有色美术卡纸、吹塑纸、粉彩纸、瓦楞纸、海绵纸等材料剪刻出变形夸张的人物、动物、植物等，然后将剪好的造型合理、巧妙地粘贴在一起，即完成壁画的整体制作。例如，用黑色卡纸剪成各种建筑物造型，然后拼贴起来，形成一幅美丽的壁画。在平贴法材料中，吹塑纸是幼儿园墙饰制作中经常使用的材料，其特点是轻便、淡雅。以吹塑纸为主要材料时，应配以其他色彩丰富的材料，如植绒纸、各种布料、旧挂历纸、画报等，巧妙地进行拼贴，使之具有浅浮雕感。

图 2-43　平贴法壁画

（二）边缘弯曲法

边缘弯曲法是指在平贴法的基础上，将剪好的纹样边缘略微弯曲成一定弧度，使单薄的美术卡纸变成具有立体感的景物，同时，粘贴时应讲究前后、高低的区别和色彩协调等艺术效果。

图 2-44 边缘弯曲法壁画

三、绳贴法

绳贴法是指在平贴法的基础上，运用各种不同质地、不同粗细、色彩各异的线状材料，如彩色皱纹纸接成的纸绳、彩色棉绳、麻线、毛线等，在图案中或沿色块边缘绕贴，或直接贴成各种形状，以增强平贴装饰画线条的表现力。例如，主题墙饰"鲸鱼"中，鲸鱼的尾巴和身体都是用彩绳卷曲好后平贴而成，给人耳目一新的感觉。

图 2-45 绳贴法壁画

四、玻璃粘贴技法

玻璃粘贴装饰画也是常用的幼儿园装饰形式，其主要材料为各色玻璃贴纸，也可采用其他花纹贴纸。制作玻璃粘贴装饰画的工具较为简单，只需准备铅笔、剪刀、精细刻刀、小镊子和夹子即可。

（一）制作方法

玻璃粘贴装饰画既是教室整体墙饰的一部分，又是和窗外景色连在一起的流动风景。

其制作方法如下：

（1）设计草图，将定稿后的图案勾勒出轮廓线。

（2）将图案拓印在即时贴纸上再精心剪刻。

（3）将剪刻好的图形对好，粘贴在玻璃上。注意色块间空出的缝隙是否宽窄一致。

（4）如需细部的刻画，还可在色块全部粘贴在玻璃上之后，用铅笔直接描绘细线条，用小刀刻出细纹样，如花心、叶脉、发丝等，线条的宽度应一致。

（5）当图形呈现出空芯线状造型，需刻除大面积空隙时，可用转移膜将剪刻好的图形完整地转移到玻璃上。

（二）注意事项

玻璃粘贴装饰画要追求单纯、清晰、鲜明的视觉效果，以丰富的想象力创造出既有彩色剪纸效果，又具有现代美感的装饰图案，使幼儿园既亮堂又美观。在设计制作时需要注意以下几点：

（1）玻璃和彩色贴纸具有透明光亮的特点，在设计时要考虑几块颜色并置搭配的效果。

（2）玻璃贴纸最大的特点是清爽悦目，在设计时要尽量追求景物的变形、夸张，不宜采用与自然对象一模一样的细节和色彩。

（3）应将窗门的几块玻璃连在一起整体构思，而不是分割开来。同时，应注重搭配的完整性，切忌支离破碎地随意粘贴。

（4）大色块应与精美的细节相结合，景物纹样、装饰造型要优美，空出的缝要整齐自然。

图 2-46　玻璃粘贴法装饰画

五、半立体纸雕技法

半立体纸雕装饰画是介于立体图画和平面剪贴画之间的一种艺术表现形式，是在平面材料上对某些部位进行立体加工，使之在视觉上和触觉上都具有立体感。在构思设计时，需考虑切、剪、折、卷、叠、粘的衔接和立体造型的精美，利用自然纸张的肌理效果体现半立体纸雕的独特性，创造出比现实生活更典型、更美好的景物。

图 2-47 半立体纸雕装饰画

（一）前期设计要点

（1）在设计上注重动静对比的节奏感，既强烈有序，又略有变化，在重复中求丰富。

（2）选择恰当的表现手法。花、鸟、树等物象都有千姿百态的造型特点，采用哪一种变形、夸张的造型是需要重点考虑的问题，造型方式将直接影响主题的表达效果。

（3）如是抽象或是写实风格的设计，整幅墙饰的设计风格应统一。

（4）注重质感搭配，纸张质地有厚薄的差异，大的造型宜选用较厚较硬的纸，小的造型宜选用薄而易折叠的纸，纸张以富有弹性、易于折叠弯曲为最佳。纸雕色彩主要依赖于美术卡纸本身的颜色以及各种纹理，如云彩纸、岩纹纸、粉彩纸等现代新型纸纸张本身的肌理不同，做出来的纸雕的效果也有所差异，所以选择合适的纸是制作纸雕装饰画的前提。

（二）基本技法

制作半立体纸装饰画所需的工具有：用于修剪轮廓的剪刀、用于裁切纸张的美工刀、用于切割线条的笔刀、用于固定图样的回形针、用于组合粘贴的黏合剂（如树脂胶、玻璃胶等干后透明的胶材），以及直尺、铁尺、三角尺、量角尺、垫板等。

1. 剪开

用剪刀沿剪开线（在制作图中为实线）剪开，或用刀沿线切开（注意要将纸完全切透），然后把剪开的部位按一定角度重叠粘贴，形成凹凸造型。

2. 勒压

勒压也称为半切，其目的是便于较厚的纸张折叠。制作时用刀在纸面上沿勒压线（在制作图中为虚线或点画线）轻划，割到纸厚的 1/3 左右，较薄的纸张可用无油的圆珠笔或铁笔深划一下。

3. 折叠

按折叠方式的不同，可分为曲线折和直线折。其中，圆的折叠是曲线折的一种特殊形式，其具体折法如下：用圆规在纸上画圆，剪下圆形的纸片后，分别在纸的两面

沿线勒压，再剪出一条半径，折出凸凹造型后，收拢粘贴一部分即可完成。

半立体花的制作过程

半立体花是幼儿园主题墙饰经常要用到的装饰之一，其制作过程如下：

（1）照图纸剪出花型；

（2）用笔杆将花瓣卷成适当的弧度；

（3）剪出花心以及花心边缘的装饰穗；

（4）将花和花心用双面胶组合，粘贴成花朵；

（5）用绿色卡纸剪出绿叶造型，修饰边缘；

（6）沿曲线折出半立体的叶片，组合成花型。

（1）　　　　　　　　　（2）　　　　　　　　　（3）

图 2-48　半立体花的制作过程

六、综合材料技法

材料与环境是幼儿探索活动的有力支撑，是幼儿探索活动的"无形教师"。材料，特别是废旧材料更是取之不尽，用之不竭。从活动室到幼儿园，从家庭到社区，他们都是幼儿探索活动的"大仓库"。在幼儿园环境创设过程中，应该充分利用各种废旧材料，让废旧物"活"起来，有效推动幼儿的探索活动，使幼儿尽情、尽兴地探索他们的世界。例如，精心打扮的草秆盖帘和瓶盖变成了萌萌的笑脸娃娃；蒸锅里彩绘的屉、木制的动物，彰显着古朴的原生态；利用竹编簸箕形态，巧妙地加上手脚，瞬间变成向上攀登的样子……让幼儿利用废旧物品进行主题墙创设，让小小的废旧材料都有其不同的利用价值，收集的过程是幼儿自主的过程，也是学习的过程。

幼儿不仅可以收集自己喜欢的废旧物品，而且在无形中激发了幼儿对各种材料进行认知与探究的积极性。生活中的边角料和废旧材料随处可见，在幼儿园里，这些材料都是可利用的资源。只要细心收集，巧妙利用，经过剪、刻、拼贴等工序就可以得到一幅优美的装饰画。不同的材料组合需要不同的工具，常用的工具有尺、小刀、剪刀、黏合剂、钢丝钳、小锤、螺丝刀等。

图 2-49　草秆盖帘装饰画

（一）设计构思

综合材料组合装饰画在表现形式上主要有两种：一种是抽象化造型，即从具体物象中抽象出一种特殊的美感，将仿自然的景物与抽象的图结合在一起，如将树木、昆虫拟人化，非常具有装饰美感；另一种是写实造型，即较为真实地反映出某个具体人、具体场景、具体情节，给人以写实的艺术美。综合材料装饰画水平的高低并不完全取决于材料的价值，也不完全取决于装饰加工的复杂程度，而是取决于设计的巧妙程度和材料的运用情况。只有对生活进行细致入微的观察，选择恰当的装饰材料，才能带来巧妙的艺术构思。因此，创造性的构思构图和色彩搭配，才是变废为美的关键。

（二）选材与制作

生活中的废旧材料都可以收集起来，利用巧妙的构思组合成装饰画。可选用的材料综合起来有以下几种：

天然材料：竹子、草秆、麦秸、花瓣、树皮、蛋壳、羽毛、兽皮、沙和石子等。

纺织材料：碎布、毛线、绒布、斜纹布、丝绸、牛仔布、粗麻布等。

纸张类材料：各种软纸、硬纸、皱纹纸、瓦楞纸、美术卡纸、植绒纸、吹塑纸、报纸、金银纸、画报、邮票、糖纸等；各种纸袋、纸箱、鞋盒、饮料盒等。

生活废旧材料：草帽、扇子、草席、藤垫、窗纱、旧头饰、茶杯垫、饮料瓶、易拉罐、火柴盒、花生壳和瓜子壳等。

人工废旧材料：胶合板、刨花、锯末、塑料地板、金属片、废电线和金属边角余料等。

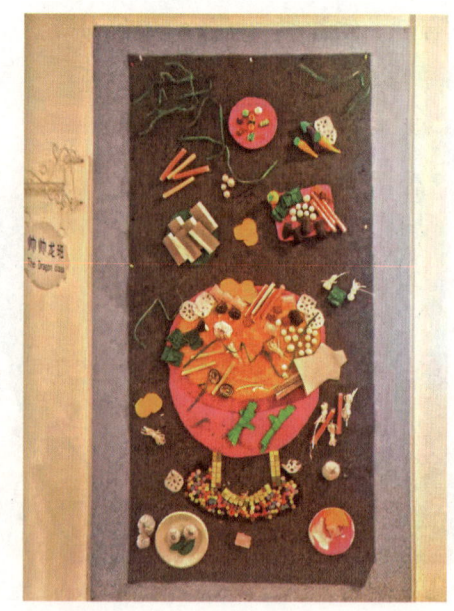

图 2-50　综合材料装饰画

七、功能主题墙制作技法

幼儿园主题墙面设计一定要和小朋友互动起来，才能获得更长久的生命力，也能对孩子的发展有更多切实的益处。例如，三种功能墙的制作（绘本墙、触摸墙、拼画墙），就非常有实用价值。

（一）绘本墙

让孩子爱上阅读，在幼儿园的楼道上，最吸引眼球的就是一面绘本墙了，会让所有的家长、孩子都眼前一亮，让来园参观的老师们都停下脚步仔细观看。绘本墙可能会出现在幼儿园的楼道上、走廊里，或班级中的一面墙上。就像是将一本绘本书放大了好几倍悬挂在白净的墙面上。绘本墙有趣的绘本人物一个个地展现，还有部分生动的故事情节描述，怎能不让人留恋？

幼儿停下脚步的同时，还可以随手拿起有关这面绘本墙的绘本，坐在走廊上就可以阅读了。孩子们喜欢的《小猪佩奇》《父与子》《米老鼠与唐老鸭》等生动有趣的绘本故事通过放大绘画的方式，将绘本搬到墙上，不仅美化了走廊、楼道，更让孩子在不经意间阅读绘本，畅游在绘本海洋的世界。绘本的阅读能培养幼儿积极健康的情感，塑造幼儿的完整人格，也因此得到了家长和教师们的重视，对幼儿进行情感方面的教育。也常常能够看到孩子们在经过楼道的时候，拉着自己的爸爸妈妈一起观看。有的孩子怀着好奇心，仔细阅读绘本后，还自己设计了一件新背心。看，你更喜欢哪件新背心呢？除了绘本墙面，教师的提示语和幼儿对绘本的解读也很重要，可以将幼儿在阅读绘本后的延伸活动展示在绘本墙上。

图 2-51　绘本墙

（二）触摸墙

启动幼儿感官通道："你想感受一下吗？""这是个怪兽，这里也有一个怪兽""这不是怪兽，这是机器人""让我摸一摸这个小球，真好玩！""摸摸看到底是什么感觉呢？""咦？怎么还有些硬硬的感觉？"这些对话都是在一个角落里发生的，孩子们正在通过视觉、触觉感受着触摸墙，在触摸的时候能够感受到不同种物品摸起来的感受。

图 2-52　触摸墙

《幼儿园教育指导纲要（试行）》中指出："环境是重要的教育资源，应通过环境的创设与利用，有效地促进幼儿的发展。"《3～6 岁儿童学习和发展指南》也指出："幼儿的思维特点以具体形象思维为主，应注重幼儿通过直接感知、亲身体验和实际操作进行科学学习。"触摸墙的创设不仅是一种美观的装饰，给幼儿带来视觉上的冲击，更能让幼儿在触摸中发展触觉，通过与触摸墙的互动，感知物体的软硬和其他不同的感觉体验，更直观、更形象，让幼儿能在感官感知中学习成长。将收集的材料进行拼画，成为一幅幅有趣的图案，更能吸引幼儿进行观察探索。怎样才能创设一面有主题不凌乱、拥有多元材料，且幼儿喜欢的触摸墙呢？首先，我们应在日常中取材，触摸墙常用材料有贝壳类、布类、毛毯类、石子类、金属类、毛刷类、泡沫类、塑料类、草绳类、竹木类，其他综合类材料，如生活中的物品，教师可以选择一个主题内容，然后与幼儿共同收集需要的材料，依照一定的方式有条理地摆放物品。可根据形状、软硬、粗细等对材料进行合理分类，也可以按照形状的拼接错乱地摆放，最后选择合

适的粘贴方式将材料固定在墙上。

（三）拼画墙

幼儿园的走廊、楼道口，班级中的每一面墙面都是教师发挥创意的场地。在实际教学中，应有效利用每一面墙面，打造适合幼儿互动的环境，发展幼儿的精细动作。墙面上的拼画可以实现幼儿园环境的可操作性。

教师通过环境对幼儿进行生动、直观、形象和综合的教育，以及对幼儿进行全面的信息刺激，能让幼儿直接获得一种情感的体验和智力的启迪，从而促进幼儿的全面发展。拼画墙是幼儿与同伴、教师之间拉近距离的平台，能帮助幼儿积累活动经验，提高幼儿的能力水平。在利用拼画墙进行活动时，使墙面活动不仅只是墙面装饰活动，更成为一种室内活动。幼儿可以直接在阳台、楼道、门厅等活动场所进行的多种活动，主要内容可以是钻、爬、投掷等大肌肉活动；活动可以是手指、脚趾等的小肌肉活动；活动形式可以是有组织的集体活动、小组活动，也可以是自由分散的创造性活动。

图 2-53　拼画墙

案例分析

毛球拼画

制作材料：纸浆蛋托、毛线圆球（纸浆蛋托：纸浆蛋托多是采用再生纸纸浆经成型机具压制而成的，因其制作工艺简单，造价低廉，无环境污染，被称为绿色包装。蛋托在我们日常生活中较为常见，因此收集起来也较为方便）。

制作方法：尽量选择一个空间较大的墙面，如走廊、楼道等。将蛋托拼成想要的图形，如树冠。用彩色纸制作树干，在周围放置装有彩色毛球的箩筐，摆放好位置就可以固定了。在周围可以挂上一些操作图示，一来引导幼儿进行拼画，二来给予幼儿更多的创作思路。图示是不可缺少的，可以是简单的图示也可以是适合大年龄幼儿的图示，满足幼儿园各年龄层、各个能力层次的需求。还可以在幼儿操作之后，通过拍照的形式，将幼儿拼出的不同图形通过相片展示出来，更能激发幼儿喜欢游戏，进行多次挑战的欲望，发挥幼儿的创意、创新意识。

模拟实训——设计制作大型幼儿园综合材料装饰画

【实训目标】

1. 促进学生了解各种材料的特性，学习利用各种材料进行设计，巧加运用。

2. 在选材和设计中提高学生的想象力和创造力。

【实训内容】

学生以小组为单位（每组 4～6 人），完成以下实训内容：

1. 选取身边的废旧材料，设计一套适合在幼儿园公共区域悬挂的综合材料墙饰方案。

2. 举一反三，用搜集的材料尝试设计制作单个造型。

3. 制作一幅完整的适合在幼儿园公共区域悬挂的综合材料装饰画（尺幅 1～2 米）。

【实训考核】

实训结束后，教师根据表 2-1 所示的评分标准对每组的实际情况进行评分。

表 2-1 评分标准

	评分项目	分值	实际所得分值
设计	设计巧妙	20	
	造型均衡协调、富有情趣	20	
	色彩把握得当	20	
制作	材料搭配合理	20	
	制作精致	20	
	总计	100	

实训实例——半立体纸雕墙饰的设计与制作

纸雕是幼儿园墙饰设计中运用最广泛的手段之一，它具有手工制作的特点，也是互动墙饰常常采用的方式之一。纸浮雕以纸为材料，将各种纸张依照自己的意图加工，从而形成各式各样的力图空间。在设计时，不需要刻意去追求复杂的制作技巧，而是要善于运用基本形状进行巧妙的组合。因此，应该加强点、线、面的设计意识，增加

对各种纸质性能的了解，合理安排基本元素与材质的对比，将基本形之间的重叠交错、繁简疏密、对称均衡和韵律节奏作为组织设计的重要内容加以思考，突破作品的装饰美。

一、工具与材料准备

纸；剪刀；美工刀；镊子；卷棒；尺子；胶；铁笔。

二、制作步骤

1. 绘制形象草图，选择彩纸进行初步配色。

2. 将绘制形象的各个部分粘贴到彩纸上并剪下来。

3. 从局部入手，运用纸雕技法，塑造立体效果。

图 2-54 半立体墙饰（日出）

图 2-55 立体墙饰（花）

课后习题

1. 幼儿园主题墙布置的五大误区和对策是什么？

2. 幼儿园主题墙边框的制作技法有哪些？

第三章 幼儿园各领域活动区的环境创设

引　言

《幼儿园教育指导纲要（试行）》中将幼儿园学习领域归纳为健康领域、语言领域、社会领域、科学领域和艺术领域，简称五大领域。每个领域的教育活动都有其特点与要求，根据这些特点和要求进行相应的环境创设，使各领域教育的要求渗透在环境中，可以帮助我们更充分地利用环境这双无形的手，更好地促进幼儿的全面发展。

学习目标

• 了解各领域的特点，以及各领域环境创设的基本要求。
• 掌握各领域教育活动中环境创设的注意事项，并能够结合实际情况加以应用。

第一节　健康领域的环境创设

健康领域是幼儿园教育中一个非常重要，同时又有些特殊的领域，因此健康环境的创设也显得尤为重要。

幼儿园各学习领域
的环境创设

一、幼儿园健康教育的目标

幼儿园的健康活动，主要指通过组织体育活动锻炼幼儿身体，促进幼儿身体正常发育和机能的协调发展，逐步发展幼儿的体能，增强幼儿体质，另外，还能引导幼儿养成良好的生活习惯和卫生习惯，培养他们初步的生活自理能力以及引导幼儿形成安全意识，培养他们初步的自我保护能力。

幼儿园健康教育的目标：

（1）身体健康，在集体生活中情绪安定、愉快；

（2）生活、卫生习惯良好，有基本的生活自理能力；

（3）知道必要的安全保健意识，学习保护自己；

（4）喜欢参加体育活动，动作协调、灵活。

二、幼儿园健康教育的特点

幼儿园健康教育旨在提高幼儿的健康认知水平，改善幼儿的健康态度，培养益于幼儿健康的行为方式和习惯，从而促进幼儿的健康成长。幼儿园健康教育具有以下特点。

（一）渗透性

幼儿园健康教育的渗透性主要有两方面的含义。一方面，幼儿健康行为的养成依赖于一日生活的所有环节。这就意味着幼儿在幼儿园中接受的健康教育会辐射到家庭、社区等幼儿生活的其他场所，而家庭和社区中其他人员的健康行为也有可能对幼儿的健康行为产生直接的影响。因而，教师要做好相关环节的沟通和协调，如要想培养幼儿养成爱喝白开水的习惯，就要求教师不但要在幼儿园中通过各种教学活动、生活环节、常规活动等引导幼儿喝白开水，同时也要及时与家长沟通，使他们建立与幼儿园一致的观念和行为。另一方面，在幼儿园教育中，健康教育不但在专门的健康教学活动中进行，也渗透到日常生活、游戏及其他教学活动中，如在音乐节活动中对幼儿情绪的关注、午睡时对幼儿自理能力的培养等。

（二）养成性

幼儿园健康教育是以提高幼儿健康认识、改善幼儿健康态度、培养幼儿健康行为为目标的。其中，健康行为的培养是最终目标，而幼儿健康行为的养成不是通过一次教育活动、一个游戏就能实现的，而是要经过长期巩固才能实现。

另外，幼儿的健康问题是无刻不在的，如吃饭时的挑食问题、户外游戏时的安全问题、入园时的情绪问题等，一日生活中的任何时间都是健康教育的重要"时点"。这种时间上的延续性、养成性提醒我们，幼儿园健康教育是持久战，在教育过程中，教育者既不能操之过急，也不能放松警惕。

（三）先行性

幼儿园健康教育是以幼儿的身心健康发展为核心目标的，但健康教育的某些内容与要求并不一定能得到幼儿的理解，具有一定的行为先行性。例如，以幼儿现有的经验和认知发展水平，他们并不一定能理解细菌是如何侵害自己的身体的，但他们必须养成饭前、便后洗手的健康行为。

在健康教育中，某些幼儿理解起来有困难的健康内容会影响幼儿健康行为的形成。因此，很多时候，教师会通过其他形式（如音乐、参观、戏剧表演等）来改善幼儿的健康态度，从而培养其健康行为。

（四）生活性

幼儿园健康教育是以幼儿的身心健康发展为核心目标的。生活性是幼儿园健康领域的重要特点。幼儿园健康教育的培养目标是幼儿身体的健康，在集体生活中表现为情绪稳定、愉快；幼儿生活、卫生习惯良好，有基本的生活自理能力；幼儿知道必要的安全保健常识，学习保护自己；幼儿喜欢参加体育活动，动作协调、灵活。因此，这就需要教师不断地在健康领域培养幼儿建立良好的师生、同伴关系，让幼儿在集体生活中感到温暖，心情愉快，形成安全感、信赖感。

教师与家长配合，根据幼儿的需要建立科学的生活常规。培养幼儿良好的饮食、睡眠、盥洗、排泄等生活习惯和生活自理能力；教育幼儿爱清洁、讲卫生，注意保持个人和生活场所的整洁和卫生；密切结合幼儿的生活进行安全、营养和保健教育，提高幼儿的自我保护意识和能力；开展丰富多彩的户外游戏和体育活动，培养幼儿参加体育活动的兴趣和习惯，增强体质，提高对环境的适应能力；用幼儿感兴趣的方式发展基本动作，提高动作的协调性、灵活性。在体育活动中，要培养幼儿坚强、勇敢、不怕困难的意志品质和主动、乐观、合作的态度。

三、健康教育对环境创设的基本要求

（一）任何环境的创设都要考虑健康领域的要求

幼儿的身心健康是幼儿园教育的起点和落脚点，健康行为的养成是渗透在幼儿一日生活的各个场景中的，因而任何环境的创设都要先考虑健康领域的要求。例如，活动区的环境创设要便于幼儿自己取放材料和玩具，以培养幼儿的自理能力；阅读区的光线要充足，以保护幼儿的眼睛等。

图 3-1　美工区一角

图 3-2　阅读区一角

（二）环境的创设要有一定的秩序感与稳定性

幼儿健康行为是逐渐养成的，不是一朝一夕或者一次教学活动就可以完成的，因而幼儿一日生活密切接触的环境就是幼儿养成健康行为的监督者和帮助者。这就要求幼儿园的环境创设具有一定的稳定性，以帮助幼儿形成健康习惯，养成健康行为。

例如，要让幼儿养成用进区卡进入活动区游戏的习惯。首先，要保证在一段时间内，每个区域的卡片数量保持正确，没有丢失，区域的调整频率不能太高；再如，户外活动后，要让幼儿养成收拾器材的习惯，就要保证存放材料的器皿充足，并且材料的存放位置相对固定。

图 3-3　区角活动卡

图 3-4　户外活动区

（三）环境的创设要有一定的引导性

幼儿园健康教育的先行性要求环境创设要具有一定的引导性，不断提醒幼儿养成健康行为。例如，可在幼儿生活区营造温馨宁静的氛围，提醒幼儿要保持安静，在每个幼儿经常活动区域的地面贴一双排列整齐的小脚印或画一条引导直线，时刻提醒幼儿整齐摆放自己的鞋子。

图 3-5　活动区引导线（1）

图 3-6　活动区引导线（2）

四、健康领域教学活动的环境创设

（一）有关日常健康行为的教学活动的环境创设

与日常健康行为有关的健康教育内容包括洗手、刷牙，穿脱衣服、整理衣物，作息习惯，活动用具的整理、清洁，周围环境的清洁等。与这些内容有关的教学活动的环境创设更多地与幼儿的一日生活各个环节相关联，如穿脱衣服的活动就可以利用幼儿午睡前的时间，在睡眠室让幼儿用自己的衣服进行练习。

虽然有关日常健康行为的教学活动与日常生活联系较紧密，甚至可以直接利用日常

生活环境，但这类活动的环境创设并不是单一地来自日常生活，还需要加入一些其他的环境材料。例如，幼儿园将正确的洗手步骤示意图贴在洗手池旁边以提醒幼儿注意。

图 3-7　洗手池旁的提示

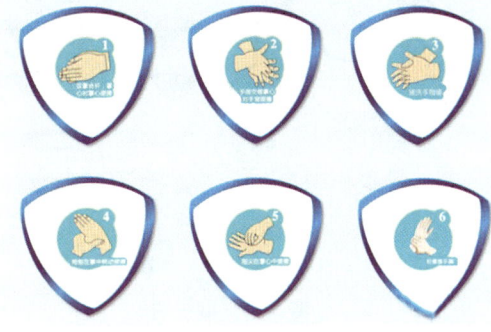

图 3-8　洗手步骤示意图

（二）有关饮食营养的教学活动的环境创设

与饮食营养有关的健康教育内容包括进餐习惯、常见食物的辨识、膳食营养的平衡、饮水习惯、中外饮食文化等。与这些内容有关的教学活动更多地与食物及与之有关的材料有关。因而，这类活动的环境创设中更多地涉及各种谷类、蔬菜、水果、肉类等，但这些食物又不完全以实物的形式出现，而是以图片、拟人化的形式出现，可以制作、表演等。例如，某幼儿园将蔬菜组合成各种服装造型、艺术摆盘等，以提高幼儿对蔬菜的认识，改掉挑食习惯。或者制作一面鼓励孩子多喝水的"咕噜咕噜"主题墙，通过潜移默化的引导教育，使幼儿养成良好的生活习惯。

图 3-9　蔬菜艺术摆盘

图 3-10　"咕噜咕噜"主题墙

（三）有关身体生长的教学活动的环境创设

与身体生长有关的健康教育内容包括对身体外形的了解、对五官的认识与保护、疾病的预防与治疗、对生命现象的探究等。与这些内容有关的教学活动的环境创设更多是围绕人体来进行的，但它不是简单的人体的呈现，要达到这类数学活动的目标，还需要很多材料与环境作为辅助。例如，为了帮助幼儿认识五官，某幼儿园教师组织了"神奇的五官"活动，让幼儿在墙上画的一张孩子的脸上，依次贴上眉毛、眼睛、鼻子、嘴巴和耳朵。

图 3-11　贴五官　　　　　　　　　　　图 3-12　"我们的身体"墙饰

（四）有关安全的教学活动的环境创设

幼儿园健康领域的环境教育涉及面比较广泛，教师可以通过"兴文化、展形象"等方式，为幼儿讲好中国故事，使其从小深刻地理解我国社会主义核心价值观的真正内涵，引导幼儿从身边做起，树立其建设中国特色社会主义文化强国的自信心，将铸牢中华民族共同体意识融入幼儿园环境创设的实物实景实事中去，教育幼儿以身为中国人而自豪，培养其传承优秀的中华文化传统品德，树立爱国主义理想信念，做一名懂法、守法的诚信合格公民。

例如，在开展关于幼儿安全教育的主题教学活动中，教师可以为幼儿生动解读"德法兼修，明大德、守公德、严私德"，共筑和谐社会主义家园的伟大意义。通过让幼儿学习安全法律法规，对其进行普法教育。例如，教育内容可包括：日常生活中的饮食安全、人身安全、交通安全常识等。这类活动中涉及较多的认知性内容，为避免教育过程的单调枯燥，可以将其活动化和游戏化。可以集体制作形象生动的安全标志牌、模拟交警日常工作等。例如，某幼儿园组织了"安全过马路"的小游戏，让幼儿在游戏中体验交通规则，学习交通安全知识。

图 3-13　我是小警察　　　　　　　　　图 3-14　交通安全我知道

（五）有关体育锻炼的教学活动的环境创设

与体育锻炼有关的健康教育内容包括走、跑、爬、跳、投掷、攀登等身体活动的

知识和技能，平衡、协调、灵敏、柔韧、力量、速度等身体素质的练习，徒手操、机械操等基本体操和队列队形的练习等。这类活动的环境创设主要在户外场地进行，对场地的基本要求是具备安全性和充足的空间，在此基础上要有适当的体育锻炼器材，如球类、绳类、平衡类、投掷类及大型体育器材等。

图 3-15　户外活动

图 3-16　户外器械

（六）有关心理健康的教学活动的环境创设

与心理健康有关的健康教育内容包括愉快情绪的培养、心理品质的培养、心理问题的解决等。这类活动的环境创设更为注重的是心理氛围的营造，因而各种活动材料的使用都是为心理氛围的创设而服务的。例如，在某幼儿园设计的心情屋、哈哈镜等通过环境的创设，让每一位幼儿拥有快乐的心情，为每一位幼儿找到控制情绪的方法。

图 3-17　哈哈镜

图 3-18　心情屋

第二节　语言领域的环境创设

语言领域的环境创设

幼儿期是人语言发展的关键时期，在这一时期，幼儿的听觉和语音器官逐渐发育完善，此期间如果能创造一个有利于幼儿发展的语言

环境，给予幼儿正确的语言教育，幼儿就能自如地运用口语表达自己的见解、愿望和情感。

一、幼儿园语言教育的目标

（1）乐意与人交谈，讲话礼貌；

（2）注意倾听对方讲话，能理解日常用语；

（3）能清楚地说出自己想做的事；

（4）喜欢听故事、看图书；

（5）能听懂和会说普通话。

二、幼儿园语言教育的特点

幼儿园语言教育旨在通过提供各种学习活动，发展幼儿的语言交际能力，提高幼儿的思维水平，满足幼儿欣赏语言美的需要。幼儿园语言教育具有以下特点。

（一）应用性

只有在交往过程中，当幼儿因词汇贫乏或句式错误而引起交际误解时，他们才会知道学习新词的重要性。当语义、语法、语言和主体认知水平之间发生矛盾和不平衡时，这种矛盾和不平衡就构成了幼儿学习语言的内部动力。在应用语言的过程中，周围人的各种反应会使幼儿不断产生成功与失败的体验，这促使幼儿不断地调整自己的语言策略，从而更加主动地吸收、加工和输出各种语言信息，以达到在与外部环境相互作用中实现新的平衡。

幼儿是在语言运用中获得和发展语言能力的，也是通过语言的运用发展认知能力和实现社会化的。因此，教师要注意让幼儿在一定的语言环境中发展语言的实际操作能力，让幼儿在与他人的交流过程中去听、去说、去欣赏、去评判，丰富幼儿的生活经验和生活感受，通过亲身体验进行观察和思考，以进一步提高幼儿的语言运用能力，达到语言教育的目的。

（二）整合性

幼儿学习语言的过程往往与他们认识事物的过程相联系。以词汇学习为例，对于"斑马"这个词的含义，只有当幼儿对斑马的特征有所认识，才能够把它从其他动物中区分出来，才能说真正理解了该词的含义，才有可能恰当地运用该词。因此，在幼儿园开展语言领域的教育时，需要同其他领域的教育、幼儿的一日生活整合起来综合考虑，否则很难收到较好的效果。

（三）容错性

幼儿喜欢学习，喜欢运用新的词汇和句式，但由于理解水平和生活经验的局限，难免会在语言理解和表达上出现错误。当幼儿面对一个新词或新句式时，他们常常根据自己的有限经验利用语境理解词的含义。例如，教师在讲完《三毛流浪记》的故事后总结道："解放前的旧社会是黑暗的，孩子们没有吃也没有穿，生活很艰苦。"因此，有的幼儿认为旧社会就是没有白天的，因为它是黑暗的；有的幼儿把旧社会理解成一个固定的地方，在玩耍时有时候就会脱口而出，警告他人说："你再淘气，就把你送到旧社会……"幼儿的话虽然听起来很幼稚，这是因为他们对词语的理解和运用还不是很准确，但这其中也恰恰反映了幼儿的成长过程，他正在试图将自己的想法更准确地表达出来。

为此，在对幼儿园的语言教育中，教师对幼儿在语言理解和运用方面表现出来的错误要有宽容的态度，要以发展的眼光对待幼儿。因为幼儿就是在不断尝试错误的过程中才有了想说的愿望和敢说的勇气。

（四）阶段性

幼儿掌握语言既是一个连续发展的过程，也是一个从量变的积累到质变的过程。然而受生理机制和认知水平的制约，幼儿语言的发展呈现出固定的发展顺序和阶段。以幼儿语音发展为例，3～4岁是语音发展最迅速的时期，小班语音教育的重点任务就是培养幼儿的正确发音；而到了中班、大班，由于幼儿的语言器官已发育成熟，具备正确发出全部音节的生理条件，同时他们也产生了清楚而正确说话的愿望，此时的重要任务就是培养其语音修养，如富有感染力和表现力的语言，自如地调节声音的高低等。

由此，幼儿园语言教育应该遵循幼儿语言发展的阶段性规律，教师首先要对幼儿的语言发展阶段有一个充足的认识，根据幼儿语言发展的阶段性，有重点地规划教育内容，从而促进幼儿语言水平的提高。

三、语言领域对环境创设的基本要求

（一）创设互动情境，为幼儿提供充分练习的机会

幼儿的语言学习主要以自然学习为主，他们学习语言仅仅是为了交流或者执行生活指令、参与游戏等，使用语言也纯粹是为了表达自己的情感和对周围事物及其简单关系的认识，语言对他们来说只是一种交流工具或游戏工具。因此，教师应当以创设有趣的、合适的、真实的交际环境为主要任务，为幼儿提供充分的练习机会，让幼儿与周围环境特别是与教师、同伴进行交流，利用互动，巩固幼儿获得的语言经验，使幼儿在迁移性练习中领悟语言的特性。

例如，教师可以设计"模拟水果卖场""超市收银员"等情境，让幼儿在买卖游戏中锻炼口语交际能力。同时，教师还可以抓住一切可以利用的互动机会，如看图书、看电视后让幼儿讲讲看到了什么内容，觉得什么地方特别有趣等，为幼儿创造反复练习语言的机会。

（二）整合各领域和幼儿园一日生活各环节，创设富有情趣的语言环境

根据语言教育具有整合性的特点，教师在进行环境创设时，需要为幼儿创设富有情趣的语言环境，丰富幼儿的语言经验。在这种整合的语言教育环境中，幼儿不是单纯地接受教师传递的语言信息，而是一个主动地参与语言的输入、加工和输出的创造者。

例如，教师可利用幼儿盥洗、餐前等待、游戏、自由活动等零散时间，化零为整，共同创设富有情趣的语言环境，这样既可提高幼儿自我服务、自我管理的积极性，避免消极等待，又可使幼儿的语言学习融入生活的点点滴滴。

（三）营造宽松、自由的话语氛围，对幼儿的语言学习做出积极的反馈

在语言领域的教育中，教师要懂得宽容与激励幼儿，努力营造宽松、自由的语言学习氛围。一方面，教师不要对幼儿自发的语言交往过于限制，要允许幼儿在自由游戏或等待的时间里自由交谈；另一方面，在集体教学活动中，教师不要把书上的观点和自己的看法作为标准，简单地否定幼儿的见解，而是要积极肯定幼儿不怕出错、敢于开口表达的勇气。

教师在对幼儿的语言表达进行指导时，不要总是挑剔幼儿表达或理解中的错误，要对幼儿的语言学习做出积极的反馈。例如，有的幼儿虽然表达不清，但态度积极、声音洪亮；有的幼儿虽然语句不够完整，但是说出了关键词；有的幼儿虽然词不达意，但是他已经在尽力模仿……对于这些幼儿在语言学习活动中表现出来的哪怕是微小的优点，教师都可以给予积极的反馈，从而增强幼儿学习语言和运用语言的兴趣和信心。此外，教师不要粗暴地指出幼儿语言中的错误，要求他"说对"，因为直接的、不合理的纠正不仅不会产生效果，还会扼杀幼儿说的愿望和语言创造力，使幼儿产生抵触心理。

案例分析

一根筷子

用餐时间，大家都吃得津津有味，可是丁丁却低着头坐在那里不动筷子，老师走过去问："丁丁，你怎么不吃饭呀？"丁丁平时就十分腼腆，不太爱说话，看见老师来了更是显得非常紧张，涨红了脸，小声地回答："我的一条筷子短……"老师听了，愣了一下，但没有马上纠正，而是拿来一根筷子，并对丁丁说："那就换一根筷子吧！给你一根筷子！"还特意把"一根"说得重了点。丁丁接过筷子点点头。

点评：教师面对的是一个非常胆小、羞于表达的幼儿，对于幼儿出现的错误，如果马上打断幼儿的回答，可能会使幼儿更加害怕，所以教师就以宽容的态度对待幼儿，用正确的示范、婉转的方式引导幼儿正确地表达。

（四）遵从语言教育中的年龄差异

根据幼儿园语言教育在不同年龄班的教育重点和任务的差异，教师在创设相应的教育环境时，从玩教具材料的选择到使用的指导语都要遵从这种差异。例如，教师可为小班幼儿准备一些语速缓慢，但是发音标准的儿歌、童话磁带；教师在说话、示范时也要尽量做到准确发音，对于小班幼儿语言的指导重点在其发言的准确性方面。而对于中班和大班的幼儿，可以利用观看多媒体课件、情境表演等方式让幼儿感受语言的表现力，教师在说话、示范时也要注意充分地表现自己的语言修养能力，在指导幼儿语言表达的过程中也要有意识地注意培养幼儿的语言修养。

四、语言领域教学活动的环境创设

幼儿园语言领域的教学活动分为谈话活动、讲述活动、听说游戏活动、文学教育活动和阅读活动。在为这五类活动创设教育环境时，既要遵从前面提到的基本要求，也要有各自的侧重点。

（一）谈话活动的环境创设

谈话活动是一种有目的、有计划地组织幼儿围绕某个话题进行谈话的语言教育活动。谈话活动的环境创设需要注意以下几个方面。

1. 创设谈话情境，引出谈话主题

一般来说，谈话活动总是围绕一个中心话题来开展的，这是谈话活动的第一步，因此，首先要创设一个适当的、良好的谈话情境，引出谈话的主题。常见的谈话活动的情境创设方式有以下几种。

（1）通过实物或直观教具创设谈话情境

教师可以提供挂图、幻灯片、多媒体、墙饰布置、玩具等，向幼儿提供与话题有关的可视实物，激发幼儿的谈话兴趣，启迪幼儿的谈话思路。例如，在"我喜爱的动物"谈话活动中，教师可以自带一个动物玩偶来引出话题，也可在活动区陈列幼儿自己带来的喜欢的动物玩具，以此引出话题。

（2）用讲故事、提问等方式创设谈话情境

教师可以通过展示一些关于幼儿安全问题的图片，让幼儿分辨对与错并提出一些问题来唤起幼儿的思考，调动他们的积极性，以便适时地切入话题。例如，在"怎样在站台等候地铁、火车"的谈话活动中，教师可以自己先说一段简短的开场白，并展示几幅等候地铁的图例，让幼儿判断并提出一些简单的问题，如"在站台候车时要注意什么""为什么不能越过安全黄线""小朋友为什么不可以在候车站台追逐打闹"，等等，以帮助幼儿进入谈话情境，积极地进行思考。

（3）用游戏或表演的形式创设谈话情境

教师可通过开展一些游戏或表演活动，来创设一些与谈话活动内容有关的情境，

以引起幼儿表述的愿望。例如，在"发生在公共汽车上的事"的谈话活动中，教师先请几个小朋友分别扮演司机和乘客，进行情境表演。当他们演到没有人给老奶奶让座时，教师提出问题："如果你和爸爸妈妈也在公共汽车上，你会怎么做？"这样很容易调动幼儿的积极性和兴趣，引起他们对所谈内容的回忆，为谈话活动奠定良好的基础。

提示：这个步骤只是为了引出谈话主题，以便幼儿自然地进入谈话活动，因此，无论是实物的展示、语言的解说，还是游戏或表演，都不应喧宾夺主，不宜占用过多时间，一般 3～5 分钟即可。

2. 围绕话题运用已有经验自由交谈

引出话题后，教师要给幼儿提供围绕话题自由交谈的机会，以调动幼儿对谈话活动的已有经验，相互交流见解。在此过程中，需要注意以下两点。

（1）让幼儿充分地自由讲述内心的真实感受

一个谈话活动开展得如何，取决于教师对这个过程的把握程度。教师在指导中应尽量做到"一个围绕、两个自由"。其中，"一个围绕"是指教师指导幼儿围绕一个中心话题大胆地与同伴交谈；"两个自由"是指交谈内容和交谈对象的自由。幼儿只要围绕话题进行交谈就可以，教师不必过多地干涉幼儿交谈的内容，相反地，要让他们想说、多说。此外，幼儿交谈的对象也是自由的，既可以两两交谈，也可以分组交谈，或与教师交谈。教师不要干涉幼儿转换交谈对象，只要他们积极地参与到交谈中即可。

（2）注意自由交谈中的个别差异

自由交谈虽然给幼儿提供了开口说话的大好机会，但有些语言能力较弱的幼儿却恰恰在这个环节中得不到很好的锻炼，他们常常表现为光听不说。因此，教师在遵循"交谈对象自由选择"的原则时，要有意识地将语言能力较弱和语言能力较强的幼儿安排在一起，让他们相互促进。此外，教师还要重点倾听语言能力较弱的幼儿的谈话。提醒其他幼儿在谈完自己的感受后，注意倾听这些幼儿的话语，经常给予他们充分的鼓励，以增强他们的自信心。

3. 围绕中心话题拓展交谈内容

在幼儿运用已有的知识经验充分地交流后，教师要适时地将幼儿集中起来。以提问或启发的方式帮助幼儿学习新的谈话技能和谈话规则，掌握正确的谈话思路和方法。

一般来说，中心话题是沿着以下顺序拓展的：对话题对象的描述和基本态度——为什么会有这种态度——对话题对象的独特感受。例如，在"我喜欢的动物"谈话活动中，教师设计的中心话题拓展顺序是：幼儿先描述自己知道的动物种类、对自己最喜欢它的动物的基本态度——谈论为什么最喜欢这个动物——这个动物的特征与习性。用这种方式设计谈话思路，可以帮助幼儿拓展思路或唤起更多的回忆和内心体验，在此基础上再帮助幼儿学习新的交谈经验。而对于中班、大班的幼儿来说，这种宝贵的思考问题的方法对促进幼儿条理清晰地表达、读写都是非常有意义的。

4. 教师隐形示范新的谈话经验

在通过逐层深入拓展谈话内容的基础上，教师可以通过隐形示范向幼儿提供谈话范例，帮助幼儿掌握新的谈话经验，使其谈话水平进一步提高。例如，在"我喜欢的动物"谈话活动中，教师可以谈一谈自己喜欢的一种动物，以及喜欢它的原因等，如"我喜欢狗，因为它忠诚的本性，所以我喜欢并爱护狗。"教师的示范可以给幼儿提供模仿的样板。

案例分析

我亲爱的妈妈

以下是某幼儿园小班谈话活动"我亲爱的妈妈"教学设计：

【活动目标】

1. 引导幼儿围绕主题谈话，学会用简短的语句介绍自己的妈妈。

2. 鼓励幼儿养成安静地听同伴谈话、轮流交谈的习惯。

3. 使幼儿增进对自己妈妈的了解，培养幼儿关心和热爱妈妈的情感。

【活动准备】

1. 事先请幼儿观察自己妈妈的日常生活，了解妈妈在家做些什么事。

2. 每人带一张自己和妈妈的照片。

【活动过程】

1. 通过提问引出谈话话题，激发幼儿的兴趣

教师："我们每个人都有一个妈妈，每个人的妈妈都不一样。今天请小朋友来说说自己妈妈是什么样子的。她在家里会做些什么事情？我的妈妈有什么优点？我最喜欢和妈妈做什么事？我不喜欢妈妈做什么？"

2. 引导幼儿围绕"我的妈妈"话题进行自由交谈

将幼儿分成几个小组或两两结伴，要求幼儿拿着自己带来的照片向同伴作介绍。教师轮流参与幼儿的小组谈话，了解他们的谈话内容，间接引导幼儿围绕主题谈话。自由交谈后，教师请个别幼儿在集体面前谈自己的妈妈，要求围绕以上的问题，大胆地讲出自己对妈妈的认识。教师对谈话的幼儿和专心听同伴讲话的幼儿，给予表扬和鼓励。

3. 通过提问，拓展谈话范围

教师可以提出如下问题："你喜欢妈妈吗？""为什么喜欢她？""你愿意为妈妈做些什么事情？"并鼓励幼儿积极发表意见。

4. 教师为幼儿提供的谈话经验

在幼儿谈话过程中，教师加以示范。例如："我的妈妈是医生，妈妈的工作很辛苦，每天晚上都要看书、写文章、值夜班。她会说很多有趣的故事，懂得好多知识。我常和妈妈在一起整理玩具，做买东西的游戏，还帮她一起做饭以

及其他事情。我喜欢我的妈妈……"

最后，教师对这次谈话活动进行小结："妈妈都很爱孩子，希望我们的小朋友成为好孩子。小朋友也应该关心妈妈、爱妈妈。"

点评：这个谈话活动设计得比较合理，符合谈话活动的结构要求。该活动包含了四个步骤：第一步，教师通过语言和照片实物创设谈话情境，引出谈话话题；第二步，要求幼儿借助照片围绕话题在小组和集体面前自由交流对"我亲爱的妈妈"的认识；第三步，教师通过三个提问启发、引导幼儿逐步拓宽谈话范围，使幼儿在该活动过程中不知不觉地学到新的谈话经验；第四步，教师积极地加以示范，并对活动进行总结。

（二）讲述活动的环境创设

讲述活动是发展幼儿独立语言表述的重要形式，它往往需要一定的凭借物，要求幼儿能在集体面前用规范的语言大胆地表达。对于讲述活动的环境创设，需要注意以下两点。

1. 创设一个让幼儿充分感知、理解凭借物的环境

所谓凭借物，是指幼儿在活动中讲述的对象。按凭借物的特点，幼儿园讲述活动可分为看图讲述、实物讲述、生活经验讲述和情境表演讲述。开展讲述活动的第一阶段就是要让幼儿能很好地感知、理解讲述的对象，可以让幼儿通过仔细观察图片、实物、情境表演的视觉形式，或者听、闻、尝等形式来实现。例如，在有关"蛋"的讲述活动中，教师可以让幼儿观察、触摸各种大小不等的蛋，从而加深他们对蛋的感性认识，充分地感知、理解蛋的特征。

案例分析

热心的小腕龙

某幼儿园中班组织一个名为"热心的小腕龙"的绘本阅读讲述活动，教师开始并没有告诉幼儿故事的名字，而是先利用课件向幼儿逐页呈现一个故事绘本。

课件呈现的每页画面均隐去了下面的简单文字。故事中有因为个子矮小，吃不到树上果子的三角龙，有后背扎了木刺的剑龙，有翅膀被卡在树上的翼龙，以及凶残的食肉恐龙——霸王龙等。善良的小腕龙在寻找妈妈的旅途中，用它的热心和得天独厚的身体优势，不断地帮助那些遇到困难的恐龙小伙伴，最后，当小腕龙自己遇到凶残的霸王龙的时候，之前所有被它帮助过的恐龙都赶来援助它。小腕龙用它的善良和乐于助人的品格赢得了大家的尊重与喜爱。

首先，教师和幼儿们一起看图并分析画面的内容。接着，教师引导幼儿假定自己是这个故事的作者，试着给每页画面配上简洁的文字。在教师适当的引

导下，幼儿们根据画面的内容配上简洁的文字（如小腕龙帮三角龙摘果子、帮剑龙拔木刺、帮翼龙摘翅膀等），并一一与原作者所配的文字进行对照。最后再引导幼儿给这个故事起个合适的名字。

点评：在这个教育活动中，教师用课件的形式向幼儿展示了故事所要表达的内容，便于幼儿理解并获得一些感性认识，有助于活动的顺利进行。

2. 营造一个有秩序的能促使幼儿认真倾听的环境

讲述活动侧重培养幼儿独立构思和表达的能力，所以，在活动过程中适宜采用轮换的形式，既有讲述者，也有倾听者，才能保证活动顺利地开展下去。

首先，教师可以用自身专注的表情教会幼儿怎样去听，让幼儿在耳濡目染的环境中逐步懂得控制自己的言行，养成专心听讲的习惯。在组织活动时，如果幼儿表现出对内容不感兴趣，教师就要及时给予提醒、启发，引发幼儿继续倾听的兴趣。

其次，明确倾听的要求。当讲述者讲述时，教师可以给予倾听者一定的任务，让幼儿带着任务去听。例如，在一个幼儿讲述之前，教师可以为其他幼儿布置任务，例如，"认真倾听××小朋友讲的故事里有谁？发生了什么事情？"通过这种有意识的培养来激发幼儿倾听的动机。

最后，进行适度的激励。在活动中，当幼儿表露出认真倾听的行为时，教师要运用鼓励、表扬、适当的奖励等一些积极的方式来肯定幼儿的倾听行为，例如："你都听清楚了，真棒！"教师赞许的目光、肯定的语言、微笑的面容能使幼儿受到极大的鼓励，从而进一步强化其认真倾听的动机。

（三）听说游戏活动的环境创设

听说游戏用游戏的方式来开展的语言教育活动，其目标是培养幼儿的倾听和表述能力。听说游戏开始时以活动的方式进行，教师需要帮助幼儿理解活动的内容，并交代游戏的规则、示范游戏的玩法，然后在幼儿逐步掌握游戏规则后，放手让幼儿独立进行游戏。在进行听说游戏的环境创设时，要注意以下两个方面。

1. 设置游戏情境，营造游戏氛围

在听说游戏开始时，教师要通过各种方式去设置一定的游戏情境，如用一些与听说活动内容有关的动作、语言、图片、实物等去布置一定的游戏情境，以营造游戏氛围。例如，在听说游戏"小兔乖乖"中，教师可以让幼儿分小组扮演三只小白兔，另外两名幼儿分别扮演兔妈妈、大灰狼。游戏开始时，大家边念《小兔乖乖》的儿歌边演绎出兔宝宝不给大灰狼开门的情节。儿歌念完后，扮演兔妈妈和大灰狼的幼儿问："陌生人敲门时我们该怎么办？""妈妈回来敲门时你该怎么办？"幼儿分别说出自己解决的方式后，教师做出总结：当小朋友自己在家时，如果是自己熟悉的人敲门，一定

要问清楚是谁，才能开门；如果是陌生人敲门，一定不可以随便开门。当遇到危险时要记得拨打 110 或大声呼救。

资料链接

小兔子乖乖

小兔子乖乖，把门儿开开，
快点开开，我要进来。
不开不开，我不开，
妈妈没回来，谁来也不开。
小兔子乖乖，把门儿开开，
快点开开，我要进来。
快开快开，我快开，
妈妈回来了，快点把门开。

2. 保证游戏时间，创设轻松的教育环境

时间是开展游戏的重要保证。无论是什么游戏，幼儿都需要有充裕的时间去进行探究和尝试。如果游戏时间过于短促，幼儿不仅无法掌握玩游戏的技巧，感受游戏的乐趣，也降低了游戏对幼儿的价值。因此，教师应让幼儿充分体验听说游戏的乐趣，使幼儿在轻轻松松的环境中完成语言教育目标。

（四）文学教育活动的环境创设

文学教育活动是以学前儿童文学作品为基本教育内容而设计组织的语言教育活动。这类活动从某个具体的文学作品入手，帮助幼儿理解文学作品所展示的丰富而有趣的生活，以及文学作品特有的魅力和意境。在对文学教育活动环境创设时，需要注意以下两点。

1. 创设相应的文学情境，为引出文学作品作铺垫

在开展文学教育活动时，教师可结合图片、幻灯片，借助美术、音乐等艺术手段，布置一个安静、和谐、优美的环境，将幼儿带入一个充满幻想和神奇的文学宫殿中。例如，在诗歌《秋天果子多》的教学中，在介绍诗歌之前，教师这样渲染气氛："秋天真是一个好季节，果子多，颜色多，我们一起听听。"接着，教师一边播放幻灯片，一边朗读诗歌。所有的幼儿都静静地倾听和观看，幼儿的思路在视听过程中被慢慢打开，感受着诗歌的意境。

秋天果子多

秋天像只大盘子，

盛满各种甜果子，

绿苹果，红柿子，

黄澄澄的大梨子。

串串葡萄赛珠子。

像灯笼的是橘子，

秋天是个果盘子，

人人喜欢吃果子。

2. 提供丰富的体验环境，帮助幼儿体验作品的艺术魅力

在文学教育活动中，体验作品的艺术魅力和情感特征是教育目标之一，要做到这一点，教师可以通过提供丰富的体验环境来实现，即通过富有感染力的语言来表述文学作品。例如，教师在讲述故事时一定要投入感情，声音抑扬顿挫，以不同的表达方式、伴随着丰富的表情和动作等来表现作品。还可充分利用表演、绘画、动手操作等方式让幼儿动手、动口、动脑去表现作品，从而帮助幼儿体验作品的艺术魅力。

（五）阅读活动的环境创设

阅读活动主要是为幼儿提供阅读图书的经验，因而需要向幼儿提供一个含有较多阅读信息的教育环境。在阅读活动环境创设的过程中，需要注意以下几个方面。

1. 创设宽松、自由，具有浓厚阅读气氛做环境

各班可以以主墙面、阅读区的环境创设为主，生活区、活动区的环境创设为辅，努力营造有趣味的阅读情境，促进班级良好阅读氛围的形成。同时，教师要为幼儿树立良好的阅读榜样，常向幼儿讲述图书中的动人故事，还可适时播放一些轻音乐，要求幼儿安静看书、低声交流等，让幼儿在浓厚的阅读氛围中耳濡目染，培养幼儿的阅读兴趣。

图 3-19　阅读区（1）　　　　　　　图 3-20　阅读区（2）

2. 创设丰富的阅读物质环境

丰富的阅读物质环境需要充足的阅读时间和空间，以及各种丰富的阅读信息。幼儿不可能仅仅通过几次专门性的阅读活动就能获得一定的阅读经验，因此，教师除了安排一定的集体阅读时间外，还应该在日常活动中保证幼儿拥有一定的阅读时间，这种时间安排可以是随机的、不固定的。

此外，除了语言角或阅读区等常见的阅读场所外，教师还可以充分利用空间，拓展幼儿的阅读场所。例如，可以在区角建构区设置"结构图"，让幼儿根据结构图去完成组合某个完整结构的任务；在美术活动中贯以"美工着色图的阅读"，教师给出一个涂色要求范例，图案中用色块或编号说明每一处该涂什么颜色，让幼儿根据规律去完成填色游戏。

图 3-21　阅读建构区

图 3-22　阅读区

第三节　社会领域的环境创设

促进幼儿的社会化是幼儿园教育的一个重要任务。但是，幼儿的社会化是一个复杂的过程，积极地促进幼儿的社会化并不会自然地发生，它需要教育者创设积极的教育环境并加以适当引导才能实现。

一、幼儿园社会教育的特点

社会领域的环境创设

幼儿园社会教育旨在为幼儿提供社会学习活动，在尊重幼儿生活、遵循幼儿社会性发展规律与特点的基础上，促进他们自我意识的形成，发展他们与人交往、合作的能力，增进他们对社会的了解。幼儿园社会教育具有以下几个特点。

（一）随机性

幼儿的社会性发展是一个长期的过程，在这个过程中，除了教师设计的有目的、有计划的社会教育活动外，幼儿的日常生活、自由活动、意外突发事件，以及其他领域的教育活动等也可能蕴含了很多社会教育的机会。因此，幼儿园社会教育具有随机性，教师可以随时随地抓住有利时机对幼儿进行即时教育。

（二）针对性

幼儿园社会教育的内容丰富，涉及面广，在选择内容时，往往需要根据具体的目标进行取舍；同时，幼儿园社会教育的环境还要根据幼儿社会性发展的实际水平及其所处的社会地域环境来创设。例如，关于交通工具，城市的幼儿可以选择地铁、双层巴士、动车等这些较先进的交通工具作为认识对象，围绕乘坐这些交通工具的规则等内容来开展活动，而一些农村的幼儿园则可选择拖拉机、平板车等交通工具来开展活动。

（三）生活性

幼儿园社会教育是与幼儿的日常生活紧密结合的，例如，进餐时可以开展节约粮食及饮食文化等方面的教育；盥洗时可以进行环境保护教育，培养幼儿节约用水的良好习惯。此外，社会教育的目标是很难通过几次单独的社会教育活动来实现的，必须在日常生活中不断反复练习，才能形成稳固的习惯。

（四）潜移默化性

幼儿社会性的发展与其所受到的社会影响相关。幼儿往往会在不知不觉中受到周围环境的感染、影响并发生变化。例如，同伴表现出懂礼貌，就会使其他幼儿也受到影响，懂得相互谦让、和睦相处的道理。此外，社会教育内容的广泛性和生活性本身就具有潜移默化的特点，它比在健康、语言、科学、艺术等领域的教育更强调隐形的课程影响和背景因素的影响。

二、社会教育对环境创设的基本要求

（一）创设能够引发幼儿真实生活体验的活动环境

幼儿社会态度和社会情感的形成往往不是教师直接"教"的结果，而是通过在实际生活中积累有关经验和体验来完成的，因此，在社会领域的教学活动中，常常需要创设一定的情境，引发幼儿的真实生活体验。在创设这种环境时，教师应考虑以下两方面：一是如何将真实的社会生活呈现在幼儿面前；二是如何让幼儿充分与社会生活接触，采用哪些方法引导幼儿主动地观察、体验、思考、发现。

去别人家做客

教师首先自述："前几天，我们幼儿园里来了好多参观的大朋友，园里的好多老师和小朋友都热情地同他们打招呼，园长还邀请他们在会议室里座谈，参观我们的教室，介绍我们的幼儿园。"接着老师抛出问题："小朋友，你们去过别人家做客吗？你是怎样当小客人的？"接着，让幼儿带着问题观看教师自拍的录像。录像记录的是真实的生活场景——两位幼儿在别人家做客时的不同行为举止。幼儿观看录像后，讨论去别人家做客时应有的礼貌行为。随后，在区角活动中，幼儿开展了"到'娃娃家'做客"的活动，并自觉地把刚刚学到的礼貌行为应用到活动中。

点评：教师以具体生动的情境代替纯粹的说教，利用幼儿好模仿的特点使幼儿很好地掌握了一些行为规范。

（二）投入积极的情感，营造良好的情感氛围

教学过程中，师生的情绪状态会彼此影响，形成交流回路，其中教师的情感状态往往处于主导地位。因此，在社会领域的教学活动中，教师要投入积极的情感，通过爱与关心来建立教师与幼儿之间的双向接纳关系，为幼儿的社会性发展营造良好的情感氛围。

首先，教师必须对幼儿持有理解、支持的情感态度，这样能给予幼儿克服困难、乐于与人交往的信心；同时，教师还应及时体察幼儿的情绪、情感需要，并及时反馈，建立起积极的相互接纳、相互信任的情感关系，这种情感支持本身就会成为幼儿社会化学习的榜样。

其次，教师在教育活动过程中还要善于对幼儿进行情感激发。要做到这一点，教师要注意让幼儿通过话语、语气、语调、音量、表情、动作等感知到教师投入，此外，教师的情感投入一定要真切，只有这样才能感染幼儿，带动幼儿产生实际的社会性行为。

友谊树

某幼儿园大班组织了一次"友谊树"活动。教师首先在教室的主题墙上画了一棵树，要求幼儿自选好朋友，并在纸上画上好朋友的形象，然后与好朋友一起将画贴在友谊树上。

活动开始后，教室里非常活跃，好多幼儿主动叽叽喳喳地叫喊着自己的好朋友，或两人或三人手拉手，找合适的地方给对方画画像。教师观察了一圈活

动现场，大部分的幼儿们基本上都已经开始互相画各自好朋友的画像了，只剩下明明一个人孤独地四处张望，没有人愿意为他当模特。平时，明明喜欢和小雪、花花一起玩耍，但是今天她们都没有带上他，明明想加入她们的队伍，可是，小雪、花花却不带他玩，小雪说："我们以前是好朋友，但现在我只和花花是好朋友，不和你做好朋友了，因为你总抢别的小朋友的玩具。"花花说："我也是。"明明刚刚兴奋起来的脸马上变得沮丧，他搬着凳子，一个人坐在角落里生闷气。教师看到后，走过去对明明说："明明，我愿意做你的好朋友，你就画我吧！不过你答应我以后一定不要抢小朋友的玩具，做个有礼貌的好宝宝，可以吗？"明明沮丧的脸上绽开了微笑，愉快地答应了老师的请求并快速地拿出自己的画笔，为老师画起像来……

点评：教师在活动中注意到了明明的情绪和情感状态，在关键时刻"救"了明明一把，使明明迅速找回了自信，投入愉快的活动中。

（三）积极创造条件，为幼儿提供实践机会

在幼儿园社会领域的教学中，教师不仅要让幼儿形成正确、积极的社会性认知和情感，更重要的是要让他们在实际的生活和活动中去实践、去锻炼，把相应的观念、情感变成行动。从这一点出发，教师在教学活动中要为幼儿提供充分的实践机会，只有这样，才能使这些知识与态度内化为幼儿自己的体验。

在开展社会教育活动的过程中，教师可以精心设计一些实践活动。例如，在"怎样当哥哥姐姐"的社会活动中，可以开展"大带小"的实践活动，不仅要让幼儿明白"好哥哥好姐姐"的行为标准，还要给予他们行为练习的机会，并鼓励幼儿经常这样做，使之成为习惯。

三、社会领域教学活动的环境创设

社会领域的教学活动分为自我教育活动、社会环境与社会规范认知教育活动、人际交往教育活动、多元文化教育活动四类。在进行环境创设时，要注意各自的侧重点。

（一）自我教育活动的环境创设

自我教育活动是帮助幼儿认识和接纳自己，提高自我价值感和自信心，学会认识、理解和恰当表达自己的情绪情感，控制自己行为的活动。在自我教育活动的环境创设过程中，应该注意以下两点。

1. 营造平等、宽松的心理氛围

宽松能够营造一种具有信任感的心理环境，产生相互支持的凝聚力，建立一个包容的、互相支持的氛围。幼儿缺乏独立意识，行为也是他控的，自我认识还需要借助外部环境。他们对教师的态度十分敏感，教师是宽容的还是苛刻的，是关注的还是淡漠的，他们都能敏锐地感知到，因此，教师要以宽宏的胸怀去关爱全体幼儿，给幼儿

充分的时间和空间，给幼儿学习、活动的自主权和选择权，鼓励幼儿大胆地发现自己、表现自己。

2. 创设有利于发挥幼儿主体性的环境

幼儿实现自我发展，不是简单地接受成人的要求，说出自己的名字、特长就够了的，而是要能自觉地接纳自我、表达自我、控制自我。也就是说，在自我教育活动中，要让幼儿成为学习的主动者，站在个体的角度去体会、建构自己的内部经验。它必然是个体自主的活动，其他人无法替代个体的主体地位，因此，在自我教育活动中创设的环境应该是主动的，能够让幼儿以主动和创造性的方式参与自我教育活动，在主动建构中发展自我。

（二）社会环境与社会规范认知教育活动的环境创设

幼儿对社会环境的认知主要包括对家庭、幼儿园、社区、家乡、国家等的认知；对社会规范的认知主要包括对基本道德规范、文明礼貌规范、公共场所行为规范等的认知理解。在社会环境和社会规范认知教育活动的环境创设过程中，应该注意以下两个方面。

1. 利用与幼儿生活有紧密联系的具体的社会环境开展活动

幼儿阶段对社会环境和社会规范的认知活动所选择的内容都强调尽可能从幼儿的生活出发，选择基于幼儿生活实际，并能丰富幼儿生活经验的内容。因此，要把幼儿还原到真实的生活中开展社会教育，也就是说，要选择和利用那些与幼儿生活有密切联系的具体的社会环境来开展活动。

案例分析

食品卖场

为了让幼儿了解卖场售货员与顾客的角色规范和行为准则，教师组织了一次"参观卖场"的活动。教师事先选择好幼儿园附近的一个卖场，选择好参观时间，制定好参观路线，开始参观活动。

活动开始后，教师先简单介绍了卖场的情况，引起幼儿对卖场的参观兴趣；然后，教师提出参观要求：观察卖场里卖哪些东西，卖场如何布置，售货员如何卖东西；接着，教师带幼儿参观卖场，引导幼儿观察卖场里营业员和顾客的活动，请幼儿记住营业员与顾客之间的简单对话，同时，提醒幼儿仔细观察卖场是如何陈列展示商品的，让幼儿建立初步的分类概念。参观结束后，教师让幼儿思考几个问题：卖场里有哪些人？他们在干什么？营业员是怎么卖东西的？之后，再让幼儿收集各种包装袋和盒子，在活动区开展"食品卖场"游戏。

点评：该活动选择的环境是与幼儿生活紧密联系的卖场，通过参观卖场和观察卖场里营业员和顾客的活动，以便让幼儿在生活实践中正确应用所学的社会规范。

2. 鼓励幼儿与环境产生积极互动

对社会环境和社会规范的认知教学活动通常需要在一定的情境中去开展，只有设置真实的生活情境，才能帮助幼儿把自己置于情境中去认识、体验和思考问题，促进幼儿产生情感上的共鸣，从而达到教学目的。例如，某幼儿园模拟设计了"美食小站"的区角活动区域，让幼儿从小养成良好的待人接物的礼仪常规习惯，并组织幼儿轮流模拟餐饮卖场的顾客、服务员等角色。

图 3-23　美食区角

（三）人际交往教育活动的环境创设

人际交往教育活动是教师通过创造一定的情境和条件，引导幼儿学习某种人际交往能力的教育活动。在人际交往教育活动的环境创设过程中，应该注意以下两个方面。

1. 创设人际交往情境，激发幼儿的交往兴趣

人际交往教育活动的目的在于为幼儿提供交往的机会，构建人际交往平台。教师创设的良好人际交往环境，能让幼儿在轻松、友好、快乐的交往氛围中积极与人交往。因此，在环境创设过程中，首先需要创设一个人际交往情境，激发幼儿的交往兴趣。例如，某幼儿园组织的社会活动"我是银行收银员"的活动程序为：首先，让幼儿一起观看银行工作人员的相关视频，了解银行工作人员是如何工作的；然后，集体讨论确定模拟的角色和道具；最后，让幼儿进入模拟活动区域开始活动实践。

此外，幼儿交往的环境范围越广，幼儿交往的主动性、兴趣就越浓，交往能力就越能获得较大提高。因此，幼儿园还可以以"人际交往教育"为内容开展专题活动，如开展"找朋友""生日沙龙"等活动，让幼儿既享受到活动的快乐，又能体验到交往的乐趣。

2. 利用游戏，让幼儿在游戏活动中体验交往

游戏既是幼儿喜爱的活动之一，也是相互交往的最好方式之一，因此，教师可以利用游戏对幼儿进行人际交往教育。在角色游戏中，每一个环节都要面临与同伴之间的交往，从分配角色到进入角色，再到最后结束游戏，这些活动都需要幼儿与同伴之间的友好交往才能进行。此外，角色游戏还可以帮助幼儿学会不同的交往方式。如

"娃娃家"中父母与娃娃的交往、"理发店"中理发师与顾客的交往等，这些活动都能提高幼儿的人际交往能力。

（四）多元文化教育活动的环境创设

多元文化教育主要是对幼儿进行世界文化的启蒙教育。在开展文化教育时，应以本国文化为主、外国文化为辅，培养幼儿公平、公正的意识。在多元文化教育活动的环境创设过程中，应该注意以下两个方面。

1. 在活动中要让幼儿感受到教师对各种文化的尊重

教师平等对待来自不同文化背景的幼儿，对他们的文化差异表现出浓厚的兴趣，鼓励拥有不同文化背景的家长来园给幼儿讲故事，让幼儿感受到虽然文化间存在差异，但各种文化是平等的，从小培养其尊重文化的意识。

2. 把民族文化和世界文化结合起来

可以通过在各个活动区投放具有多元文化特色的玩具或材料，让幼儿充分感受到多元文化无处不在、无时不在。例如，可以在益智区投放世界地图、地球仪；在美工区投放各地或各民族的特色工艺品、建筑的图片等。

图 3-24　我知道的中国

图 3-25　西安古文化

第四节　科学领域的环境创设

幼儿具有天生的好奇心与创造力，他们对周围世界充满着好奇，表现出渴望认识周围世界和学习科学的需要。科学领域的环境创设是幼儿创新发展、主动探究未知领域的天堂。中国梦需要由有创新意识的圆梦人来实现。"少年强则国强"，幼儿园阶段是幼儿创新思维初步建立的萌芽阶段，未来的中国"惟改革者进，惟创新者强，惟改革创

科学领域的环境创设

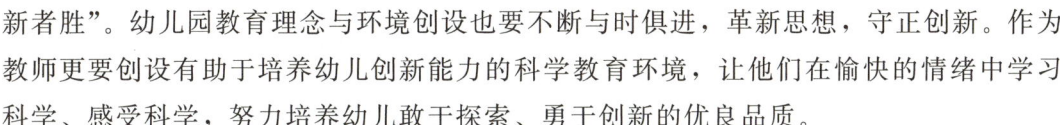

新者胜"。幼儿园教育理念与环境创设也要不断与时俱进，革新思想，守正创新。作为教师更要创设有助于培养幼儿创新能力的科学教育环境，让他们在愉快的情绪中学习科学、感受科学，努力培养幼儿敢于探索、勇于创新的优良品质。

一、幼儿园科学教育的特点

幼儿园科学教育旨在通过教师的引导，激发幼儿主动进行科学探究和学习，亲身经历探究过程，感受和体验科学精神，通过与周围环境的相互作用获得有关物质世界及其关系的认知和经验。幼儿园科学教育具有以下特点。

（一）广泛性

广泛性是指科学教育的内容是无限丰富的，涉及很多自然科学学科。幼儿的科学探究遍及科学领域的各个方面：太阳的升落、花儿的颜色、动物的伪装、植物的生长、美丽的星空、灭绝的恐龙等。只有为他们提供丰富的学习内容，才能满足他们广泛的兴趣。只有让幼儿广泛地接触世间万物，才便于其今后进一步学习科学，因此，要让幼儿发现和感受到周围世界的神奇，把他们引向广袤的科学天地。

（二）逻辑性

获得科学知识是幼儿园科学教育的目的之一，科学知识揭示的是大千世界中的逻辑关系。自然界中各种自然现象之间存在的关联性和因果性是幼儿需要探究的逻辑性知识。此外，数学知识所反映的事物之间的数、量、形关系，也是幼儿要探究的逻辑性知识。因此，幼儿园科学教育具有逻辑性，这是科学教育区别于其他领域教育的最大特征。

（三）探究性

科学经验不是靠教师灌输给幼儿的，而是通过幼儿的自主探究获得的，它是幼儿与外部环境相互作用的结果。幼儿真正主动探究和学习的愿望是从意识到问题并产生寻求答案的愿望开始的，此时主动探究进入了真正的准备状态。在科学教育活动中，教师只是起到指导幼儿学习的作用，而不是代替幼儿学习，更不能简单地把结论告诉幼儿。

二、科学领域对环境创设的基本要求

（一）创设适宜幼儿进行探究的物质环境

适宜的物质环境刺激可以激发幼儿积极的探究兴趣。在幼儿园里，教师可根据班级和园内的实际情况，布置植物角、动物角、科学发现室等可供幼儿进行科学探究活动的环境；也可以在园内或活动室内布置科学墙，墙饰内容应根据需要及时更换、增减；还可以结合主题活动布置环境。如以"可爱的小动物"为主题时，可以在走廊、室内墙上粘贴各种动物的图片，在动物角内饲养一些小动物，引导幼儿观察、记录它们的生长过程及生活习性。

图 3-26　植物角

图 3-27　植物观察角

（二）营造安全的心理氛围

心理氛围是一种情感活动状态，积极的心理氛围包括自由、民主、积极的情感互动。在这样的情绪互动中，幼儿能更多地体会到安全、宽容、接纳、信心与勇气，更能产生好奇心与探究行为。

在科学教育中，心理上的安全是指幼儿认知和理解的需要以及尊重、归属感和爱得到满足。心理上安全的环境是幼儿主动探究和学习活动的前提。为给幼儿提供心理上的安全感，需要教师了解幼儿的意图、行动、解决问题的方式，成为幼儿的支持者；给予幼儿出错的权利，而不是急于给出答案；寻求幼儿的真实意图，正确认识幼儿的能力水平，避免挫伤幼儿的好奇心；尊重和支持每一个幼儿的兴趣和观点，使幼儿逐渐形成通过探究解决问题的意识。

（三）提供适合幼儿探究的有意义的活动材料

在幼儿园科学教育中，材料是引发幼儿主动探究的刺激物，与生俱来的好奇心和探究兴趣使他们特别乐于摆弄和操作材料。因此，活动材料在科学教育环境的创设中具有重要作用。

第一，材料要能激起幼儿的探究兴趣，能引发幼儿产生想摸一摸、看一看、做一做的愿望。例如，可在科学区投放神奇的不倒翁、有趣的磁铁等；在自然角为幼儿提供生长变化比较明显的植物（如豆苗），以不断激发幼儿的好奇心。

第二，要提供有广泛的操作余地并能让幼儿用不同方式进行探究的材料，增强其动手意愿。例如，为幼儿提供各种积木、七巧板拼图等，让其组合成不同造型。

第三，要提供能让幼儿立即观察到活动效果的材料。例如，在"植物吸水"实验中，要提供容易吸水的植物、透明的瓶子、易溶于水的颜料。否则如果让幼儿在无色的水中去发现植物是否吸水，那是很困难的。

第四，要为每个幼儿提供充足的材料。材料充足与否，直接影响幼儿探究活动是否能顺利进行。但是，充足的材料并不意味着每种材料的数目都与班里的幼儿数相等，也不是一味求多。例如，在分小组进行水的沉浮实验时，一组只需一盆水就可以了。

图 3-28　植物角

图 3-29　拼图积木区

第五，注意材料使用的安全性。在幼儿实验材料的选择上，要特别考虑材料的安全性，以免在操作过程中对幼儿的身体造成伤害。例如，不能选用锋利、尖锐的铁器或玻璃器皿等。

三、科学领域教学活动的环境创设

幼儿科学教育活动主要包括观察类科学教育活动、实验操作类科学教育活动、技术制作类科学教育活动、交流讨论类科学教育活动、数学类科学教育活动五种类型。在环境创设过程中，针对不同类型的活动，要有不同的侧重点。

（一）观察类科学教育活动的环境创设

观察类科学教育活动就是以观察为主要认知手段，让幼儿观察客观事物、现象的特征，发展幼儿的科学认知，培养科学情感，形成科学态度，掌握科学方法的一种科学启蒙教育活动。在观察类科学教育活动的环境创设过程中，应该注意以下两点。

1. 选择合适的观察对象

观察是一种有目的、有计划、比较持久的知觉过程，是知觉的一种特殊形式。幼儿缺乏观察力，对事物的知觉是不随意的、被动的，常常受观察对象本身的特点和自己的兴趣所制约。所以，在开展观察类科学教育活动时，要选择那些具有显著特征、能引发幼儿兴趣的观察对象。幼儿容易对新奇的事物和现象产生观察和探究的欲望。

案例分析

有力气的根

每天，幼儿都会给自然角里的各种植物浇水。有一天，他们突然发现一个花盆裂了一道大约两厘米宽的缝，他们觉得很奇怪："花盆为什么裂开了？"教师看到后，提出一个问题："花盆里面有什么？"引导幼儿进行探究，幼儿把花盆撬开后进行观察，最后发现是花盆里逐渐长大的小土豆把花盆撑破了。"土豆

那么小，哪有那么大的劲儿？"有些幼儿又产生了疑问。教师又利用饭后散步的时间带孩子们到操场上观察大树的根，幼儿们终于领悟：植物的根真有力气。

点评：教师从幼儿身边的事物开始，引导幼儿关注周围生活和环境中的常见现象，这样更容易引起幼儿观察的兴趣。

2. 创设一个需要调动幼儿多种感官参与的教育环境

观察是用感官获取信息的直接方法。观察不仅是用眼睛看，也包括其他感官的运用，如听觉、嗅觉、味觉、触觉等。幼儿通过多种感官获得观察对象的信息，通过大脑的筛选、整理获得对观察对象的整体认识；在具体解决问题的过程中，他们综合运用看、闻、听、尝、摸，以及操作等多种方法去收集对解决问题有用的信息。在幼儿观察时，应尽可能让幼儿看清观察对象的样子，听到它的声音，闻到它的气味，尝尝它的味道，或者动手去触摸它。

（二）实验操作类科学教育活动的环境创设

实验操作类科学教育活动是指幼儿通过自己动手操作仪器和材料，以发现客观事物的变化及其关系的科学活动。它强调在人为控制的条件下，利用一定的仪器或设备材料去探究各种事物或现象。在实验操作类科学教育活动的环境创设过程中，应该注意以下两个方面。

1. 创设问题情境，引发幼儿对实验操作教育活动的兴趣

实验操作中所发生的现象与自然条件下的现象不同，它需要在一定的人工控制的条件下开展，所反映的关系也比较隐蔽，不容易被幼儿发现其秘密，这时就需要教师创设一定的情境，而问题情境往往是最容易引发幼儿去操作实验材料的方式，它能引起幼儿对实验操作的兴趣。

案例分析

万能的电池

在"万能的电池"实验活动中，教师提供了电池，并分别拿出了手电筒、闹钟、收音机等物品，让幼儿通过组合电池，分别让闹钟动起来、手电筒亮起来、收音机响起来。一位教师在开展活动的时候创设了这样一个问题情境："有个秘密要告诉大家，正确安装电池可以让这些东西全部工作起来，但是安装错误了就会失败，谁愿意来试试？"另一位教师则创设了这样一个问题情境："小朋友们，娃娃家的闹钟停止了，收音机也不唱歌了而且光线还有点暗，请能干的小朋友们帮帮他们吧！"

点评：这两位教师采用的具体形式不一样，但都是通过创设问题情境来引发幼儿对实验操作的兴趣。

2. 创设教育情境，使幼儿感到实验操作对自己有意义

实验操作类科学教育活动是幼儿通过动手操作改变变量，以发现客观事物的变化及其因果联系。但是幼儿尚不能在逻辑的基础上理解这些，因此也往往意识不到它们对自己生活和学习的意义。这就需要教师创设一定的教育情境，使幼儿认识到学习的意义，进而激发其实验操作的兴趣。

（三）技术制作类科学教育活动的环境创设

技术制作类科学教育活动是指让幼儿学习制作产品，使用科技产品，以真实的科学本质为基础，逐渐让幼儿获得对科学技术的基础认识的教育活动。在技术制作类科学教育活动的环境创设的过程中，需要注意以下两点。

1. 借助社会资源

技术制作类科学教育活动可以让幼儿亲身经历"技术设计"的过程，如制作简易浇水壶、不倒翁等，这个过程可以让幼儿对技术的本质获得初步的体验。但正是因为对技术有要求，教师在开展此类活动的时候，需要提供一些资源和智力支持。

因此，在技术制作类科学教育活动中，教师可以充分利用家长和社区资源，如动员和组织家长或其他技术人员参与到幼儿园的技术制作类科学教育活动中，同时这些社会资源的支持也可以为技术制作类科学教育活动提供大量的设备、器具和材料，促进活动的顺利开展并提高活动质量。

2. 提供充足的操作时间

技术制作类科学教育活动可让幼儿充分感受和操作使用简单的科技产品，学习使用工具；设计并开展制作活动，使幼儿在操作使用中发现问题，在设计实践中尝试解决问题。也就是说，让幼儿尝试制作是此类活动的重要环节，活动中应该给幼儿充足的操作时间，鼓励幼儿大胆尝试，对幼儿的想法给予支持。

（四）交流讨论类科学教育活动的环境创设

交流讨论类科学教育活动是指幼儿在亲自探究与收集资料、整理资料的基础上，通过集体的交流讨论等手段获取科学知识的一种科学教育活动。在交流讨论类科学教育活动的环境创设过程中，需要注意以下两个方面。

1. 建立民主课堂，创造平等对话环境

教师在引导幼儿交流讨论的过程中，既要面向全体，又要照顾个别幼儿的需要。教师与幼儿的交流不应用教育的口吻，而要用平等对话的语气。教师不要预设结论，而应认真、耐心地倾听幼儿的观点，把充足的时间留给幼儿，对幼儿的讨论应及时给予反馈，多鼓励支持；对于错误的答案不要急于否定、急于纠正，而要启发幼儿运用已有的经验再思考。教师既要鼓励幼儿大胆讲述自己的经验，又要培养幼儿尊重他人、善于倾听的习惯，使交流讨论成为真正的"社会建构"学习。

2. 提供给幼儿能利用多种手段表达科学认识的环境

交流并不局限于语言，它还包括非语言方式，如图像记录、手势、动作、表情、

艺术表演、作品展示、图画展览等。可以说，幼儿表达认知的方式是多样的，教师应充分调动幼儿运用熟悉的、易于交流的各种方式表达，使交流的形式丰富多彩。同时，讨论的形式也可以多样化，如集体讨论、分组讨论、借助图片讨论、创设场景讨论、自选主持人讨论、不同观点辩论等。

此外，还可以运用适当、多样化的教育手段（如多媒体资料）进行引导和补充，避免灌输与注入式教育，将交流讨论活动变成幼儿学习科学知识的课堂。

（五）数学类科学教育活动的环境创设

数学类科学教育活动是指研究幼儿学习数学的认知特点、规律和方法，引导幼儿在生活中感知事物的数量关系、空间关系、时间关系，培养幼儿学习数学的兴趣，发展幼儿的数学能力的一种教育活动。在数学类科学教育活动的环境创设过程中，需要注意以下两点。

1. 因地制宜，立足幼儿的实际生活

在整个幼儿时期，数学概念还没有成为幼儿头脑中的一个抽象逻辑体系。从数学知识本身的特点来看，很多抽象的数学概念，如果不借助于具体的事物，幼儿便很难理解。而现实生活为幼儿提供了通向抽象数学知识的桥梁，在开展数学类科学教育活动时，生活中有大量的材料可供幼儿进行数学活动，如石子、木棍和小瓶子等实物。同时，教师可以创设一个数学生活情境，通过认识数字，让幼儿参与活动，尝试用数学的方法解决问题。

图 3-30　数学区角

图 3-31　数学主题墙

案例分析

买玩具

为了让幼儿熟悉 10 以内数字的组成，教师组织了"买玩具"活动。活动开始前，教师准备了需要的教具：木偶玩具小猪 1 只（身上标有 9 元的字样）；木偶玩具 1 个（身上标有 7 元的字样）；游戏用的硬币和纸币若干（分别标有 1 元、2 元、5 元的字样）。

接着，教师拿起木偶玩具小猪，大声吆喝："卖小猪，卖小猪，我的小猪 9 元 1 只。"然后走到幼儿萱萱面前，问道："萱萱，好漂亮的小猪呀，你要买一只吗？"萱萱拿出自己全部的游戏纸币，说："老师，我喜欢，可是我只有 1 元、2 元、5 元的钱，没有 9 元钱啊！"教师回答："你有 9 元钱啊，动动脑想一想？"然后转向全体幼儿，问道："萱萱的钱够吗？她应该怎么付钱呢？"幼儿便叽叽喳喳地讨论起来，提出了多种解决方法，如将 2 个 1 元、1 个 2 元、1 个 5 元加起来是 9 元等。

点评：上述活动的整体设计思路是"联系生活，让幼儿在生活中学数学、用数学"。对幼儿来说，买玩具是生活中非常熟悉的事情，以此作为学习数学的情境，幼儿容易理解也容易接受。

2. 创设优化的操作环境

幼儿思维中逻辑的构建始于动作，幼儿学习数学首先应从外部形式的活动，即对物体的操作开始，在操作和积极的探究过程中逐步实现由直接感知到表象，进而构建初步的数学概念的转换。

教师在开展数学活动时，应指导幼儿进行操作活动。首先，要为幼儿提供合适的充足的操作材料，使每个幼儿都能在自己的水平上充分地与材料互动，获得丰富的数学感性经验；其次，在幼儿操作材料前，应向幼儿说明操作的目的、要求和具体的操作方法；最后，在幼儿操作材料后，要和幼儿一起讨论操作的结果，帮助幼儿整理和归纳在操作中获得的感性经验，促使外部感知经验向内部思维转化。

第五节　艺术领域的环境创设

艺术既是人们进行情感和思想交流的一种文化形式，也是人类精神活动的特殊形式。对幼儿进行艺术教育，可以开发其空间想象能力和创造力，使其潜能得到发展。

艺术领域的环境创设

一、幼儿园艺术教育的特点

幼儿园艺术教育旨在通过音乐、美术等艺术熏陶提高幼儿的审美情趣，满足幼儿表现、表达和创造的需要，培养幼儿表现美、欣赏美的能力。幼儿园艺术教育具有以下特点。

（一）情感性

在幼儿园艺术教育中，更多的是将艺术教育作为情感启迪、情感交流、情感表达的手段，因此，幼儿园艺术教育是满足幼儿发现美、表达情感需要的情感教育。

在艺术欣赏教育活动中，教师为幼儿精心选择艺术作品，引导他们感受艺术作品的美、体验艺术作品中所凝聚的艺术家的思想情感，通过感知让幼儿在情感上产生共鸣，获得美的感受，从而感受作品中反映的美与丑、悲与喜、是与非；在艺术创作教育活动中，幼儿可以用自己的身体动作、语言、绘画或手工操作等形式尽情地、自由地抒发自己的情感。

图 3-32　艺术空间

（二）创造性

在幼儿园的教育教学实践中，教师引导幼儿用自己的眼光和表现方式去感受、体验艺术作品中的形象、情感，启发他们大胆地想象，并运用艺术的形式表现出来，使幼儿的艺术作品显示出稚拙的情趣及成人艺术无可比拟的独特魅力。由此可见，幼儿园艺术教育是培养幼儿想象力和创造力的独特价值的教育。

图 3-33　创意木片画

图 3-34　创意剪纸

（三）愉悦性

幼儿不拘一格的绘画和舞蹈，都是富有个性的创新活动。他们通过这些艺术活动创造性地表现了心灵美、自然美，而且幼儿在一系列创作、表演、展示、欣赏、交流等活动中，会获得前所未有的成功感和自信心，这也是他们愉悦感和满足感的主要来源。更重要的是，幼儿对各种艺术要素的感知、体验，以及在丰富的审美经验中产生的直觉、想象和审美愉悦，可以使他们在生活和学习中容易产生愉悦感。

图 3-35　美工涂鸦区

（四）操作性

幼儿园艺术教育是帮助幼儿操作手、眼、脑、动作等协调活动的教育。幼儿在艺术活动中将自己对艺术的感受传达给他人的过程，是幼儿用脑去想象、理解、加工艺术形象，以及用语言表达感受，用手操作材料，用肢体动作去表现形象的过程。例如，在绘画活动中，幼儿要依靠头脑中已生成的意象，配合对画笔、颜料等绘画材料的操作，在二维空间的画纸上表现出三维想象的空间。为此，幼儿需要在教师的引导下学习如何生成绘画所需的心理意象，如何使用美术工具和材料，如何组织画面等技能。这种手、眼、脑并用的心理操作与实际操作都体现在绘画教学中了。

图 3-36　美工水墨画区

二、艺术领域环境创设的基本要求

（一）增强幼儿的感知认识，为幼儿创造充满情感色彩的环境

充满情感色彩的环境，一方面是指教师为幼儿创设宽松、愉快的心理环境，让幼儿在身心达到最佳状态的情况下，体验自我情感，表达和与他人情感沟通的愉悦；另一方面是指教师引导幼儿动用多种感官观察、感受艺术作品和周围环境中事物的审美特征，提高幼儿敏锐的审美感知能力和深刻的审美体验能力，进而让幼儿充分体验到艺术作品中的情感，或为幼儿表达情感提供依据。

因此，教师对活动室内外的布置、各种活动区角的创设应尽量做到和谐优美、造型生动、色彩鲜明，符合幼儿的审美情趣。同时，教师也要注意运用艺术化的语言引导幼儿去感知对象的声音、形状、色彩等艺术特点。这种感知不同于科学领域中的观察，后者强调的是"真"，要求感知客观事实，形成科学概念；而前者强调的是"美"，是对实物情感表现性的把握。例如，教师让幼儿画柳树，首先要带领幼儿到户外观察柳树的形象，这种感知不能像科学教育那样要求幼儿说出柳树是落叶树还是常青树，而是引导幼儿感知柳树的婀娜多姿，激发幼儿的审美情感。

图 3-37　美工剪纸区

（二）提供适宜进行创造的艺术活动机会和物质条件

教师要允许幼儿自由表达，鼓励幼儿独立自由地创作。当他们因自编自唱、乱涂乱画而兴致勃勃时，教师切不可用"对不对""像不像"等成人固定的思维模式去限制他们或盲目否定，而应敏感地捕捉创造性思维的闪光点，创设激励创造的环境氛围。

当幼儿独立地完成了一次创作后，教师可用积极的语言或动作鼓励幼儿的创造行为，使幼儿在轻松、自由、愉快的环境中充分展示自己的创作才能。

此外，丰富的物质材料可以激发幼儿创造的欲望，因此，教师应尽可能地为幼儿提供丰富多样的便于开展艺术活动的材料，如手工制作材料、颜料、彩笔、表演道具、实物、图片、乐器等。同时，教师要耐心指导幼儿正确使用材料，但这种指导不是代替幼儿的创作，而是把材料使用方法、艺术创作的一般过程呈现给幼儿，帮助他们举一反三、触类旁通。

图 3-38　美工创意区

案例分析

疯狂动物城

近期，幼儿对动画电影《疯狂动物城》非常感兴趣，片头曲的旋律更是人人会唱，甚至出现一人哼唱众人合的效应，于是，教师决定借这首主题曲开展一次活动。

教师刚一播放这首曲子，立即引起了幼儿自发的跟唱和欢呼。有的幼儿提出："老师，老师，我想唱电影《疯狂动物城》里的这首歌！""老师，我想配合这首歌来跳舞！""我想画兔子、狐狸！"……

幼儿有许多想法，这时教师意识到单一的形式已无法满足幼儿的多样化愿望，于是采纳了他们的建议，设置了"歌剧院""小舞台""小画廊"等供幼儿自选，同时还为幼儿提供了图谱、道具等，使活动得以顺利开展。

点评：教师为幼儿创设了宽松的开展艺术活动的环境，让幼儿在生动有趣、材料丰富、自主表现的活动中获得有益的经验，体验创造带来的快乐。

图 3-39　小剧场

（三）创设愉悦的艺术环境

创设愉悦的艺术环境，需要从以下三个方面做起。

首先，要注重保护幼儿的艺术兴趣，尽可能地为幼儿创设参与艺术活动的条件，尽可能多地给予幼儿鼓励和表扬，以便使幼儿从活动中获得更多的艺术愉悦体验和成功的机会。同时，教师还可以引导幼儿发现并利用日常生活中的美来获取愉悦感知。例如，在生活中提醒幼儿注意身边的声音、造型、色彩，启发幼儿运用不同的感官，在听、看、说、玩的情感体验中发现美。

其次，要注重形成教师与幼儿之间的情感共鸣。在艺术教育过程中，教师要以饱满的热情，利用艺术的魅力吸引、感染幼儿自觉自愿、主动积极并富有创造性地参与艺术活动，既使教育活动充满愉悦性，又使幼儿获得艺术审美的愉悦体验。

最后，设置游戏情境，增加愉悦性。游戏的力量在于体现了人的自然本质，能够使人的身心摆脱种种限制，使人处于十分放松、愉快的状态之中。游戏与艺术的结合，能使幼儿真正回到自己的精神家园。

（四）提供可操作的艺术环境

如前所述，幼儿园艺术教育是一种操作教育，所以在创设环境时需要提供一个可操作的艺术环境。

首先，要为幼儿提供可以动手操作的材料。例如，给幼儿提供需要拼贴、弯曲、切割的手工材料，让幼儿了解不同材料的质地、特性等，发展其造型能力。

其次，同一活动中尽量安排多种操作类型或需要不同操作技能的活动，以增强幼儿不同感官的协调性。例如，把歌唱活动和韵律活动相结合，或者把绘画活动和手工活动，甚至与欣赏活动相结合等。

图 3-40　美工区

三、艺术领域教学活动的环境创设

幼儿园艺术领域的教学活动通常可分为音乐教学活动和美术教学活动。这两类教学活动由于自身特性不同，对环境创设的要求也有所不同。

（一）音乐教学活动的环境创设

幼儿园音乐教学活动需要培养幼儿通过自己真实的表演来表达情感、表现音乐情感的能力，因此，要为幼儿提供丰富的表演情境。

1. 创设一个充满活力的环境，让幼儿积极主动投入

幼儿园音乐教育需要幼儿在听、唱、动等实践活动中，学习参与音乐活动所必需的能力。所以，幼儿园音乐教学环境应当是开放的、充满活力的，这样幼儿才会在愉快的气氛中不知不觉地受到教育。充满活力的教学环境应该是这样的：教师全身心地投入，不断激发幼儿的兴趣；幼儿全身心地投入，在活动中能大胆地表达和表现，充分感受到音乐的魅力。

2. 创设表演情境，给幼儿展示的舞台

幼儿喜欢表演，喜欢展示自己，他们的音乐能力也是在不断表现的过程中逐渐发展起来的。因此，要为幼儿创造丰富的表演情境，利用歌、舞等多种形式表现音乐的条件、机会和可能。例如，某幼儿园将乐器等融入幼儿园环境创设中，让幼儿在日常的潜移默化中体验京剧韵律，感受国粹魅力。

图 3-41　京剧小舞台

（二）美术教学活动的环境创设

幼儿园美术教学活动是以培养幼儿的审美创造能力为核心的，其环境创设需要注意以下两点。

1. 营造一个自由、轻松的美术活动氛围

在美术教学活动中，幼儿占主体地位，教师既要充当幼儿的支持者，又要充当幼儿可以信赖的朋友，这样既可以防止幼儿囿于教师的示范而泯灭了童心、童趣，又可以促进幼儿独立思考，萌发其想象力，还可以让他们无拘无束地进行创造。特别需要指出的是，对于幼儿表现出来的"怪想法"和一些"四不像"的作品，教师应当予以充分肯定和鼓励，而不应千方百计地"改变"和"塑造"幼儿。

案例分析

我的衣橱

在一次绘画活动中，教师让幼儿画"我的衣橱"。幼儿有的画裙子、上衣，有的画裤子、帽子，有的画想象中美丽的晚礼服，大家画得都很漂亮。只有小强拿起笔在纸上画了几条斑驳的线条，看不出是什么东西。教师走到小强身边，轻轻地问他："能告诉我这是什么衣服吗？""脏衣服"，小强不假思索地回答，"这件衣服脏了，不能挂起来，只能扔在这里了。"教师顺着小强的思路往下问："嗯，那衣服脏了应该放在哪里呀？"小强想了想，给出了答案："洗衣机。"教师马上说："那你可以再画一幅在洗衣机里的衣服吗？"小强一听立马来了精神，马上就开始了创作。后来，小强非常喜欢参加美术活动，而且给大家带来了很多惊喜。

点评：教师正面的鼓励与引导能给幼儿成功的体验，激发幼儿感受美术活动的兴趣，这种兴趣本身又会增添幼儿的自信心。

2. 创设一个幼儿自愿接受的学习环境

美术教学不同于一般的理论科目，它要靠思想的启迪和情感的激励来唤起幼儿创作的意识。

首先，要让幼儿对所画、所做的内容和形象有强烈的兴趣。要用童心去想幼儿所想，用幼儿喜闻乐见的形式去激活他们的创作欲望，让他们内心产生创作的冲动，从而使其乐于从事美术活动。

其次，要配合教学内容开展丰富多彩的认知活动，不仅要让幼儿捕捉、观察事物的瞬间变化，还可以让幼儿做长期的观察。例如，可以让幼儿在动物角或家里养鱼、养鸟，观察它们的生活习性，让他们理解"艺术来源于生活"。

图 3-42　户外写生

模拟实训——豆宝宝成长记

【实训目标】

1. 加深学生对理论知识的理解。

2. 提高学生应用理论知识解决实际问题的能力。

【实训背景】

小班幼儿在自然角活动时，教师端来了一个盘子，里面盛满了黄豆。自由活动时，幼儿们总会抽空过来看这些豆子。有一天，其中的一位幼儿突然大喊了起来："老师，豆子裂开口子了！"又过了几天，班里的孩子们纷纷向老师汇报，"老师，豆子发芽了，长出了嫩绿色的小芽，而且绿芽越长越长，豆宝宝的衣服也彻底脱掉了。"看着盘子里的豆苗，教师和幼儿们讨论起关于豆子为什么发芽的话题。教师问："你们知道豆子为什么会发芽吗？"幼儿们一脸茫然。"豆子发芽需要一些什么条件？"教师继续启发。孩子们纷纷回答："先要有盘子、豆子、还要勤浇水……"小小一盘豆子引发了幼儿积极的讨论与思考。

【实训要求】

1. 将全班学生分成若干小组，每组 4～6 人，根据上述背景材料，设计一次教学

活动。该教学活动的形式可多样化，如交流讨论会、游戏等。

2. 教学活动设计好后，以小组为单位对本组的活动方案进行模拟表演。

【实训考核】

教师根据表 3-1 所示的评分标准对各小组进行评分。

表 3-1　评分标准

评分项目		分值	实际所得分值
活动方案	针对性	10	
	科学性	15	
	可操作性	15	
模拟表演	角色分配的合理性	20	
	表演过程的生动性	20	
	是否达到了教学效果	20	
	合计	100	

课后习题

1. 幼儿园美术教育对环境创设的基本要求有哪些？

2. 简述谈话活动的环境创设步骤。

3. 在人际交往教育活动的环境创设过程中，需要注意哪些事项？

4. 在交流讨论类科学教育活动的环境创设过程中，需要注意哪些事项？

第四章　幼儿园区域活动的环境创设

引　言

　　区域活动是一种以"幼儿的发展"为出发点和归宿的教学活动，是指教师根据活动目标（含主题学习的核心经验）和幼儿发展水平，有目的地创设活动环境，投放活动材料，让幼儿按照自己的意愿和能力，以操作摆弄为主的方式进行个别学习的一种教学活动。

　　区域活动教学一般具备三个特点：首先，是一种学习活动；其次，以操作摆弄为主，强调自主探索；最后，要把活动预设与生成相结合。

学习目标

- 了解幼儿园区域活动区环境创设的原则。
- 掌握班级活动区设计的内容，熟悉活动区材料的选择与投放，以及管理要点。
- 熟悉几种常规活动区环境创设的相关内容。

第一节　幼儿园区域活动区环境创设概述

　　新《纲要》中指出，"幼儿园应为幼儿提供健康、丰富的生活环境和活动环境，满足他们多方面发展的需要，使他们在快乐的童年生活中获得有益身心发展的经验"，而区域活动正符合这一要求。区域活动包含兴趣角或活动区角，是在活动室内或室外根据幼儿的兴趣需要和个性发展而创设的供幼儿进行不同游戏和学习的活动空间，有的也称为活动区或区角。目的是让幼儿通过自身活动，主动地练习，以巩固

幼儿园区域活动区
的环境创设

原有的知识，并获取知识经验，使幼儿获得自主发展。

一、幼儿园活动区创设的目的

作为活动区的创设者和组织者，教师首先应当明确，设置活动区的目的是什么？是单纯的环境装饰，还是一种教育形式？

心理学的理论与教育实践证明，幼儿的学习活动建立在与环境、材料直接相互作用的基础之上，幼儿需要利用各种感官，通过观察材料、感知材料、操作材料，来获得各类经验和知识。幼儿的认知需要通过操作物体来获得，也需要在与他人互动的过程中学习。因此，幼儿需要一个自由的、可操作的、能激发其活动意愿的学习空间来开展属于自己的活动。在这个空间内，他们可以自由选择、实验、创造或装扮、探索，可以开展个别活动或是和同伴合作开展集体活动。可见区域活动的实质是幼儿自由选择、自我探索、自我发现、自我完善的发展过程。创设活动区的目的就在于提供一种开放的游戏环境，鼓励幼儿自由选择、自由探索，在和环境的相互作用中获得身体、认知、情感及社会性等各方面的发展。

由此可见，活动区绝不是简单的环境装饰，区域活动也不是简单的教师用于过渡环节及打发课余时间的一种手段，而是一种教育形式，是幼儿教育课程的一个部分，是实施个性教育、促进幼儿个性和谐发展的有效途径。

二、幼儿园区域活动的特点

（1）区域活动是自主性学习，即强调幼儿的自主探索；（2）区域活动是操作性学习，即强调幼儿以操作摆弄为主；（3）区域活动是交互性学习，即要把活动预设与生成相结合；（4）区域活动也是幼儿的一种学习活动。

三、区域活动对幼儿发展的意义

区域活动是一种特殊的教育手段，在促进幼儿身心发展方面有着特殊的教育价值，表现在以下几个方面。

（一）培养幼儿的学习兴趣和能力，提升幼儿的学习品质

在区域活动中，幼儿面对的是一个没有压力的学习环境，每一个活动区都有一套独特的材料。面对丰富的区域活动内容，幼儿可以根据自己的兴趣和需要自由选择，提升学习的品质（即自主、专注、兴趣、习惯等）；同时，在区域活动中，幼儿有充分、自由的时间和空间去操作各种材料。例如，在构建区，幼儿可以学到操作积木的方法，会运用排列与组合、插接和镶嵌、串套与编织、黏合等方法组装物体，发展自己的手眼协调的能力；语言区的活动能发展幼儿的语言表达能力，提高他们与人交流、交往的技巧。

此外，在每一个区域活动中，幼儿还可以通过多种形式学习操作材料的方法。通过丰富多样的区域活动，使幼儿能够学到各种知识，培养各种技能和技巧，更重要的

是，通过区域活动培养了幼儿的学习兴趣和主动学习的能力。

图 4-1　区域活动

（二）促进幼儿潜能的发挥

区域活动区能为不同发展速度、不同认知风格、不同个性的幼儿提供适合其个性发展的教育环境。相对于集体活动而言，区域活动为幼儿提供了更大的活动空间，也给每个幼儿的潜能发挥提供了充分的机会。

在区域活动中，幼儿按照自己的兴趣、能力和需要选择特定的活动，在自由、宽松、愉快的环境中，他们不断地尝试，找到适合自己学习的最佳方式；在独立自主或协同合作的活动中，他们体验成功和快乐，自信心也得到不断增强。即便那些平时默默无闻的幼儿，也能在区域活动中显露某些才能。例如，在集体教学中表现消极、回答教师问题都结结巴巴的幼儿，在建构活动中却可能表现得极为出色，创作出极具想象力的作品。

（三）促进幼儿主动性的发展

首先，区域活动为幼儿提供了各种选择的机会。幼儿可以主动地选择自己感兴趣的区域开展活动，自主选择操作材料，决定操作次数和操作时间，也可以自主地更换活动区。在自主选择的区域内活动，幼儿必然能主动地使用各种物品开展各种活动，进行各种操作。主动的选择和主动的操作往往可以使幼儿能持久地进行一项活动，坚持完成自己设定的任务，从而培养幼儿的主动性和专注力。

其次，区域活动促使幼儿主动地思索和表达。在独立自主的活动中以及在对材料的操作过程中，如果要使活动、操作顺利进行，幼儿必须主动地进行感知和思考，要主动发现问题、提出问题、思考问题并尝试解决问题。他们必须知道有哪些材料，以及各种材料的质地、特性和用途，对这些材料可以进行何种类型的操作，用这些材料可开展哪些活动，能有什么样的结果等。对于大一些的幼儿来说，他们的主动思索还包括在活动之前怎样设定自己的活动目标，如何围绕活动目标制订活动计划，并按照计划来实施，以得到自己想要的结果。

最后，宽松自由的区域活动能满足幼儿自主表达的愿望，他们可以通过语言、动作、图画、音乐等多种形式主动地表达自己的思想、情感及对世界的认知。通过主动的选择和操作，以及主动的思索与表达，使幼儿的自主性和主动性得到全面的提高。

图 4-2　区角设计

（四）促进幼儿社会性的发展

大量研究表明，区域教学活动不仅丰富和拓展了教师课程的探索，协调了课程之间的平衡，更重要的是对教师与幼儿之间、幼儿与幼儿之间的多向交往，幼儿的社会化发展等方面具有重要意义。区域活动中的多向交往，以及对物质材料的探究和交互作用处于大量、重复发生的状态，这对幼儿社会性的发展具有极大的促进作用。具体表现在以下两个方面。

1. 促进幼儿交往与合作能力的发展

在积极的区域活动交往中，幼儿的交往范围扩大，交往技能提升，交往需求扩大，交往信心加强，交往能力最终得到了提高。同时，通过活动区的同伴交往，幼儿逐渐学会了如何与同伴相处、如何帮助他人、如何与他人协调、如何控制自己的情绪，学会了谦让、分享和等待，学会了尊重和宽容，学会了自尊自爱，这些都使幼儿的合作能力得到较大发展和提升。

区域活动还有助于提高教师的观察能力、设计能力和师生互动能力。在活动中，教师往往要对幼儿进行适当指导，使幼儿更多地感受到教师的关注和爱，满足了幼儿的情感渴望，也使幼儿知道了该如何听从指导，这对于融洽师生关系，培养幼儿与教师的交往和合作能力也很有帮助。

2. 促进幼儿纪律性和责任感的发展

区域活动是一种有规则的学习活动，它要求幼儿进入活动区时必须遵守一定的纪律。例如，在每一个区域内，要遵守进区人数的限制规则，使用、取放材料的规则，爱护区域环境的布局和材料的规则，如果这些规则得不到遵守，区域活动就不可能有序、正常地进行。所以，任何一个正常运行的区域活动都能很好地培养幼儿的纪律性。

区域活动对培养幼儿的责任感也大有裨益。保证纪律得到很好遵守的条件之一是对违反纪律者的惩罚，甚至追究违反纪律者的责任。没有对责任的追究，就没有对纪律的遵守。因此，经常参加区域活动必然有利于幼儿责任感的提升。

图 4-3 区角设计

可见，幼儿园有效地组织开展区域活动教学，是真正符合我国"办好人民满意的教育"的宗旨的。因为，"人民满意的教育"就应该是促进公平的教育，是坚持为人民服务的教育。首先要做到幼有所育、学有所教，不断满足人民群众日益增长的多层次、多样化、高质量的教育需求。幼儿园区域活动环境创设就是有效地进行因地制宜，因材施教，有针对性地个别化教育，满足不同智力发展水平幼儿的教育需求，真正实现幼儿的个性化教育，满足幼儿不断变化与成长的需求。

四、区域活动对教师发展的意义

区域活动不仅对幼儿发展具有重要意义，对教师发展也具有重要意义。区域环境创设对教师发展的意义主要表现在两个方面。

1. 区域环境创设能力是评价教师素质的标准之一

营造良好的学习环境是每一位教师的责任。美国国家幼儿教育协会所主持的一项研究认为，环境是最能预测幼儿园教学品质的一个因素。教师若能洞悉幼儿行为与环境规划的关系，具备活动空间安排的知识与技巧，对幼儿秩序的维持及互动中的学习，将能发挥巨大的影响力。一位专业幼儿教师，除了需要具备课程规划能力及教学技巧外，更需洞悉环境这个潜在课程与幼儿行为之间的互动关系，使环境发挥潜移默化的力量，让环境中的每一个人都能获得良好的学习与成长。因此，考察区域环境的创设可以从侧面角度来评价一位教师的综合素质。

2. 区域环境创设是促成教师成长的手段之一

活动区能否使幼儿在主动活动方面、在获得整体的发展与区域设置的预定目标一致，取决于区域环境创设是否符合幼儿的审美情趣；区域的主题和内容是否符合幼儿的兴趣和需要，是否涵盖幼儿身心发展的各个方面；材料是否具有可操作性，以及每一活动区是否满足幼儿开展相应活动的需求等。

教师对自己所创设的活动的目标、空间布局、内容和材料是否符合教育的基本原理应该做到心中有数；在区域活动开展过程中，教师应有计划地观察了解幼儿，了解他们的发展水平，了解他们的兴趣爱好，了解他们的需求，并能通过观察，不断提高指导幼儿活动的质量。同时，在组织区域活动过程中，教师必须以合作者、参与者、引导者的身份与幼儿进行相互作用。必须有针对性地、创造性地开展教育，使幼儿在活动区的探索和发现、操作和体验中获得快乐和成功。教师需要不断对自己的活动区教育实践进行反思，从中发现问题、分析问题、解决问题，使自己在反思中成长。因此，创设科学合理的活动区，提高教师的区域环境创设水平也就成为促进教师成长的重要手段之一。

五、幼儿园活动区环境创设的原则

幼儿园区域活动的环境创设为丰富和完善教育活动形式提供了阵地，为促进幼儿多方面的发展提供了保证，同时，也为实施个别教育、促进幼儿个性和谐发展提供了保障。要想创设科学、合理的区域活动环境，需遵循以下原则。

（一）共同发展性原则

共同发展性原则要求在活动区的设置以及活动的开展上，应促进全体幼儿的共同发展。教师应考虑全体幼儿的发展需要，结合本年龄班幼儿的年龄、心理、行为特点，创设适合本园、本班幼儿发展的区域活动环境，同时应考虑个别幼儿的发展需要，包括在区域内容选择、区域活动材料投放等方面都应考虑呈现出分层、递进、多样、自由、开放等特点，以满足和促进不同兴趣、个性和能力水平的幼儿的实际需

图 4-4　主题区角设计

要和发展，使不同能力、水平的幼儿在区域活动中都能获得自信与成功。只有在把握幼儿发展的共性、尊重幼儿存在的个别差异的基础上，才能科学、合理、有效地制定区域活动的目标，设置多样化的区域活动内容，投放合适的材料，营建幼儿感兴趣的区域活动环境。

（二）教育性原则

幼儿的成长离不开好的环境教育，离不开优秀合格的教师引导，作为教师，一定要为幼儿系好人生的第一粒扣子。因此，教师要以教育目标和本班幼儿的实际发展水

平为依据，有目的、有计划地选择合适的内容和主题，创设合适的活动区环境。

根据教育性原则，幼儿在活动区中的活动内容可以直接与幼儿园的课程内容相关。活动区的活动可以是幼儿园常规教育活动的巩固或补充、拓展和延伸。可以通过特色主题环境创设内容、材料的投放、游戏活动的开展等形式，弘扬中国优秀传统文化、以文化人、以美育人，以环境育人。浓郁的艺术文化氛围，深厚的人文教育环境，对幼儿心灵的塑造、爱国情怀的建立，起着至关重要的作用。幼儿在常规教育活动中获得的知识经验可以在活动区的活动中得以巩固，在常规教育活动中没有达到或无法达到的目标可以得以补充、延伸。活动区的活动也可以是幼儿园常规教育活动的预习，在进行常规教育活动之前，可以提供材料，让幼儿在相关的活动区中进行符合活动区内容的活动，以积累感性经验。

同时，幼儿在活动区中的活动内容也可以与幼儿园的课程不直接相关，而是幼儿的兴趣之所至，让幼儿自由发挥，只要是能够促进幼儿发展的内容，都可以引入区域活动之中，这样创设的区域环境也是符合教育性原则的。

图 4-5　主题区角设计

（三）整体性原则

整体性原则包括以下两个方面的内容：

首先，整个活动室的空间布置应是一个整体。活动室是一个整体，因此我们应考虑的是整个活动室的布局、摆设与装饰，而不仅仅是某一个区域内环境的创设。因此，活动区内的墙面设计、家具摆设等在造型和色彩上要统一、协调，形成整体感。

其次，幼儿的发展是一个整体，活动区的设计也应涵盖幼儿发展的每一个方面。无论从什么角度来设置，活动区的环境创设都应包含健康、语言、社会、科学、艺术五个领域的内容，从不同的角度促进幼儿情感、态度、能力、知识、技能等方面的发展；同时，各活动区域的内容应该相互渗透，例如，烹饪区的活动虽然属于健康领域的内容，但在烹饪活动中，也会涉及语言，艺术等领域的内容。以发展语言方面的能力为例，在准备和制作食物的过程中，幼儿能学习和使用到有关食物及餐具名称的词

汇，能较好理解度量、融化、揉捏、碾碎、筛、剥、削、切、煮等比较抽象的词汇，并且对相关词汇有更为感性的理解。

（四）动态性原则

幼儿园区域活动环境创设需要结合幼儿阶段身心发展特点，根据幼儿教育管理的基本目标和课程标准要求进行确定，专门为幼儿创建有利于幼儿身心健康成长，能够有效吸引幼儿兴趣，具有益智性质的活动区域。为了有效提升幼儿园区域活动环境的科学性与合理性，作为幼儿教育工作者，应从提升教学理念和教学方式上入手，在幼儿园区域活动环境创设方面充分考虑幼儿的成长需求，并且能够结合活动环境的使用情况对幼儿园活动区域

图 4-6　美工区角设计

进行持续完善，采用多元化指导方式使幼儿园区域活动环境各种功能得到良好体现。

首先，活动区的种类和数量应该是动态的。活动区的创设并非是一成不变的，其种类和数量应体现出动态性。

其次，提供的材料应该是动态的。幼儿是在与材料的互动中不断学习和发展的，固定的、一成不变的材料会影响幼儿的发展。

因此，教师要随着活动的进展和幼儿的发展不断给予大量生动、形象的刺激物，不断更新材料，有计划地向幼儿介绍新材料，给予幼儿多次尝试的机会，从而使幼儿保持兴趣，促使幼儿获得持久的发展。材料的更新和新材料的投放可以以教育活动和教育目标的推进作为依据，也可以以幼儿的兴趣和需要的变化为依据。

第二节　幼儿园区域活动区的环境设计与材料投放

在幼儿园教育工作中，各班级活动区的设计与布置、活动材料的投放与管理等具体工作都是由带班教师负责完成的，这些工作直接影响着幼儿园的教育教学效果。

活动区的设计与
材料投放

一、幼儿园区域活动区的环境设计

幼儿园区域活动区的环境设计包括活动区的选择、空间利用、功能开发及情境布置、人数管理以及分隔等内容。

（一）活动区的选择

选择区域活动区时主要从种类、数量两个方面进行考虑。教师可以根据幼儿的年龄特征、需要和兴趣、现有的资源等选择活动区的种类。例如，小班的教育重点主要集中在情感、动作、语言及行为规则的培养上，因此可以设置生活区、阅读区、娃娃家、音乐区、美工区等活动区；而大班的教育重点主要集中在探究能力、思维能力的培养上，因此可以设置科学区、角色扮演区、语言区、数学区、建构区、美工区、电脑区等。

活动区的数量应根据活动室的大小来确定，一般以四五个为宜。现在幼儿园活动室的条件大多十分有限，区域设置多了，就会造成室内活动空间的拥挤，这样势必会影响一些必要的区域活动的顺利开展。一般来说，大多数活动室都会建立几个固定的常规活动区，如建构区、阅读区等，同时再配上一些临时的活动区，以供随时调整。

此外，选定了活动区的内容以后，还需要精心为每个活动区命名。活动区的名称不必过于死板，可以生动、活泼一些，更富有创意或新颖性。例如，把语言区命名为"书吧""语言分享吧""知雅讲堂""诗音庭""轻言轻语""甜蜜屋""童言童语"；把科学区命名为"生活秘密""探究与发现"；把美工区命名为"童画坊""动手 DIY""美艺摇篮""手工坊""美工 DIY"；把数学区命名为"数字对对碰""妙趣屋""益智屋""脑筋转转转""IQ 测试"等。

图 4-7　主题区角设计

（二）活动区的空间利用

活动区的内容选择好后，就要考虑怎样利用活动室空间进行合理分割、布局与布置。教师在具体规划和合理布置众多的区域时需要考虑以下几点。

1. 活动区要合理布局

合理布局即根据各个活动区的性质和特点来确定其空间的大小和位置，防止因安

排不当影响其他活动区幼儿的活动。

（1）大小有别。即安排各区域空间大小时要区别对待，如对于人数多、活动量大的积木区和娃娃区，应划出宽敞的空间，而益智区以安静活动为主，可安排小一些的空间。

（2）动静分开。即把热闹和安静的活动区分开，如阅读区和表演区分开。

（3）有机组合。即把便于结合起来的活动区相邻设置，如把图书区和数学区，积木区和娃娃家放在一起等。

（4）综合考虑采光和取水因素。活动区设置在光线充足、用水便利的位置。如科学探索区、美工区应离水源近些，便于幼儿取水操作材料和清洗。

区域布置能让老师从不同角度看到活动室内的所有区域，便于教师了解活动室内的情况，观察与指导幼儿的游戏，及时处理发生的问题。

图 4-8　建构区角设计

2. 活动区之间要界限分明

界限明确即活动室中各活动区之间应有明显的界限，区域分隔清楚。这样可以让幼儿明确各活动区的位置，知道每个区域进行活动的类型，以便于幼儿开展活动和教师进行管理。活动区的界限划分有平面界限和立体界限两种。

（1）平面界限。是通过地面不同的颜色、图案或质地来划分不同的区域。如在娃娃家的地面刷上温暖的红色，在积木区的地面铺上地毯等，让幼儿一目了然，很快就会记住不同的区域。

（2）立体界限。是运用架子、柜子或其他物体隔离的方式划分出不同的区域，形成半封闭的空间。有的幼儿园教室的周边设计有 15 厘米高的地台，加上低柜便能形成更加立体化的活动区。

图 4-9   自然区角设计

3. 活动区布置要半封闭式

　　家具在隔断活动区布置中起着重要的作用。如果没有用家具将各活动区分隔成若干小块区域，就会使活动室览无余，到处充满了游戏的诱惑和机会，令幼儿感到无所适从。太多的选择机会不仅无助于鼓励幼儿自由选择、大胆探索，反而会让一些幼儿游荡在活动室内，无所适从。特别是年龄较小或是犹豫不决、退缩的幼儿在这样的环境中，更是不知所措。

　　而用家具将活动区分隔开来使之呈半封闭状态时，会减少幼儿四处闲逛行为出现的可能，并且能够使幼儿选择自己感兴趣的区域进行活动，因为这样的布局会令幼儿在其中活动时感觉很舒适、安全，而且在活动时，这样的布局也能使幼儿较少受到外界的干扰，更为专心、持久地从事一项活动。摆放家具时，某些家具可以靠墙放置，而另外些可以 与墙壁垂直排列，还有些家具则可以与墙壁平行排列。同时，这些家具的摆放应方便移动，以便根据需要适时调整。活动区的家具高度应与幼儿的身高相宜。这样的布置，幼儿可以轻易地取放架子或柜子里存放的活动材料；柜面又可以成为幼儿操作的场所，幼儿可以站着在柜面上操作，这样能够充分利用空间，扩大幼儿的操作空间和活动空间。

　　活动区的标识应清晰并易于幼儿识别，教师可以在相关活动区通过文字、图片或装饰物等来帮助幼儿识别各区域。各区域中还可以张贴部分材料的操作指南，让幼儿通过简单的图示步骤学习、探索操作方法。操作指南可以贴在各个活动区的柜壁、墙壁的下半部、柜面等处。

　　此外，在半封闭的各个活动区之间应有相互连接的通道，便于幼儿活动，以选择或更换自己的活动区。

（三）活动区的功能开发及情境布置

　　教师应注重活动区的功能开发及情境布置，具体可从以下几个方面进行。

1. 可在活动区展示幼儿作品

活动区除了可以为幼儿提供材料，让其进行活动外，还可以成为幼儿作品展示的区域。

例如，可以在美工区的墙壁上贴上幼儿的美术作品，这样做不仅可以营造活动区的氛围，还可以通过作品展示，鼓励幼儿积极地参与到活动中。

图 4-10　美工区角设计

2. 利用环境暗示规则

虽然区域活动是幼儿的自主活动，但是没有规矩不成方圆，规则同样重要。教师要善于让环境"说话"，用活动区的环境来暗示规则。例如，在活动区的门口贴上几个小脚丫，幼儿就知道应该将鞋子放在"小脚丫"上；将架子上的书籍和物品摆放得整整齐齐，幼儿就明白活动结束之后，要收拾材料，放回原处；在箱子里贴上积木的标签，幼儿就知道要将积木放在这个箱子里。

图 4-11　美工区角设计

3. 适当布置活动区的情境

在活动区中，不仅要重视材料的投放，还必须重视活动区情境的布置，因为活动区的环境不仅包括操作材料，还包括活动区的墙面、储藏柜、布帘等，这些物品都是活动区环境的一部分，影响着幼儿心理氛围的形成。例如，在阅读区中，可以在地面铺上暖色调的地毯，放上几个靠枕。摆上色彩柔和淡雅的书架和书桌，让幼儿可以静下心来阅读；在建构区中，可以摆上各种各样的建构模型，幼儿看到新奇漂亮的模型，就可能进行模仿堆砌，从中也可以引导幼儿进行建构活动。

图 4-12　阅读区角设计

（四）活动区的人数管理

活动区的人数影响着活动的质量，教师一定要在区域活动开展之前确定每个活动区的人数，对活动区人数进行控制。

1. 设置进区卡

进区卡是活动区域人数限制规则的具体体现，主要起控制各活动区人数的作用。进区卡由区域人数标志牌、选区标记牌和个人标志卡三个部分组成。区域人数标志牌主要贴于各活动区入口处，起到标明区域活动内容和人员限定数目的作用；选区标记牌主要是记录进入活动区的人数情况，有时可以与区域人数标志牌合并为一体进行设计；个人标志卡是活动者的个体标志，既可以设计为一般性的公用个体标识，也可以设计为个性化的个人身份标识。

教师应根据不同年龄班幼儿的特点设计进区卡。例如，小班幼儿的进区卡可选用"小蜜蜂采蜜"的构思进行设计：将区域人数标志牌和选区标记牌设计为花朵形挂钩，在每个活动区入口处贴上若干这种花朵形挂钩；个人标志卡则采用公用个体标识形式，设计成小蜜蜂挂牌，活动时请幼儿扮作"小蜜蜂"，每个人取一只小蜜蜂挂牌。进区活动时，幼儿要将自己的挂牌挂在相应活动区门口的花朵形挂钩上。教师规定一只蜜蜂采一朵花，一朵花上只能有一只小蜜蜂，如果某一活动区入口处的每一朵花上都

有小蜜蜂，就表示这里人满了，未进入该区域的幼儿就应该去其他区域活动。

2. 设置"身份卡"

为便于活动区的人数管理，教师还可为每个幼儿准备一张"身份卡"。如果是大班幼儿，可以在卡片上写上他们的名字；如果是小班幼儿，可以贴上他们的照片。在每个活动区的门口设置一个标志牌，配以一定数量的挂钩，当幼儿想进入活动区时，只需要将"身份卡"挂在挂钩上。在活动前，教师要根据幼儿的人数和活动区的大小准备好一定数量的挂钩。当幼儿想进入该活动区时，看见自己的"身份卡"没有挂钩可以挂，就知道该活动区已经人满了。

图 4-13　区角进区卡

（五）活动区的分隔

各活动区之间应有明显的界限，这样可以让幼儿明确各活动区的位置，知道每个区域进行的活动类型，以便于幼儿开展活动和教师管理。进行活动区的分隔时，应注意以下几个方面。

1. 活动区之间的界限明确

活动区之间的界限应该清晰，不应出现相互重叠的情况，否则幼儿在进行活动时就会不小心从一个活动区走到另外一个活动区。在室内，教师可以用橱柜、布帘等物品分隔。橱柜不仅可以将两个活动区隔开，还有储存的功能，一物多用，节省空间；用布帘作为分隔物，也同样有利于节省空间。而且这些物品方便移动，有利于随时对活动区进行调整，适应不同的活动要求。例如，根据活动需要，要布置一个大的娃娃家，让更多的幼儿可以在区内活动。若原有的"娃娃家"面积不够，就可以暂时移开积木区的橱柜，让积木区成为"娃娃家"的一部分，而积木区中的积木也可以作为"娃娃家"的材料。再如，很多幼儿想用美工区中的贝壳做手工，而旁边的数学区只有一两名幼儿在活动，教师就可以通过移动橱柜或布帘等将数学区中的一部分空间改成美工区。

2. 关联性大的活动区应相邻设置

在活动区的类型上，可以考虑以下的联系：主动和主静的、易脏和干净的、独立和合作的、室内和室外的活动区。

主动的活动区有角色扮演区、积木区、音乐区等；主静的活动区有数学区、阅读区、益智区、电脑区、美工等。在设置活动区时，要将主动的和主静的活动区分开，只有这样才不会造成相互干扰。

易脏的活动区有玩沙区、美工区等，干净的活动区有阅读区、益智区、电脑区等。教师可以将易脏的活动区设置在洗手间或者其他水源附近，以便于幼儿随时清洗。

一般的活动区是设置在室内的，但由于室内空间有限，所以一些大型的活动区可以设置在室外或者功能室。例如，玩沙区需要的面积比较大，而且容易脏，所以可以将其设置在室外；一些角色扮演区需要的空间较大，如邮局、医院等，可以设置在室内。

图 4-14　阅读区　　　　　　　　　　　图 4-15　涂鸦区

3. 活动区之间的封闭性应有所区别

活动区之间的关联性不同，封闭性也应有所不同。例如，阅读区和角色扮演区之间的封闭性应强一些，以免角色扮演区中发出的声音影响阅读区中幼儿的阅读；而科学区和阅读区之间的封闭性可以弱一些，以便幼儿在科学区中遇到问题时可以查阅图书。

同时，大班活动区和小班活动区的分隔也应有所不同。小班幼儿独立活动比较多，而且容易受到其他幼儿的影响，所以活动区之间的封闭性应该较强；而大班幼儿的社会行为较多，合作性强，因此活动区之间可以更"开放"，便于不同活动区之间的幼儿进行交流。

此外，要保证橱柜等分隔物不能太高，以免使活动区过于封闭，进而妨碍教师对幼儿活动的观察。

图 4-16　阅读区

4. 保证活动区之间的"路线"畅通、安全

为了保证活动区之间的"路线"畅通、安全，活动区应该靠墙设置，最好是一个活动区对应一个入口。如果进入某个活动区时要经过另一个活动区，则容易造成拥挤和碰撞，因此，要尽量避免这种情况的发生。除了某些需要用水和易脏的活动区需要设置在洗手间旁边，其他活动区尽量不要设置在人多的地方。

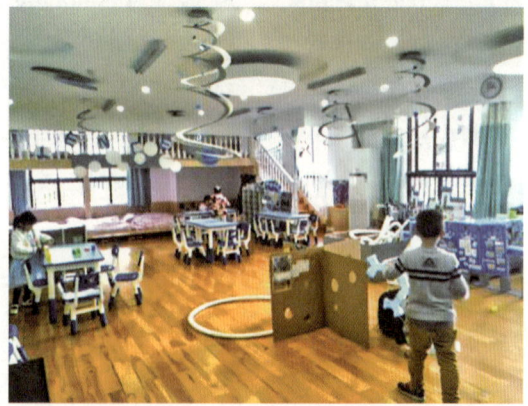

图 4-17　宽敞的区角活动场地

二、幼儿园区域活动区材料的选择与投放

在幼儿的一日生活活动中，区域活动可谓是生活学习中必不可少的一部分，区域活动目标的制定直接影响幼儿对活动的兴趣和幼儿发展，而区域活动区材料投放的丰富性直接影响幼儿区域活动的质量，且体现了教师对幼儿的支持是否到位。在活动区中，材料的选择与投放是一项复杂的工作，其复杂性体现在材料的投放要符合幼儿的

兴趣、爱好、需要，以保持幼儿探究材料的兴趣，还要在材料中隐含着教育性原则，要保证幼儿取得与教育目标一致的探究结果。在选择活动区域材料的时候，要同时关注材料的品质和数量，并根据幼儿的兴趣、发展的需要，以及活动的内容进行投放，使材料的投放具有操作性、启发性、丰富性、针对性和安全性。教师在投放区域活动材料时要首先问自己六个问题：

（1）游戏还是学习？

（2）能帮助幼儿获得什么经验？

（3）是不是最必要的途径？

（4）幼儿会怎么玩？

（5）幼儿会玩多久？

（6）你愿意玩多久？

教师在进行环境设计与提供材料时需要把握的关键点有以下 10 个：

（1）材料的多功能性：即要有多种玩法、多个层次的递进和延展。

（2）区域空间布局合理：充分利用室内空间、合理规划投放材料。

（3）材料精致耐用：材质牢固，直线要直，弧线要美。

（4）材料有趣实用：即"平面"变为"立体"，"静态"赋予"动感"，"一次"化成"反复"。

（5）材料有艺术美感：构成形式、色彩、形状、材质要有美感。

（6）材料数量充足：单份的数量要充足、整体种类要多样。

（7）材料种类丰富：大小、形状、材质、颜色、领域、成品、半成品等。

（8）区域活动易于获得成就感：易于操作、有明确的指导。

（9）区域环境能够营造逼真的情境：客观再现场景、真实还原实物造型。

（10）区域活动关注均衡：涉及健康、语言、社会、科学、艺术五大领域内容，凸显幼儿园特色。

（一）操作性

材料是幼儿活动的对象，材料是否具有直接操作性对幼儿能否主动参与活动有很大影响。如果教师能给幼儿提供具有操作性的材料，会激发幼儿产生操作的愿望，引起幼儿活动的兴趣。

材料具有操作性，易于幼儿获得成就感（即易于操作）有明确的指导。这里不仅指材料能让幼儿直接动手操作，还指材料能引发幼儿手、眼、脑协调活动。也就是说，动手操作必须建立在动脑思考的基础上，幼儿是在与材料的"对话"中获得发展的。材料必须能够引发幼儿动手、动脑的兴趣，能够引发、支持幼儿的游戏和各种探究活动，以及幼儿与周围环境的积极互动。因此，教师应该在活动区内提供具有操作性的材料，并保证幼儿对材料的操作性。

图 4-18　幼儿操作材料

（二）启发性

具有启发性的材料能够保证教育目标的充分实现。材料的启发性是指材料内部应该有一定的结构，隐含着一些线索，这些线索对幼儿顺利地操作材料，进行活动有所启示和帮助。同时，材料和材料之间应该有一定的关联，也就是说，材料应隐含一定的教育目标和教育内容，同时也应规定材料的操作范围和操作性质，保证将探究活动取得的结果控制在预期范围内。这就要求教师提供的活动区材料要具有一定的多功能操作性，即材料要有多种玩法、多个层次的递进和延展。

具有启发性的材料应该是教师经过精心选择和安排的。投放材料时，教师要考虑幼儿的实际能力，考虑通过操作材料，幼儿能获得什么样的发展，达成某一项或几项目标。

幼儿只有在与符合自己认知特点、实际能力和实际需要并具有启发性的材料的相互作用中，才能积极主动地向前发展。

图 4-19　幼儿园化妆室一角

（三）丰富性

活动区材料的投放，首先，要保证数量的充足（单份材料的数量要充足、整体种类要充足）；其次，材料的种类要丰富，包括大小、形状、材质、颜色、领域、成品、半成品等；最后，保证材料具有一定的艺术美感和有趣性，即材料的构成形式、色彩、形状、材质要有美感、材料能够从"平面"变为"立体"，"静态"赋予"动感"，"一次"化成"反复"等。幼儿正是在与丰富材料的互动中不断发展的，给幼儿提供丰富的材料，就是给幼儿创设丰富适宜的学习情境，能促进幼儿的学习和发展。因此，每一个活动区内部都应提供多种多样的材料，既可以是成品，也可以是半成品，以激发幼儿的创造力；既可以是幼儿单独进行的游戏材料，如拼图玩具，也可以是合作进行的游戏材料，如沙滩玩具，以满足幼儿独自探究和与人交往时的不同要求。

各活动区的材料丰富、多样、有趣，能有效地吸引幼儿的注意力，使他们不易被其他活动所吸引而频繁地更换活动；同时，还能减少幼儿之间的争吵和矛盾，减少攻击性行为的发生，保障活动的顺利开展。然而，值得注意的是，材料丰富多样并不是说材料越多越好。当活动区材料过于丰富时，反而容易使幼儿分心，也不利于幼儿知识的构建。因此，教师要合理投放，适时把控。

图 4-20　材料的丰富性

（四）针对性

有针对性地投放材料，首先要求针对不同年龄班的幼儿投放不同的材料。随着幼儿年龄的增长，其需求和兴趣也不断变化，相应地，每个年龄班投放的材料也应各具特点、不断调整。小班幼儿在区域活动中更多地体现出动手操作的特点，因此小班幼儿活动区的材料应充分体现操作性这一特点，让幼儿在与材料的互动中获得发展。而在中班和大班，教师可提供比较多的半成品材料，同时提高操作的复杂程度。例如，中班幼儿基本会用剪刀，教师可为他们提供各种剪纸材料，使幼儿通过活动获得更高层次的发展。

此外，有针对性地投放材料还要求根据同一个班级中不同发展水平的幼儿提供不同层次的材料。幼儿之间存在着比较大的个体差异，这种差异性要求教师为幼儿提供不同层次的材料，以真正符合幼儿的发展特点，满足幼儿的不同需要，教师应认真观察分析幼儿在各个领域的发展水平，根据他们的个体差异为其设计、提供多层次的材

料，由易到难，不断吸引幼儿主动参与活动的兴趣，使他们保持对活动的新鲜感。例如，在操作区的穿珠活动中，可提供材质不同、大小不等的各种珠子，让每个幼儿都能够在其中找到适合其能力和经验的材料。

案例分析

穿珠子

某幼儿园美工区正在进行"穿珠子"游戏，其中月儿小朋友自己搬来了小椅子，挂好了区域牌，拿了一个小筐并挑了一颗粉色的珠子，还和同伴说着："我最喜欢粉色的啦！"开始穿珠了，只见她手里的线头一直对不准珠子的洞洞，月儿嘴巴一直咬着用力，终于将一颗珠子穿进去了。其间，月儿不断地和旁边的小朋友交流着："你看，你看，已经穿了20多颗珠子了。"渐渐地，她找到了方法，能够熟练地从筐里拿出一颗颗珠子并用线穿起来了。这时，月儿一不小心手滑了，珠串掉在了地上，幸运的是珠子竟然没有掉出来，她静静地拿起了珠子，继续穿。而且，教师还发现月儿穿的项链有一定的规律，一颗白，一颗蓝，一颗白，一颗蓝……有顺序有规律地排列着。教师说道："哇，月儿你的珠子穿得好漂亮哦！"月儿："这可是有魔法的项链哦！我要把这个项链送给我的妈妈。"教师静静地在旁边观察着，月儿一直重复着穿珠子、拿珠子的动作，越来越熟练，很快，一条长长的项链就做出来了，在老师帮月儿打好绳结后，月儿小心翼翼地把珠串放入了自己的书袋。

点评：月儿在这次"穿珠子"的区域活动中，从开始玩珠子到最后用珠子穿出了一条项链，教师观察到幼儿的动作协调性越来越好了。从区域活动开始之后的半小时，幼儿都专注地做着穿珠子的这项活动，并没有像平时那样容易开小差，其专注性得到提升，同时也让教师欣喜地看到通过穿珠子这个活动，幼儿学习到有规律排序的技能。

（五）安全性

幼儿在操作材料的过程中与材料有着直接的接触，因此，安全性是教师选择与投放材料时必须考虑的重要因素。要确保材料无毒、无害、无污染、清洁卫生。只有消除安全隐患，才能保证幼儿的身心健康成长。这就要求所投放的材料一定要精致耐用，即材质牢固、直线要直，弧线要美，关注边角，装点增色。在给小班投放活动区材料时，应注意尽量少使用小颗粒的纽扣、珠子、黄豆等物品，以免幼儿误食或塞入耳中，发生意外；投放给中班、大班活动区材料时，可以选择各种半成品及废旧物品，应注意其材质，在选择投放废旧物品时，应做好清洗、消毒工作。

图 4-21　环保操作材料

三、幼儿园区域活动材料投放的流程

幼儿园区域活动的材料投放不可小觑，材料的选择至关重要。只有给孩子们提供了开展区域活动的物质媒介，才能为孩子们创造有准备的环境。那么，材料投放的流程有哪些呢？

（1）教师集体设计并制作区域活动材料（利用低结构的材料制作各种玩教具）；

（2）教师提前试玩（及时发现玩教具的问题，包括安全性、流畅性、操作性等）；

（3）幼儿试玩（个别幼儿实践操作尝试）；

（4）教师进行调整（根据幼儿试玩的反馈改进出现的材料问题）；

（5）教师投放材料（正式在活动区域内投放材料）；

（6）教师观察活动成效与进程（观察记录材料投放后的情况，思考存在的问题）；

（7）教师跟进调整与补充材料（根据活动成效和思考结果进一步修正和完善今后活动的效果）。

四、幼儿园区域活动材料的管理

幼儿园区域活动内的材料品种多、数量大、来源广，如果对这些材料不加管理，势必会影响材料的使用，给教师增添额外的负担，影响活动的顺利开展。

（一）材料的收集准备

幼儿园区域活动的材料来源主要有两种：一种是幼儿园购置的，另一种是教师收集自制的。幼儿园购置的材料主要是大件或成套的材料用品，如活动区里的柜子、玩

具架、桌子、椅子、画架、积木等。一般来说，购置的材料中成品或半成品居多。幼儿园在购置区域活动材料时，需要综合考虑价格是否经济，所选择的材料是否耐用、安全，是否具有多功能性，是否符合幼儿的年龄特点，对幼儿是否具有吸引力，操作的难易程度是否符合幼儿的发展水平等。

除了购置的材料之外，活动区里的材料中一部分是教师单独收集、准备和制作的，另一部分是由教师发动幼儿以及幼儿家长共同收集准备的。在收集材料的过程中，教师要关注材料中隐含的教育价值，让幼儿积极参与材料的选择和构建过程，将活动区域环境创设和材料收集的过程作为幼儿重要的学习过程。

活动区里的许多材料都与生活密切相关，例如，可乐罐、薯片筒、香水瓶、牙膏盒等都可以直接用作"超市"活动区里的商品，各种空药盒可以用作"医院"活动区中的药房物品。生活中还有许多不起眼的废旧物品，如各种纸盒、瓶盖、纸盘、小夹子、杯子、纽扣、鞋带等，经过加工，这些物品都可以成为有价值的活动材料。此外，教师还可以发动家长参与收集。

图 4-22　集体讨论

教师可以启发幼儿，与他们一起讨论活动区怎样布置，需要哪些材料，讨论完以后，再和幼儿一起准备收集材料。教师制作的各种造型逼真的玩具，如娃娃、小床、包子、饺子、人造飞船等都是深受幼儿喜爱的活动材料。但是对幼儿来说，亲手将自己收集的半成品材料或废旧物品制作成活动区的玩具材料，却更具有意义。通过收集材料这种途径，不仅丰富了活动区域材料的种类和数量，也让幼儿学会了勤俭，学会了珍惜和利用资源，同时，还让幼儿在变废为宝的过程中感受到了探索、创造的意义和价值。

（二）材料的整理、存放和保管

活动区域内的材料应该有条理地进行归类和整理。学前期正是幼儿养成良好习惯的关键时期，让幼儿参加一定的保管工作，可以培养他们爱护材料的好习惯。建立活动区材料的使用与保管规则，对幼儿从小养成良好的行为习惯有积极的意义，在对活动区材料进行整理、存放、保管时，应注意以下几点：

（1）材料应当分类放在开放性的、低矮的架子上，以便幼儿自由选择和取放，或者用透明的容器分类摆放，如筐、篮子、盘子等。

（2）材料应摆放整齐，分类清楚，并贴上标签，用文字或图案来表示物品存放的位置，且存放位置应该是相对固定的。例如，所有的操作材料都用数字标识其摆放位置，便于幼儿按需取物并且用完之后放回原处。

（3）音乐玩具最好放入带玻璃的柜中，以保护其良好的音质；教学玩具则要保存在专设的柜子里。

图 4-23　材料的存放

图 4-24　材料的整理

（三）材料的清洗、消毒和维护

幼儿活动时，常喜欢把材料放在地上，这样材料就容易受到细菌、病毒和寄生虫的污染，成为传播疾病的帮凶。因此，教师要重视材料的卫生，一方面要教育幼儿不要随便乱丢材料，也不要把材料放在嘴里，操作材料后要洗手；用嘴吹的玩具最好供个人单独玩，以防传染病交叉感染。另一方面，幼儿园要定期对玩具材料进行清洗和消毒。清洗和消毒工作安排在每周或每月进行，并应列入劳动教育计划，动员幼儿一起参加。清洗、消毒时要根据材料、材质选用不同的消毒方法。皮毛、棉布制作的玩具：可放在日光下暴晒几小时；木制玩具：可用煮沸的肥皂水烫洗；塑料和橡胶玩具：可用配制的消毒水浸泡 1 小时，然后用水冲洗、晒干。

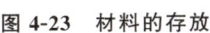资料链接

玩具消毒水的配制与使用

塑胶玩具可用 0.2％过氧乙酸和 0.5％消毒灵液浸泡消毒。

0.2％过氧乙酸的配制方法：取过氧乙酸原液 2 毫升加入 1000 毫升水混匀；

0.5％消毒灵液的配制方法：取消毒灵液 5 毫升，加入 1000 毫升水混匀。在使用

消毒液时还应注意，过氧乙酸原液有腐蚀性，不能直接与皮肤、衣物等接触；过氧乙酸原液须用塑料瓶盛放，瓶盖上留有一两个透气孔，禁用玻璃瓶盛放，以防爆裂。

此外，还要定期对材料进行检查和维修。破损的材料会传达一些不好的信息，幼儿可能会因此认为教师不关心他们，或者认为材料根本就不需要爱惜。同时，破损的材料也难以吸引幼儿的注意力，难以激发他们活动的兴趣。因此，教师应随时检查材料的使用状况，悉心维护，随时修补。当然，这不仅需要教师的努力，也需要幼儿在平时的活动中加以配合。

第三节　幼儿园基本区域活动区的环境创设

对于幼儿教师来说，规划设计好本班级各活动区域，并在现有条件的基础上充分利用一切可利用的资源，设计布置好班级各个活动区，保证区域活动正常开展起来，这些是每个学期开始首要的工作。每个班级的活动区设置情况都不一样，但大多数教师都会在几个常规活动区的基础上，根据本班的实际情况增设其他活动区。

幼儿园基本区域活动区包括角色扮演区、建构区、美工区、科学区、益智区、电脑区、阅读区、木工区、音乐区、玩沙区、自然角等，本章仅对角色扮演区、建构区、美工区、阅读区、自然角的环境创设加以阐述。

一、角色扮演区

角色游戏是幼儿根据自己的兴趣和愿望，通过扮演角色创造性地反映其生活体验的一种游戏，是3～6岁幼儿特有的最典型的游戏。

角色扮演区是幼儿开展角色游戏的场所，幼儿可以在各种模拟的情境中，根据他们对周围世界的认识和理解来扮演各种角色，诠释各种行为。角色扮演区为幼儿提供了一个与人相处，表达情感和思想，用语言交流对角色的认识，以及对别人的需要和要求做出反应的机会。角色扮演区的活动对幼儿的语言、智力及社会性的发展均起到良好的促进作用，是幼儿宣泄和表达各种情绪、情感不可或缺的一种途径。因此，各班活动室中也将角色扮演区作为常设的必备活动区。角色区不只是用来表演，可以加入读写材料，如杂志、标志牌、食品盒、纸笔等，促进幼儿将读写活动加入游戏中，提高幼儿的读写能力。

图 4-25　角色区

图 4-26　角色扮演区

（一）区域布局

角色扮演区在活动室的区域布局中应该占用一块较大的场地。幼儿进行角色游戏时，常会走来走去、大声交谈，发出的声响较大，因而角色扮演区应远离比较安静的益智区和阅读区。同时，由于角色游戏和建构游戏之间经常发生联系，建构区的声音也比较嘈杂，因此，可将角色扮演区尽量靠近建构区。

关于角色扮演区的区域隔断：可专门设计、制作一些多功能的趣味化家具，也可将一些普通家具、低隔板、矮架子及各种纸箱、积木等围起来，以确定本区的活动范围。

（二）主题环境设计

角色游戏涉及的主题有很多，如娃娃家、小吃店、理发店、医院、超市等都是深受幼儿喜爱的游戏主题。此外，还有根据幼儿生活经验随机产生的若干主题，如花店、宠物店、美食街、邮局、书店、银行和健身中心等。

由于幼儿角色游戏的主题种类较多，教师很难在角色扮演区内同时设置很多主题区域，因此，教师可以根据本班活动室的空间情况，在一段时间内，选择性地安排多个主题区域供幼儿活动。若安排的主题在两个以上，可以把娃娃家作为基本主题区域，然后选择设置 1～3 个幼儿感兴趣的主题区域；若只在角色扮演区里安排一个主题，就需要经常更换主题内容，并变换主题环境。

设计主题环境时，应尽量创造一个仿真的环境，以激发幼儿的兴趣，使幼儿在游戏时如同身临其境一般，满足他们操作的欲望，体验现实生活中各种角色的需要。同时，微缩型的仿真环境，加上使用的各种小道具，非常符合幼儿的思维特点，有助于游戏情节的顺利开展和推进，幼儿也能从中获得真实的体验和一定的生活经验。

图 4-27　娃娃家的仿真环境

（三）材料准备

角色扮演区是一个真实的场景模拟及还原。不同年龄阶段的幼儿，其游戏发展的水平各有不同，如小班幼儿的角色游戏以模仿为主，大班幼儿的角色游戏则以创造居多。教师应根据实际需要准备和投放不同的材料，以促进游戏的发展。下面就介绍几个角色扮演区里常设主题的材料准备要求。

1. 娃娃家

娃娃家游戏是幼儿在教师特意营造的家庭情境中，通过动作和语言来扮演角色，使用游戏材料进行角色互动，在该主题区中展开游戏情节的活动时，教师需要提供以下几类材料。

玩具娃娃：在角色游戏中起着重要的角色作用，这是因为玩具娃娃能丰富角色游戏的情节，增强幼儿的角色意识，体现不同的人际关系。因而，教师应提供不同性别的玩具娃娃和有着不同面部特征的玩具娃娃。

娃娃的服饰：不同装束的娃娃可以表现不同职业、不同性别、不同民族、不同国家的人物形象。娃娃的衣服最好能穿脱，便于清洗、消毒，以便在活动中锻炼幼儿的自理能力。此外，还可以提供太阳镜、手套、钱包、头饰、鞋子等材料，但应注意材料不宜过小，以免幼儿误食或塞入耳中，发生意外。

娃娃床：包括小床（可以提供成品的玩具床，也可以用纸箱、泡沫等材料自制）摇篮、枕头、小毯子或小被子等物品。

家具：与儿童身高相适应的木制家具或者塑料家具，包括桌子、椅子、摇椅、架子等。

餐具、炊具：主要包括煤气灶、锅、各种瓶、罐、烹调用具等，可用各类空的食品容器，如碗、盘子、碟子、汤匙、茶杯等代替。此外，也可提供篮子和塑胶水果或蔬菜，以及桌布、餐巾纸、围裙等。

其他：如大镜子、电话、电视机、冰箱、洗衣机等各种家用电器（可用纸箱、泡沫等材料自制）。

提示：娃娃家通常被认为是女孩子们的游戏场所，男孩子则较少进入该区域进行活动。教师应多为男孩子提供一些游戏材料，如男式衬衫、领带、公文包、太阳镜、办公用品等，以吸引男孩子到角色扮演区去活动。

2. 理发店

洗发、理发是每个幼儿都经历过的事情，贴近幼儿生活，因此，"理发店"也是幼儿园经常开展的角色游戏区。在该主题区域中，教师可提供镜子、梳子、塑料剪刀、发卷、空的塑料洗发水瓶、空的发胶瓶子、橡皮筋、丝带、吹风机、假发（包括男式和女式）、毛巾、围布和发型图片等材料。

3. 小吃店、快餐店

在该主题区域中，教师可提供各种食物图片或模型玩具、小筐、篮子、小围裙、小帽子、餐具、托盘、收银机、钱币，以及麦当劳、肯德基或其他快餐店的食品包装盒等材料。

4. 超市

在该主题区域中，教师可提供购物架、各类商品（也可以是空的食品盒）、仿真的蔬菜、水果以及价格标签、购物筐、手推车、仿真钞票（或者是幼儿自制的钞票）、计算器、玩具收银机等材料。

5. 医院、诊所

在该主题区域中，教师可提供白大褂、护士帽、听诊器、体温表、压舌板、医药箱、药瓶、玩具注射器、纱布、胶布、处方、病历卡等材料。

6. 菜市场

在该主题区域中，教师可提供各种蔬菜、水果的实物或图片、秤、小筐、篮子、塑料包装袋等材料。

图 4-28 娃娃家的仿真材料

（四）区域管理

角色扮演区的主题种类较多，在每一主题区域的布置过程中，教师都应积极准备

丰富的操作材料，按照相应角色对不同的环境需求去设计、布置。

角色扮演区材料的品种数量较多，为此，教师可将各种材料归类摆放在一起，贴上标签或图示标记。例如，教师可先将碗、盘子、碟子、汤匙和茶杯等图形画在即时贴或彩色纸上，然后剪下来，再用透明胶带将图画固定在要摆放的位置，表示存放物品的种类。

此外，使用道具箱收纳也是整理、归类材料的较为有效的方法。道具箱可以使用塑料收纳箱，也可以用纸箱制作，在箱子外面应贴上标记说明箱子里存放的材料种类。教师可以按照角色游戏的主题对材料进行分类，把与某个具体的角色游戏主题有关的材料都放进一个道具箱内，以便于取用和整理。

贴心提示：角色区不只是用来表演，还可以加入读写材料，如杂志、标志牌、食品盒、纸笔等，促进幼儿将读写加入游戏中，提高读写能力。

案例分析

小·舞台搬家

幼儿对角色表演区的兴趣是很大的，每天都有不同的幼儿入区表演，同时也吸引了在其他区域活动的幼儿。很多幼儿都停下手上的活动，纷纷来到小舞台表演区驻足观看，但问题也随之而来：表演三只蝴蝶的幼儿跑动的空间很小，有的地方被其他等待表演的幼儿占据了，有的则被观看的幼儿占据了。灵灵不高兴地说："你们都走开点，我都没办法表演了！"扮演铠甲勇士的小伟手持宝剑道具不停地挥舞，不小心就碰到了小博，小博说："你怎么打我呀？"小伟解释道："我不是故意的。这里地方太小了，难免会碰到的。"教师观察到问题后，及时分析原因。随着表演内容的增加，原来在阳台创设的表演区域空间已经不能满足需要，角色区空间要再扩大一些。由于阳台与活动室紧挨着，交流声、音乐声会影响干扰其他需要安静操作的区域的幼儿，因此，教师决定把角色区在空间设置上独立出来。进一步调整时，教师组织幼儿进行讨论"角色表演区搬到哪里合适"，投票决定新的表演区地点。根据新的表演区地点，教师与幼儿共同选择材料，创设舞台布景、道具区等。孩子们在新的角色区，更加快乐地投入游戏之中去。

二、建构区

建构游戏是幼儿利用各种不同的结构玩具或结构材料（如积木、积型、金属片、泥、沙、雪等），通过与结构活动有关的各种动作构造物体形象，反映现实活动的一种游戏。在建构区内，幼儿可以自由、自主地开展游戏，如用积木搭出高低不同、形状各异的建筑物，通过建构区的活动，不仅能使幼儿的基本动作得以协调发展，还有助于培养幼儿细心、耐心的性格，以及坚持克服困难等优良的品质。

（一）区域布局

在规划活动室空间的时候，教师应为建构区安排较大的活动空间，以保证幼儿有充足的空间进行自己的创造。为避免建构区的声音干扰其他区域幼儿的活动，教师应本着动静分隔的原则，将该区与阅读区、益智区等较安静的区域分隔开来，可与角色扮演区等比较吵闹的区域相邻设置。

建构区最好只设计一个入口，且入口不宜设置在通道上。教师可以将该区设置在活动室的某一个角落，用大积木、木板、纸板、塑料箱、纸盒或栅栏等做隔墙，使该区域呈半封闭状，这样幼儿可以专心致志地进行建构活动，而不必担心自己的作品被同伴碰倒，同时，在该区活动的幼儿也不会因为受到其他活动的干扰而分心。

图 4-29　建构区

（二）区域环境设计

建构区不需要放置桌椅，这样不仅可以使空间更宽敞，活动起来更舒适，还可以避免幼儿因空间不够宽敞而将积木搭到桌椅下面去。建构区的地面可以铺上各式地毯或地垫，这样幼儿就可以随意坐在地上进行游戏。地毯还能吸收噪声，减小幼儿在该区域活动时发出的声响，以免干扰其他幼儿。同时，建构区域内墙面或架子上可以张贴各种建筑物、交通工具、高速公路、桥梁、交通标志等图片，从而开阔幼儿的眼界，丰富他们的建构题材，便于他们学习和再创造。取放积木时，幼儿必须来回穿梭于自己的作品和放置积木的架子之间，为避免积木作品被自己或同伴碰倒，教师应将架子与搭积木的区域分开，并做出明显的标记。例如，可以在架子前40～50厘米处用白色或红色、黄色的油漆标出明显的界限，提醒幼儿游戏时与架子应保持一定距离，如果担心油漆的印记不易清洗，可以用即时贴或胶布代替。

图4-30　幼儿园建构区设置

（三）材料准备

建构区可以帮助幼儿发展建构能力和空间知觉能力，认识物体的基本形状和数量关系。建构区的材料具有规则性、可操作性和灵活性的特点。能够激发幼儿的创造性，可提高幼儿解决问题的能力和积极性。建构区的材料投放一般以木制的本色实心积木、木制的彩色空心积木、塑料的彩色积木等为主，也可以增加一些低结构的建构材料，如纸杯、盒子、吸管、瓶盖等。

小班的建构区适宜提供体积中等、颜色鲜艳、分量较轻的形状简单的空心积木，以三角形、长方形、圆形等为主。小班幼儿的建构游戏没有一定的目的，只是无计划地摆弄结构元件，喜欢把结构元件垒高，然后推倒。因此，教师应为小班幼儿准备足够数量的玩具材料，开始时可以让其独立操作，然后逐步引导他们合作游戏。

中班可以适当丰富积木的种类、形状，增加积木的重量，而在大班中则以木制的本色实心积木作为积木区的主角。在大班，积木的形状可以达到三十余种，数量可以达到一百多块，以充分地满足大班幼儿建构的需求。其他辅助材料，如人物模型、动物模型、房屋高楼模型、

图4-31　建构区材料

花草树木模型、交通工具模型、信号灯、指示牌、家庭用品等，对中班和大班的幼儿来说，教师既要提供个人单独操作的材料，也要提供一些需要合作操作的材料，使他们能在一起进行分工、合作活动。此外，还应给中班和大班的幼儿提供不同性质的活动材料，包括成型玩具、半成品材料和一些原始材料，如废旧物品等，并不断更新、补充。成品材料有助于推进活动的顺利开展，而半成品材料和原始材料可以引发幼儿充分的想象力，也可以使游戏活动更为生动和丰富。

资料链接

幼儿园建构区材料参考

幼儿园建构区里进行的主要是一些中大型的结构游戏，通常需要的材料主要有积木、积塑及一些辅助材料。教师可以根据幼儿园的玩具配置情况有选择地提供建构材料，供幼儿操作和创造。

1. 积木

积木通常是立方体的木头玩具或塑料固体玩具，一般在其表面装饰着字母或图画，容许进行不同的排列和建筑活动。积木主要有普通积木、单位积木和主题建筑积木三种。

普通积木：表面为彩色或素色，体积有小型、中型和大型不等，大型多为空心木结构。

单位积木：是一套精心设计的由各种方块、弧形、圆柱等形状组成的积木。整套积木中，基本单位积木的尺寸是 3.6 厘米 $\times$ 7 厘米 $\times$ 14 厘米，其他所有的积木都是在此尺寸的基础上同比例增大或缩小，呈现出多样性。

主题建筑积木：一种是积木的表面印有主题纹样，用以构成反映主题内容的建筑，另一种是将积木做成主题所需要的各种形状，用以构成主题的建筑。

2. 积塑

积塑是指用塑胶材料制成的各种结构玩具，分为主题积塑和素材积塑两大类。

主题积塑：能够按照主题需要做成各种形状。例如，房屋建筑主题的积塑包括门、窗、柱、屋顶、围栏等部件，可用各种形式随意组合成各种房屋。

素材积塑：由一些简单元件构成，可以根据想象构成各种造型，具有更大的创造性空间。幼儿园购置的建构材料中以此类积塑材料居多。

3. 辅助材料

在建构区游戏活动时，如果幼儿能将其他材料与积木配合使用，将建构游戏与角色游戏按一定的方式组合，那么建构游戏将更加活泼生动。因此，教师可以在建构区投放一些辅助材料，主要包括：各种木头或塑料制成的人物玩偶，如爸爸、妈妈、爷爷、奶奶、警察、售货员、司机和邮差等；各种动物模型，如小兔子、小狗、小猫、小鸡、小鸭和大灰狼等；各种交通工具，如小汽车、卡车、火车、公共汽车、小轿车、自行车和马车等。例如，小班建构区的辅助材

料，如由纸杯制作的树、花草、动物、车子等实物玩具；纸杯、纸盒等；中班的辅助材料有木板、大小不等的箱子、易拉罐、绳子、塑料管、小车模型、线、石头、建筑模型、建筑图片、测量工具、拼插玩具、雪花片、张贴画、自制交通标志、花、草、楼房、小人和动物的立体摆件、幼儿积木作品照片等；大班的辅助材料有木板、PVC透明板、轨道、大小不等的箱子、易拉罐、绳子、塑料管、小车模型、线、石头、建筑模型、建筑图片、测量工具、拼插玩具、雪花片、张贴画、自制交通标志、花、草、楼房、小人和动物的立体摆件、幼儿积木作品照片等。

此外，教师还应提供各种废旧材料，如纸盒、泡沫、纸片等，以激发幼儿和教师一起制作各种辅助玩具的愿望，满足幼儿建构各种形象的需要。应该注意的是，所有的成品辅助玩具都应使用微缩模型，自制的辅助玩具体积也应小一些。

（四）区域管理

建构区的各种积木都应存放于柜子或架子上，架子和柜子的高度应以方便幼儿取放为准；教师应用图示标记的方式，将不同类型、大小的积木分别存放于不同的柜子或架子中，并贴上标签，标签应与积木的实际形状和大小完全一致。积塑及辅助材料可以分类存放在各种大盒子、篮子、盆子或塑料收纳箱里，同时也应贴有标签。存放各类材料的容器应靠近存放积木的柜子或架子，以方便幼儿将其结合在一起使用。

（五）建构区域活动目标制定的指导原则

1. 建构区域活动的目标制定要符合幼儿的年龄特点和发展需求

a. 小班尝试围拢、延长、垒高的方式进行搭建。

b. 中班更适合搭建有组合、围封、对称、连接和辅助材料进行场景搭建。

c. 大班更适合架空、转向联合和多种材料进行有特征的搭建。

2. 建构区域活动目标制定要准确有针对性

a. 制定目标时要注意范围缩小，前期幼儿要有对相关事物的经验铺垫，搭建事物要具体明确。例如：楼房、桥、加油站、停车场等，相反，"城市"为主题的搭建，范围广，幼儿不易搭建。

b. 搭建主题确定后，根据幼儿的掌握程度，调整设计循序渐进的推进目标。

如：搭建主题是楼房，搭建顺序为先建造围墙，再不断向上加层搭建等。

c. 教师根据幼儿的兴趣建立的搭建主题，个别幼儿的想法不同，教师可以在个别幼儿的兴趣之上，深入发展幼儿搭建技能，并将两者相互联系，积累相关经验。例如，小班前期主题是搭建动物园，当更换主题后，仍然有一些幼儿在继续搭建动物园，如果游戏主题过渡过于生硬，会让幼儿对新游戏失去兴趣，那我们在满足幼儿个体差异的同时，也要让幼儿尽快进入我们的主题搭建。我们可以先深化游戏内容，再逐步用情节迁徙。例如：先帮小动物搭建平房、高楼，既可以提高幼儿参与活动的兴趣，又巩固了幼儿垒高的能力。逐步深化游戏内容，利用辅助材料，联系现搭建主题。如：小动物们想开车去公园郊游，应该怎么办呢？引导幼儿搭建马路。车停在哪里呢？引导幼儿搭建停车场。由此推动游戏内容的进行。

3. 搭建目标要和提供的材料相辅相成

搭建材料是为区域目标服务的，要根据目标和游戏的情况随时增添和调整。

例如：在动物园的几次重复搭建以后，我们发现幼儿主要是围绕给小动物建房子，而没有更多的情节扩展。于是我们适当减少了动物的投放数量，增加了玩具汽车、人物模型、树木、花草、标志牌、废旧的饮料瓶等辅助材料。

4. 发挥想象不等于无基础搭建

a. 建构区域不能只提供丰富的材料，却没有任何指导性的墙饰说明，如果在口头指导的情况下，就以自由搭建为由，而鼓励幼儿发挥想象力、幼儿的实际发展水平并没有得到提高。

b. 建构区域一定要布置相关的指导墙饰，教师根据每周的主题目标进度和要求，张贴必要的幼儿所需要的搭建知识或解决办法图。例如，小班可以张贴成品展示、搭建方法的步骤图片，或者幼儿的创意搭建和方法、幼儿作品合影等。中班可以张贴自己搜集的关于搭建主题的图片、记录幼儿搭建的过程、幼儿搭建时遇到的问题、幼儿的解决办法、幼儿成功的作品等。

图 4-32 建构区设计

大班可以张贴幼儿绘画关于主题未来的样子、搭建方法和过程、遇到的问题和解决办法、创意方法和合影等。

贴心提示：

（1）建构区域一定要创设两块标牌，如已竣工、未竣工的标识等；

（2）建构区域一定要布置相关的指导墙饰和模型；

（3）建构区域材料的投放一定要符合幼儿年龄特点和发展需求。

案例分析

盖楼房

建构区里孩子们用纸箱进行自由拼摆，准备搭建一所高楼。大家忙着各自的工作。只听"哗"的一声，还没建好的高楼倒塌了。孩子们并没有因此而感到沮丧，反而出奇地兴奋，推倒再建，孩子们愉快地重复他们的工作。看到此情景教师介入到了游戏之中。

教师：高楼还没有建好就倒塌了，太可惜了。

幼儿：是啊，为什么总是要倒塌啊。孩子们开始注意到高楼倒塌的原因，接下来孩子们尝试各种办法，避免高楼再次倒塌。其中一位小朋友有意识地将纸箱尽量垒齐。有的小朋友用手扶住快要倒塌的高楼。可高楼还是一再倒塌。教师再次介入孩子们的游戏中。大家想了这么多的办法，"楼"还是倒了，怎么回事呢？

教师：纸箱不一样（引导孩子们发现纸箱的不同）。

幼儿：对呀，箱子有大的有小的。可是，纸箱怎样垒才不会倒呢？大纸箱放在最下面，小纸箱放在最上面。

教师：大家是一起往上垒好呢？还是一个一个地垒好呢？

幼儿：一个一个地垒，不能乱挤（孩子们意识到了秩序问题）。

教师：大家再试试，这个办法行不行？

孩子们再次投入到他们的工作中。接下来的搭建工作很顺利，高楼搭建得很稳。可孩子们又遇到了问题。"够不着了，怎么办？"大家垒不上去了，急得拿着纸箱围着高楼转。这时一位小朋友想出了办法——站到椅子上垒。孩子们赶紧搬来椅子，站在椅子上继续垒。

幼儿：老师，看我们的高楼好高呀？（孩子们看到他们搭起的高楼，很满意）。

教师：还能往上垒吗？（教师继续鼓励幼儿进行新的尝试）。

点评：建构区域的大型操作材料大纸箱，对小班幼儿来说特别有吸引力。孩子们表现出了强烈的操作兴趣。由于年龄的原因，在操作初期，游戏缺少新意。游戏中搭建物的倒塌问题刺激了幼儿，他们感到格外兴奋，由于自控力较差，出现了破坏性的行为。但他们也进行了思考：为什么会倒塌，怎样解决。小班幼儿对游戏中出现的困难，已有初步的寻求自我解决的调控能力。游戏中教师能够观察幼儿，了解幼儿的兴趣、需要、能力、情感等，教师及时抓住教育契机，适时地介入，能够更好地指导幼儿探索发现。

三、美工区

幼儿园美工区是为幼儿提供一个自由欣赏和创作的重要场所，是一个让幼儿感受

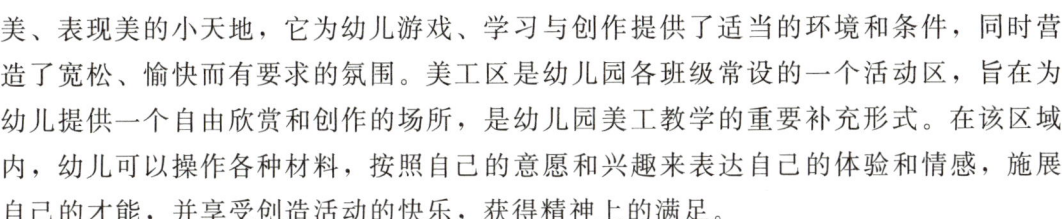

美、表现美的小天地，它为幼儿游戏、学习与创作提供了适当的环境和条件，同时营造了宽松、愉快而有要求的氛围。美工区是幼儿园各班级常设的一个活动区，旨在为幼儿提供一个自由欣赏和创作的场所，是幼儿园美工教学的重要补充形式。在该区域内，幼儿可以操作各种材料，按照自己的意愿和兴趣来表达自己的体验和情感，施展自己的才能，并享受创造活动的快乐，获得精神上的满足。

（一）区域布局

美工区域的空间布局形状可随个人喜好及班级区域布置情况而定，但储物柜摆放时，要留有与阅读区互通的通道以方便主题活动；家具不宜太高，较高的家具要避开光源；区域内有宽敞的可通往水源的通道；有足够的适合幼儿操作的桌椅。错落有致靠墙摆放的储物柜。美工活动比较安静，因此可与阅读区、益智区、电脑区等毗邻。同时，美工区应设置在光线充足、靠近水源的地方。光线充足有利于幼儿观察和创作，保护视力；靠近水源则方便幼儿洗手、清洗画笔、清洁桌面和地板。

在安排美工区的空间大小时，可根据本班幼儿对美工活动的兴趣及活动材料等情况来综合考虑。如果幼儿园能提供的美工活动材料较丰富，幼儿对美工感兴趣，参加活动的人数较多，就要安排一个较大的活动空间。此外，一些美术特色幼儿园和条件较好的幼儿园还可设置专门的美工活动室，并在其中设置诸如色彩区、国画区、手工区和泥工区等多个活动区域。

（二）区域环境设计

设计美工区域环境的时候，教师应周密地考虑区域内颜色、形状、结构、线条和图案的空间安排，要突出艺术性，做到陈设简洁美观、色彩鲜明和谐、富有吸引力，并符合幼儿的审美情趣，使幼儿通过对区域环境美的感受培养其审美感知、审美情感和审美创造等基本能力。美工区域氛围的营造首先要主题鲜明，其次要充分利用空间，可以通过墙饰吊饰、桌面摆台、和谐的颜色搭配和数量累积形成错落有致的空间布局。例如，在空间中布置一些同类别但不同形状的作品造型，一个随意涂鸦的托盘、一张用了很久的画布、一个布满颜料的画桌、一架迷你织布机、几个陶艺转盘等。

美工区可以悬挂各类美术作品，如绘画、雕塑、剪纸等，教师应定期更换区域中的各类美术作品，让幼儿了解更多的艺术作品。将幼儿的美术作品平贴在展示栏或作品角是教师常用的一种展示方式。除此之外，还可以用即时贴、彩色纸或丝带做一个大的框架，将幼儿的美术作品框起来进行展示。应注意张贴作品的高度要与幼儿的水平视线高度一致，而不是和成人的水平视线高度一致。还要注意作品展示要有适合的平面和展台，作品的完成程度要有所区分，孩子的作品可以粘贴成一个造型。当然，巧妙地利用光源也是一种好方法。美工区作品的布置是营造整个区域氛围的关键，是展现幼儿动手、老师教学、班级主题的重要途径。

幼儿园美工区活动是幼儿园美工教学的重要补充形式。这样构建出来的美工区绝对是艺术的小天堂，孩子们在里面尽情地发挥想象，接受高质量的审美熏陶，按照自己的意愿和兴趣来表达自己的体验和情感，施展自己的才能，享受创造活动的快乐，获得精神上的满足，动手创造新奇的作品。

图 4-33　美工区

（三）材料准备

幼儿的美术活动是一种操作活动，离不开对多种美术工具和材料的使用。幼儿通过操作探究和尝试使用各种材料来表达自己的情感、思想以及对客观世界的认识，同时，丰富的物质材料也可以激发幼儿动手创造的欲望。因此，教师应在美工区内为幼儿提供丰富多样的、充足的材料，以促进幼儿的活动。

一般而言，教师为美工区准备的材料主要包括欣赏类、绘画类和手工类。

1. 欣赏类

欣赏类材料主要是供幼儿欣赏的美术作品，包括各种平面的图片、画册和立体的实物工艺品等。教师应提供多种艺术风格的欣赏材料，如绘画可以是水墨画、油画、水粉画、水彩画和版画等；实物工艺品可以是餐具、玩具、服饰等日用工艺品，也可以是壁挂、地毯、剪纸、风筝等陈设工艺品。此外，一些现代工艺作品如商品包装、广告、招牌、卡通图等也可以布置在美工区中。

2. 绘画类

绘画类材料包括各种纸、笔及其他用于绘画的工具和材料。

纸：包括不同大小、类别、形状、颜色、质地的纸，如宣纸、卡纸、瓦楞纸、棉纸、皱纹纸、包装纸、吹塑纸，以及纸箱、纸盒等。需要注意的是，每次不要提供太多品种的纸，以免使幼儿因选择太多而无所适从，造成不必要的浪费。

笔：包括各种类型的笔，如油画棒、蜡笔、水彩笔、毛笔，以及各种不同长度、形状、粗细的画笔，如铅笔、圆珠笔等。教师在选择水彩笔、蜡笔、油画棒和彩色笔时，注意选用那些色彩均匀、稳定、鲜艳的品种，尽量避免使用那些颜色暗淡、不够鲜艳、质量较差的彩色笔。

颜料：包括水粉颜料、水彩、广告颜料、墨汁、油漆等。

容器：各种用于放置颜料的容器，如调色盘、托盘、空罐头瓶或空饮料瓶，都可以用来放置颜料。选择容器时要注意器皿的高度，如果饮料瓶较长，则可以把上半部分截去，并将剪切面打磨光滑。最好在每个容器里都放一枝画笔，并教会幼儿在绘画时分别使用不同的画笔来描绘不同的颜色。

画架：如果有足够的空间，摆放几个画架最为理想；如果物质条件不允许，可以在桌面上绘画或进行其他美工活动。教师还可以把纸张钉在墙上适宜的位置，让幼儿在上面作画，幼儿可以以个人或小组的形式进行创作。

围护：这是幼儿美工尤其是绘画活动中必备的工作服，它能使幼儿使用颜料时不必担心弄脏衣服。围护的式样有两种，一种为有袖的护衣式，另一种则是无袖的围裙式，其中，护衣式围护适合较小年龄的幼儿或在冬季使用。

用于绘画的其他工具和材料：如版画专用的油墨、滚筒；喷洒画专用的牙刷、雪糕棒、刷子、纸巾、额外的纸张与颜料等。

清洁用具：包括抹布、拖把、海绵、水桶、纸巾、扫帚等。

3. 手工类

手工类材料包括裁剪工具、黏合剂及其他材料。

裁剪工具：包括剪刀、美工刀、小竹刀等。剪刀口不应太锋利，且大小应适宜。

黏合剂：包括乳胶、透明胶水、糨糊。使用该类材料时，教师应将材料分散摆放。可多放几个小瓶糨糊，而不要放一大瓶糨糊让幼儿传来传去。

其他材料：包括各类点状类材料、线状类材料、面状类材料及块状材料，如瓜子壳、贝壳、树叶、秸秆、牙膏盒等。

图 4-34　美工区材料

（四）区域管理

美工区的各类材料对幼儿来说应该是开放的，这就要求教师将材料合理地整理、归类，便于幼儿自由取放。区内的柜子或架子应是敞开式的，里面所摆放的材料应让幼儿随手可得。当然，不能让幼儿自行取用的材料，不要放在他们能轻易拿到的地方。一个美工区同时提供所有种类的材料几乎是不现实的，教师可以根据幼儿的实际水平，配合美术教育活动的内容准备区域活动材料，并定期更换增添新材料。在实际活动中，还要允许和鼓励幼儿自由使用各种材料。材料的放置要方便幼儿与老师使用，不仅整洁，拿起来也顺手。例如，不同种类的材料可以分类保管，做一套带颜色的盒子存放画笔，给画架留一个空间，等等。

美工区内的家具高度要适合幼儿的身高，同时放置某类材料的地方应相对集中、固定，使幼儿能够容易地取放需要的材料，且各类材料均应贴上标签，让幼儿一目了然。在一些平面手工活动的材料容器外面，可以用一些幼儿制作的材料成品作为标记，以标识其中所装的东西，如贴上粘沙画、树叶画、剪纸、染纸等。

图 4-35 美工区布局

贴心提示：

（1）如果收纳空间有限，用推车来放绘画、手工材料；

（2）把所有材料在矮架上按照功能等陈列整齐，并且贴上清楚的标签，便于幼儿寻找和归还；

（3）架子的摆放井然有序，孩子可以一目了然地选择自己想要的东西；

（4）材料同时用图画和文字标记；

（5）设置活动桌，为地面游玩留出空间。

案例分析

蜜蜂的家

在"变废为宝"的主题活动中，孩子们在拆瓦楞纸包装箱时发现，厚纸皮剥去表面后呈现出的蜂窝状，特别像蜂巢，很适合制作成蜜蜂的家。于是他们就在区域环境中创设了蜜蜂的家。幼儿一边挥动手中的画笔，一边沉浸在活泼生动的情境里。在制作小蜜蜂造型时，有的幼儿提出，可以用伞来设计蜜蜂造型，伞面做蜜蜂的肚子，伞尖做蜜蜂的刺，孩子们在伞上合作绘制可爱的蜜蜂。一名幼儿画了一会儿蜜蜂伞后就放下手中的画笔，又到木工区玩起来，教师上前引导。

教师：小蜜蜂的翅膀怎样安装上去呢？

幼儿：可以钉一钉！（拿着手中的小锤子）

教师：可是伞面这么薄，钉子钉进去很松呀。

幼儿：我试试吧……

（发现不行后）幼儿：我再去找找材料。

过了一会儿，在教师的引导下，幼儿回到蜜蜂伞前、尝试用小泡沫块前后固定蜜蜂的翅膀，用这种方法又固定住了蜜蜂的头和眼睛。"蜜蜂的家"主题美工活动圆满完成。

四、阅读区

阅读区是培养幼儿产生阅读兴趣、发现语言魅力的区域。在该区域，幼儿可以阅读图书，一起讨论图书的内容，培养幼儿对画面和文字的理解能力，提高幼儿对阅读的兴趣。

（一）区域布局

根据幼儿的阅读兴趣，阅读区的位置选择应遵循"明亮""安静"两个基本原则。也就是说，阅读区应选择光线明亮的地方，并尽可能安排在较安静的区域。为此，阅读区一般应设置在教室东南角或西南角靠窗处，原因有二点：一是朝南的地方光线充足；二是一般来说，这里一侧是墙壁，能形成半开放式的格局，营造一种安静、安全的氛围，同时能吸引区域外的幼儿前来参与阅读活动。

阅读区必须与角色扮演区、建构区等区域分隔开，减少不同活动对幼儿阅读的影响和干扰。一般阅读区两旁可设置科学区、电脑区等相对安静的区域，便于幼儿专注地阅读。

图 4-36　阅读区

（二）区域环境设计

如果想让幼儿爱上阅读，首先就要吸引幼儿来到阅读区，具体可从以下几个方面进行设计：

（1）铺一层色泽柔和的地垫或地毯，浅蓝色、淡绿色均可。

（2）准备几个干净、美丽的抱枕或坐垫，如柔软的爱心抱枕、可爱的动物造型坐垫等。

（3）配置与教室里桌椅不同的可爱的小桌子和小椅子。

（4）提供能够充分展现图书封面且与幼儿身高相符的书架或卡通书袋。

（5）根据图书的不同性质与种类选择适宜的呈现方式，或挂、或平铺、或垒高、或排列等，保持视觉的美感。

图 4-37　优雅温馨的阅读区

（三）材料准备

教师应为幼儿提供丰富多样的阅读材料，能反映出不同文化和成长背景的幼儿图书。老师特别挑选和推荐的书目，可以在图书推荐区展出。可以有视觉类的，如图书、图片、影像及幼儿自制图书等；有听觉类的，如与故事、儿歌、散文配套的磁带，录音机或者 CD 音响，幼儿自编自讲的故事录音，教师讲故事的录音等；有操作类的，如提供图文配对材料，让幼儿玩配对游戏，或看字做动作、看动作猜字等；有表演类的，如提供头饰、指偶、手偶、故事盒等说故事的道具，以及简单的背景等，供幼儿表演；最后还要准备各种纸张、笔类。

图书是幼儿开展阅读活动的主要载体，其内容与形式都要符合各年龄班幼儿的特点。

小班幼儿所选的图书应该色彩鲜艳、画面突出、构图简单、线条清楚，内容以家庭、幼儿园生活和小动物为主，情节要简单，篇幅不宜过长；图书的尺寸要尽量大，纸质厚实，便于幼儿反复翻阅。

中班幼儿对周围事物的兴趣渐浓，教师可以选择一些描写日常生活、自然界事物及有关人物的图书。同时，中班幼儿开始对夸张和幻想的内容感兴趣，注意力有所增强，图书的篇幅可适当增加。

大班幼儿可选的图书范围更广。随着知识的逐渐丰富，语言技能发展的逐渐成熟，大班幼儿对各类形式的图书都有兴趣。教师可以选择配有简单文字而且字体较大、较清晰的图书。此外，情节生动、富于想象力和一些有关探险或设有问题的内容也很受他们的欢迎。另外，中班和大班的幼儿还非常喜欢阅读符合他们年龄特点的幼儿类杂志。

贴心提示：

（1）开放式的书架，书本的正面最好朝外放，能够更好地吸引幼儿看书。另外，书的种类要多，以满足孩子多方面的喜好。

（2）阅读区最好布置得舒适、轻松，并加入一些柔软的东西，如枕头、填充动物和娃娃、小沙发等。

（3）纸笔等要随手拿得到，以利于促进幼儿读写能力的发展。

图 4-38　阅读区

资　料　链　接

幼儿阅读材料的要求

教师可以选择幼儿喜爱、画面生动、内容健康有趣的读物作为阅读区的阅读材料，具体要做到以下几点：

题材多样化：从幼儿的吃喝拉撒睡等生活内容到风云雨电等自然科学现象，从亲情、友情到克服困难、经历奇险，各种不同的题材都可以让幼儿尝试接触，满足不同个性幼儿的喜好。

文体多样化：儿歌、故事、散文、谜语或科幻童话等都能潜移默化地激发幼儿对文学作品的兴趣，不同的文体也更易被幼儿接受。

来源多样化：图书既可以由教师提供，也可以让幼儿自己动手制作。自制图书是幼儿比较喜欢的一项活动，可以让幼儿用绘画、剪贴等方式独立构思情节、制作图书；还可以由幼儿与教师或家长共同制作，让幼儿充分体验自制图书的乐趣。当然，教师还可以鼓励幼儿从家中带来自己喜欢的图书放到班级阅读区。

（四）区域管理

为保持阅读区的规范、有序，图书要放在相对固定的位置，并贴上标签，帮助幼儿养成物归原处的习惯，标签可以根据不同的年龄段进行设置，如小班用小动物、常见水果的贴纸，中班用常见的图形或简单的数字，大班用文字或图形和数字的组合。此外，教师还应制定浅显易懂的使用规则，并用图文并茂的形式呈现，以帮助幼儿树立规则意识，使阅读活动有序进行。

图 4-39　图书角区域

《嘻哈农场》 剧本创作

日常阅读活动中，孩子们和老师一起阅读绘本，挑选绘本。通过"好书推荐"活动，孩子们和家长有意识地收集他们喜欢的、可以作为表演剧本的绘本，带到班上进行推荐，如《小真的长头发》《白雪公主》《三只小猪》等。推荐绘本、欣赏绘本的过程，也是幼儿积蓄经验的过程，不断地激发主动参与活动的意识和情感。

在阅读区中，幼儿自发共同阅读欣赏不同的绘本，讨论最适合班级演出的绘本。其中有一套《嘻哈农场》绘本中的小动物们聪明、机智又有点调皮，经常弄得农场主不知所措，孩子们被其中斗智斗勇的情节所打动，最后通过全班的评选，将这套趣味绘本作为表演蓝本。教师组织幼儿观看相关戏剧表演、视频，一方面丰富了幼儿对戏剧构成元素——人物、人物关系、动作、冲突、情境等的了解，知道了一场完整的戏剧表演需要台前幕后的配合；另一方面，丰富了幼儿对表演的经验：原来苹果也是会跳舞的，小树苗也能讲话，小鸡这个样子太逗了！丰富的语言、动作，帮助幼儿重塑了原有的表演经验，也为班级创意戏剧的开展做了良好的铺垫。

由于幼儿关于农场的经验并不丰富，导致了他们无法更好地参与戏剧创作。为此，教师结合春游的机会，和孩子们一起参观超大农场。在参观农场、体验农场生活的过程中，幼儿丰富了对农场的相关经验，对农场生活产生了极大兴趣。接着我们通过多样化的集体活动和孩子们一起欣赏不同国家的农场风光、了解不同农场的风格，这些活动为整个戏剧的开展奠定了良好的经验基础。剧本的创作是戏剧成型的基础。我们通过亲子阅读、QQ群版块互动等形式与幼儿、家长们共同参与剧本的创作。在亲子阅读中，幼儿与爸爸、妈妈一起在家、在园进行绘本阅读，共同认识、理解绘本的情境、对话等内容。在对话采撷中，孩子们把自己最喜欢的故事情节、人物等通过绘画的形式画下来并说一说，家长和教师将孩子们的语言记录下来；在QQ群版块互动中，家长们积极地进行剧本创编的互动，为剧本的创作提供了丰富的素材。

五、自然角

自然角是教师和幼儿共同创设用来引导幼儿认识自然、融入自然、探究自然的有效场所。理解定义是我们创设自然角的基础，只有真正理解了它的含义，我们才知道该如何做。

共同、引导、认识、融入、探究、有效是自然角创设的关键词。

共同：强调了自然角的创设要尊重幼儿，让幼儿一同参与。比教师自己决定要养鱼，在自然角准备了各种各样的鱼，甚至还搬来了水族箱，可是孩子们根本就不感兴趣，反而在户外活动时，对树干上的蚂蚁表现得异常热衷。教师在决定养什么动物时可以请孩子们也来说一说他们的意愿，这样孩子才能做到积极主动地观察和探究。

引导：在自然角的观察种植养殖中肯定会出现这样或那样的问题，比如"豆芽是菜吗"的案例中是不是菜的问题，教师引导幼儿自主观察，最后找到答案。

认识：这个很容易理解，即让幼儿了解动植物的名称、外形特点、种类、生长习性及生长过程等。

融入：指幼儿对动植物的接纳、热爱，能把这些动植物真正当作班级的一员，比如小乌龟，给它起名字、给它讲故事，在班内不大声喧哗以免吵到它们。

探究：幼儿在养护过程中要有发现问题和解决问题的能力，比如植物生病了幼儿能自主地想办法解决。

有效：教师要积极思考自己创设的自然角是否让幼儿的观察能力、种植能力、科学探究能力、养殖能力都有所提升。如果没有，就要思考该如何改善。

自然角是幼儿园活动室中专门饲养小动物、栽培植物、陈列实验用品的角落。自然角所陈列的东西都是生活中常见的自然物，是经过教师精心选取的。通过有指导的分层次集中展示，给幼儿带来参与种植活动和饲养活动的机会，使幼儿能自由地对动植物进行观察、探究和操作，从中发现平时不易引起注意的一些特征和变化，从而培养幼儿的观察力，激发幼儿对自然的兴趣，以及探索大自然奥秘的求知欲望。同时，自然角也是美化环境的一种重要手段，各种绿意盎然、鲜花盛开、硕果累累的植物，活泼可爱、形态各异的小动物，可以使活动室更加温馨美观、富有生气，使幼儿的生活更加丰富多彩。

（一）区域布局

动植物的养护本身就是一个细致的工作，需要耐心、长时间的付出。所以，自然角的创设对幼儿的能力发展有很大的意义。自然角的创设能够培养幼儿的注意力、观察力及坚持性；能够培养幼儿的动手操作能力，提高幼儿的种植养殖能力，培养幼儿团结协作的意识，培养幼儿发现问题解决问题的科学探究习惯，丰富幼儿的知识，扩大视野，提高幼儿绘画能力。自然角在活动室内所占面积较小，所需材料简单、易备，效果直观、易懂，适合各年龄段的幼儿，在活动面积比较窄小的教室更为合适。教师可根据活动室场地的实际情况，利用窗台、墙角、柜面等空间的一角或多处设置，还可以设置在过道、楼梯口、阳台等处。

（二）区域环境设计

自然角陈列的物品应高度适宜，便于幼儿随时观察、接触、取用。自然角是大自然的缩影，是人工设计的室内微缩景观。教师作为引导者，不能仅仅满足于把花草、小鱼、小虫漂亮地摆设出来，而是要通过相关的教育设计，指导幼儿通过多种途径，运用多种感官去感知动植物的形态构造、生活习性及生长发育过程等，让其了解物与物、人与物的密切关系，满足他们的好奇心和求知欲，并培养他们热爱自然、探索自然的科学素养，使自然角真正成为幼儿与环境交互、与自然对话的平台。

图 4-40　阳台上的自然角

（三）材料准备

要想使幼儿了解了自然角的定义和意义，就要思考自然角的投放内容，自然角主要分为三类：观赏植物、种植植物、饲养动物。

观赏植物：我们主要观察不同植物的根、茎、叶、花、果实。

种植植物：包括种子类，如瓜类、豆类；扦插类，如长寿花、碰碰香、绿萝、吊篮等；块茎类也比较常见，如红薯、土豆、生姜等。

饲养动物：包括一些常见的小型动物，比如金鱼、乌龟、蜗牛、蚕、蚂蚁、蝌蚪、螃蟹、龙虾等。

自然角的活动有观赏、观察、实践等多种形式，提供的材料包括图片、模型、实物等。自然角材料投放的具体表现形式有以下几类。

1. 观赏类

观赏类材料主要用于观赏，起美化环境的作用。图片、模型可选择一些色彩鲜艳、造型生动的稀有动物和植物品种，突出其知识性和观赏性；实物则宜选择一些常见的、易于生长、易于照料的动植物品种，这样能方便区域的日常管理。植物一般为盆栽花卉，如文竹、凤仙花、秋海棠等；动物主要包括金鱼、热带鱼等观赏鱼类。观赏类材料的陈设也应讲究观赏性，精心设计布置的角落，是教室里一道赏心悦目的风景线。

图 4-41　自然角（观赏类材料）

2. 观察类

观察类材料主要用于幼儿观察，其目的是引导幼儿近距离地观察各类事物，在观察中全面了解和深入认识事物。因此，图片、模型类的观察材料最好是选用那些放大型、分解型或仿真型的东西，以便幼儿更好地认识了解它们的名称和用途，如放大的苹果、梨、香蕉、橘子、杏、李子、柿子、椰子等水果的图片，仿真的恐龙、鲸鱼、海龟、美洲狮、眼镜蛇等动物模型。实物观察材料可选用日常生活中常见的，但不易引起幼儿注意的东西，如一些植物果实、种子的标本。摆放这些材料的器皿可以用透明的玻璃小瓶，贴上标签，摆放在墙角或窗台上。在提供观察类材料的同时，最好再提供一些观察工具，如放大镜、显微镜等。

为了激发幼儿的观察兴趣，提高观察效果，教师应让幼儿积极参与到自然角材料

的准备工作中。教师可以带孩子走出教室，到自然环境中去采集各种树叶、树种和野生植物，然后利用这些材料进一步开展活动。例如，让幼儿将树种盛放在透明的小瓶内，并贴上标签陈列，或制成树叶画册、树种画册；将树叶拼贴成各种图案，并贴在植物标本册上等。此外，还可以把一些植物观察材料稍加修饰，当做工艺品摆放。

图 4-42　自然角（各类种子）

3. 实践类

自然角的实践类材料可以为幼儿提供亲自动手的机会。让幼儿亲手栽培植物或喂养小动物或观察动植物的生长变化过程中，培养耐心和责任心。教师应为幼儿提供各种种植工具，如废旧的罐头盒、易拉罐、小碗、小盘、塑料点心盒、冰激凌盒、方便面盒等种植容器，以及小铲、喷壶等。选择的植物品种应多样化，包括小麦、黄豆、蚕豆、花生、玉米、芝麻等从种子状态萌发生长的植物，以及萝卜、土豆、红薯等插在水里即可成活的植物品种。

图 4-43　种子发芽

种植植物的实践活动最好安排在冬春两季进行，用幼儿亲手培育的绿色植物来装点室内环境，可以有效地调节冬春季节的单调色彩。此外，应将植物摆放在阳光能照射到的及便于幼儿观察的地方，并每天提醒幼儿观察它们发芽生长的过程及变化。

用于幼儿自然实践的动物应是体形小、无危害和便于饲养的品种，可选择幼儿感兴趣和可以抚摸的，如小兔、小乌龟、小鸟、小鱼、小虾、河蚌、螺蛳、蝌蚪、蚕、蚯蚓等小动物。

（四）区域管理

管理自然角区域并不只是教师的事情，教师可以针对不同年龄班幼儿的特点，提出不同的管理要求，让幼儿参与力所能及的管理劳动，从而培养幼儿爱劳动的好习惯。

小班幼儿主要是观察和协助教师做一些简单的工作，如可以在教师示范的基础上给植物浇水、给小动物添食等；中班幼儿可以在教师的帮助下，分工轮流照顾自然角的动植物，也可以集体清扫自然角，从而培养幼儿分工协作、互相帮助的好品质；大班幼儿应独立地做好自然角的管理工作，自己分工，建立值日交班制，教师在幼儿劳动过程中只起督导检查的作用。

需要注意的是，幼儿好奇心强，对新鲜事物比较感兴趣，在管理自然角中的动植物、记录动植物的生长过程中，开始时兴趣较浓，但时间久了，他们的兴趣便会转移。这时，教师要善于从自然角里动植物的变化中不断挖掘新的观察点和知识点，以巩固幼儿的兴趣，培养幼儿对动植物的责任感。

图 4-44 自然角，我来照顾你

（五）自然角创设原则

自然角在创设过程中要遵循不同年龄段特点和需要。例如，小班自然角内容、品种不宜过多，以直观、常见、典型、成品类为主。种植类宜选择生长变化快、易观察的，如玻璃瓶中种子的发芽生长，而且欣赏类植物不宜太多，选择根茎叶其中的一个点，特征要直观、明显、典型；果实类多以水果、蔬菜为主，用可爱的卡通形象吸引幼儿的注意；种植类宜选择生长变化快、易观察的；动物类宜观察易存活的，记录方

式以拍照为主。

中班、大班的自然角欣赏类植物品种可以丰富一些。种植类植物，要选择适宜观察生长周期稍长的动、植物，如丝瓜、牵牛花；动物饲养类可投放些生长变态类的小动物，如小蝌蚪变青蛙、蚕宝宝吐丝结茧等；栽培根、茎类的植物，成品类可增加盆景、插花艺术、各地特产、矿石等，以开阔视野。

应该说，自然角投放的材料内容的设置尽可能应与本班的教学主题同步，当然有的自然角内容的设置在各年龄班并无绝对的界限，有的生物可以不分季节和年龄供幼儿观赏，如吊兰、文竹、金鱼、乌龟等。有的动植物在被小班幼儿观察后，中班幼儿还可以再观察，只不过教师对观察的要求逐步提高，如"黄豆发芽的实验"，小班幼儿只需理解黄豆是种子，可以发芽变植物就行了，而中班幼儿可以观察比较黄豆在水中和土中的生长状况，大班幼儿则可以做"黄豆在水中、离开水、离开空气发芽的对比实验"。也就是说，教师可以逐步深入，拓展幼儿的知识面。幼儿天生好动，好奇心强，种植和饲养是幼儿很感兴趣的活动。对有兴趣的活动，他们就会积极、主动、愉快地去参加，他们学习的内在动力也能在活动中得到充分的发挥。

因此在创设自然角时需要遵循以下原则：目标性、季节性、整合性、参与性、美观性、布局合理性、安全性、丰富性。

1. 目标性原则

应为自然角的活动设定目标，有了目标才能让我们思路清晰地前行。在预设目标时有观察发现能力、种植能力、科学探究能力、养殖能力这四方面的内容。具体目标根据每个班级的年龄特点、兴趣特点与班级特色设定。

2. 季节性原则

春季

欣赏类：花、根、茎、叶。

种植类：种子（黄豆、绿豆、红豆、西瓜、丝瓜、牵牛花、玉米、花生、葫芦、向日葵、辣椒等）。

养殖类：小蝌蚪、蚕等。

夏季

欣赏类：花、根、茎、叶。

种植类：种子（万寿菊、鸡冠花、凤仙花、一串红等）。

养殖类：大蜗牛、蚂蚁等。

秋季

欣赏类：收集种子，陈列收获的谷物、水果蔬菜、根、茎、叶、果实。

种植类：红薯、土豆、萝卜、葱、姜、蒜等。

养殖类：蟹、龙虾、金鱼、乌龟等。

冬季

欣赏类：根、茎、叶、花。

种植类：水仙、风信子等。

养殖类：蜗牛、蚂蚁、金鱼、乌龟等。

3. 整合性原则

在目标性原则中也提到了，目标的设定要考虑到班级的情况，创设自然角时要与主题活动、区域活动与本班园内大种植园地相结合。同时自然角的创设也要保证幼儿五大领域的共同发展。

4. 参与性原则

幼儿的参与：可以和幼儿一同商讨如何创设，鼓励幼儿参与种植养护，引导幼儿积极地进行观察探究。

教师的参与：教师要预设目标；引领幼儿创设、种植养护、观察探究；为幼儿提供物品材料的支持。

家长的参与：物品材料和技术的支持。俗话说"三人行必有我师焉"，一个班或是一个园所中的家长群体中肯定会有那么一两个对植物比较了解的人士。我们就可以充分发挥家园合作的优势，邀请家长提供一些专业的支持。在邀请家长之前，一定要让家长了解孩子们的活动，看到孩子的学习与成长都得到了提升，他们才会更积极主动地配合。

5. 美观性原则

爱美之心人皆有之，孩子也不例外，虽然我们要求自然角装饰种类应丰富，但教师要注意摆放装饰的美观性，让幼儿有美的感受。

6. 布局合理性原则

植物生长需要阳光，所以要在有阳光的地方创设自然角；可利用柜子让植物有高高低低的层次，内容量也有所增加；若地方有限也可以利用软梯、栏杆、铁丝网格等活用纵向空间。

7. 丰富性原则

动植物的种类要多，比如，要引导中班幼儿观察叶子的外形，那就要为幼儿提供不同形状的叶子，如荷叶、桑树叶、柳树叶、多肉叶等。

8. 安全性原则

不可投放仙人球、仙人掌这类带刺的植物。

贴心提示：

（1）不投放有潜在危险的动植物。

（2）根据季节特点来选择材料和内容。

（3）材料投放需符合幼儿年龄特点。

（4）自然角位置的布局、植物器皿的选择要符合幼儿的年龄特点。

图 4-45　自然角设计

幼儿园自然角日常学习活动指导

一、教师指导幼儿在自然角种植植物时需注意以下环节：

1. 让幼儿学会思考（种什么种子、种在哪里、怎样浇水、怎样施肥）等。

2. 花盆外放置种子的原始状态。

3. 制作植物特性的卡片，支持幼儿的日常养护。

4. 盆内有植物生长尺，测量植物生长情况。

5. 引导幼儿交流观察结果和感受。

二、教师如何指导幼儿在自然角进行科学探究

1. 提出问题，明确要研究的内容。

2. 先猜想假设，根据已有的理论或经验对问题的模型提出初步设想；再接受检验，想办法用实验来验证假设和设想。

3. 不断完善，根据实验表现出来的结果修改之前的设想，使之最后能解释所面临的问题，甚至提出新的正确的理论。

4. 幼儿园自然角常见的探究点：阳光、空气、土壤、水、温度、植物（含羞草、猪笼草、碰碰香等）特性、病因等。比如，探究同一种植物在水、沙、土中生长的不同状态。

三、教师如何指导幼儿进行自然角观察记录

自然角观察记录分为个人观察记录、小组观察记录、集体观察记录。观察记录的封面要美观、有植物照片、植物名称、养护人姓名。就问题进行观察记录，主要内容分为养护记录——记录是否为植物浇水、除草等；生长记录——记录时间、温度与植物生长状态；病例记录——记录生病植物的病因、治疗方法及效果；猜想验证记录——猜想、尝试、结果；日历记录——记录植物每天的变化。

蝌蚪回家

在幼儿园的小水池里，有孩子发现了蝌蚪："大家快来看蝌蚪！"听到呼唤，很多幼儿都跑了过来。"密密麻麻的，小小的。""圆圆的脑袋，长长的尾巴，真好玩。""一群蝌蚪在跟踪金鱼。"孩子们你一言，我一语地说个不停。教师抓住时机，问道："你们喜欢小蝌蚪吗？想了解蝌蚪什么呢？蝌蚪有五官吗？蝌蚪吃什么呀？蝌蚪是从哪里来的呢？"教师鼓励幼儿自己去查询资料，并一起探讨。孩子们向老师要那本最厚的《科学小百科》："老师，我想看看这本书上有没有介绍小蝌蚪。"其他感兴趣的孩子也一同凑了过去，看不到的孩子，甚至跑来求老师打开班级的电脑："老师，你打开电脑搜索下，上面什么都有。"教师应允了他们的要求，打开了电脑……随后的集中活动、自由活动、散步、离园等时间里，他们都一直关注着小蝌蚪：有的幼儿想画出蝌蚪，有的幼儿想去看蝌蚪，有的幼儿想送面包屑给蝌蚪吃等。他们三两结伴同行，有的幼儿在离园时还拉着爸爸、妈妈，特地走到小水池边，兴奋地拍照、谈论……部分幼儿萌生了"想捞些蝌蚪带回班级养"的想法："可以带到班级养吗？""可以，但需要我们细心地照顾。""那我们怎么捞蝌蚪呢？"在教师的引导下，幼儿的探究的欲望愈发强烈，他们收集了各种捕捞工具，如大小不同的漏勺、汤勺、小桶等，来到小池边开始捞。有的幼儿拿着大漏勺，来回搅动；有的幼儿跟着蝌蚪跑来跑去；有的幼儿一动不动地候着，还有的幼儿合作捞蝌蚪……不一会儿，就听到他们的欢呼声："我捞到一只了。""我们捞到五只！"在一部分幼儿欢呼的同时，教师看到有的幼儿没有捞到蝌蚪，他们羡慕地看着成功的同伴们，有的小朋友说："我不会捞。"教师征求有经验幼儿的意见，组织大家一起交流有关捞蝌蚪的经验："拿小的漏勺捞，蝌蚪不容易跑掉。""蹲在一个地方，把勺子放在水里，坚持等，就有小蝌蚪游到勺子里。""搅动水快速地用勺子捞就可以了。""一个人赶蝌蚪，另一个跟在后面用小桶捞，可以捞很多只。"幼儿通过捞蝌蚪，发现了蝌蚪身体灵活、游动自如、喜欢停靠在水池壁或水底的生活习性。

一天早上，丁丁急忙拉着教师去看玻璃缸里的小蝌蚪，其他幼儿也蜂拥而至，原来玻璃缸里的小蝌蚪已死了一半。幼儿开始着急："小蝌蚪怎么会死呢？"面对蝌蚪的死亡，幼儿你一言我一语，进行猜测、回忆与分析，他们对蝌蚪在班级的住所、吃食等方面都提出质疑。经过讨论后幼儿决定将死去的蝌蚪埋在小菜园里，把剩下的蝌蚪重新送回小水池里，并表示以后天天都来看望小蝌蚪，保持小水池的清洁，让小蝌蚪的家变得更舒适与安全。

六、科学区

幼儿园科学区是为幼儿创设可以自由进行实验操作和科学探索的区域空间。这主要基于科学启蒙教育是现代科技发展、社会进步和教育改革不断深化的必然要求，是幼儿园课程内容的重要组成部分。幼教工作者自身的工作中承担着幼儿科学启蒙教育的责任，因而需要站在面向现代化、面向世界、面向未来的高度，鼓励幼儿勇于尝试和发现身边的科学事物和现象，激发幼儿学习科学的兴趣，保护其对科学的好奇心和求知欲，引导幼儿乐于发现、乐于尝试、乐于创造，发展幼儿的观察力、思维能力、动手操作能力及初步解决问题能力，努力培养幼儿的创新精神和科学探索精神。而这一切科学启蒙教育得以实施的基础，就在于为幼儿创设一个富有科技教育意义的、有助于激发幼儿探究欲望的环境。幼儿园科学区为幼儿创设可以自由进行实验操作和科学探索的区域空间。科学活动区一般具备两个功能：

（1）为幼儿提供宽松、自由、自主的空间，让幼儿根据自己的兴趣和发展水平，按照自己的学习方式和进程，自主选择材料和活动内容，自由结伴，主动进行探索和学习。

（2）利用丰富的材料，让幼儿在愉快的操作中获得有关科学的关键经验。

（一）区域布局

环境支持是科学探究的前提。科学区舒适氛围的营造、合理空间的布局及物品的陈列等，为幼儿的探究提供了良好的前提条件。要注意营造舒适的氛围，满足幼儿探索的需求。幼儿园科学探究需要一个相对安静的空间。为此，科学区可与美术区等相对安静的区域相邻，远离活动室门口或窗口，尽量避免和音乐区等比较热闹的区域相邻。考虑到科学区活动有的需要水，有的需要电，有的需要黑暗或光照，所以，最好临近水源、光源和电源，或者有特别的装置。利用多层的材料柜、材料架形成一定的隔挡，围合成半封闭、半开放的区域格局，形成相对独立且安静的空间。材料柜上的物品摆放的材料不宜过多过满，起初以相同类型的平行材料为宜，满足多人同时操作的需求。把新投放的材料放在上层，旧材料放于下层，随着活动的推进逐步替换更新，不断激发幼儿参与兴趣。

图 4-46　科学区环创布局

（二）区域环境设计

充分利用空间，满足不同年龄的需要。不同年龄幼儿的动作发展水平、已有经验和自主学习能力等都具有差异，我们需要合理规划空间布局，支持幼儿的自主学习。小班幼儿身体动作还不够协调，有目的选择活动的意识不强，容易被眼前的事物所吸引，更适合场景化的操作环境。因此可充分利用墙面等空间布置活动材料，如悬挂于墙面的"音乐瓶"（辨颜色、听声音）、"放映墙"（感知影子的成像和手电筒的五彩光）、"打电话"（探究传声筒）等活动材料。这种材料呈现方式的另一好处是，省去了材料收放的环节，增加了操作时间，满足了幼儿充分探索的需求。中大班幼儿自主性及合作意识明显增强，不仅要提供适当的材料，对科学区的布局也要适当调整。除操作台的利用外，还应合理延伸扩展周边的空地。如，"斜坡赛车"的活动可在墙角的地面进行，小车下了斜坡后有墙面作为阻当，不至于失控跑得太远；"陀螺转转转"的活动要有足够让陀螺旋转的平地。

墙面空间也要根据实际活动的需要加以充分利用，可以悬挂幼儿自制的各种造型的陀螺，以及张贴幼儿观察陀螺时记录下的各自发现。这些内容对于幼儿的自主学习是一种鼓励和支持。幼儿的原创作品是科学教育环境创设中值得珍视和利用的资源，对幼儿来说更具教育意义。这些作品不仅可以贴在墙面上，还可以悬挂在空间中、摆放在柜面上，无论外观是否漂亮，制作是否精确规范，只要是幼儿亲手制作的作品、自主创造的环境，其对幼儿科学启蒙和发展的价值就远高于教师独自创设而没有幼儿参与的作品、环境。例如：在"昆虫小世界"的主题活动中，幼儿一起设计了"昆虫世界"的墙面环境，以折纸、粘贴、绘画、剪贴等方式拼成了一幅"昆虫世界"，用收集的图书、图片等布置了一个查找昆虫资料角，用水粉画的昆虫装饰了课室走廊，用制作的昆虫风筝挂在窗口上；在"昆虫的启示"活动中，幼儿根据昆虫的特征联想设计了各种武器或其他富有创造力的作品，并把它们放在科学区里供同伴观赏和参观，彼此交流自己的发明，科学区里还有幼儿带回来的蜗牛、蚯蚓、鼻涕虫等，供幼儿观察、认识、讨论，从中生成不同的活动内容。

 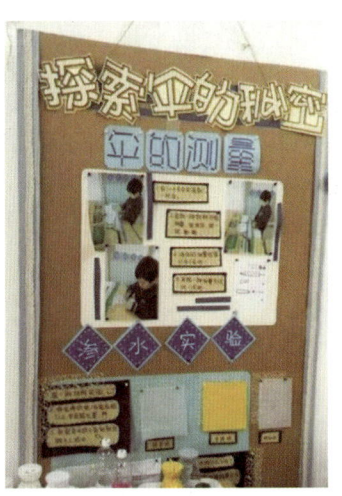

图 4-47　科学区墙饰设计

（三）材料准备

材料投放是科学探究区的媒介。如果环境是科学探索的前提，那材料就是幼儿科学的载体，是他们建构对周围世界认知的媒介。投放材料怎样引发幼儿主动思考、亲身感知、实际操作、解决问题呢？

科学区材料丰富固然好，但是如果一股脑投放大量材料进去，往往会让幼儿不知所措。因此科学区的材料最好是按一定主题系列循序渐进地分层次呈现。因为材料能物化科学探索的目标，所以让一次呈现的材料整齐、有序，既能体现明确的目标指向，又能引发幼儿探索的兴趣。例如以"纸"为主题：首先可以把各种纸张放在一起，引发的可能是观察比较，幼儿会比较纸张的不同薄厚、不同质地；其次，可以把纸和水放在一起，引发的可能是关于纸吸水性的实验；也可以把纸和多米诺骨牌放一起，引发幼儿探究不同质地、折叠方式的纸不同的承重力；最后，把纸和尺子放在一起，引发的可能是测量活动等。除此之外，还有电、光、水、平衡等主题系列。所以，教师在投放材料的时候，一定要认真考虑幼儿可能开展的探索活动，材料是否有助于其解决日常生活的实际问题。在日常生活中，幼儿会遇到很多科学问题，如为什么会有影子、为什么点灯会亮、为什么会打雷下雨等。在科学区可以投放一些这样的材料来解决幼儿日常生活中的问题。如：怎么样让灯亮起来？可以在科学区投放电池、小灯泡、铁线、铜线、毛线、布条、鱼线、纸片等材料，导引幼儿通过实验发现毛线、布条、纸片等不能导电，铜线、铁线等金属的东西会导电，能把电池里的电传送到小灯泡里，进而发光。幼儿还能发现电池能使许多电动玩具"动"起来，在"玩具动起来"的材料中，他们发现电池装反、电池型号不对，玩具都不会动。经过多次、反复尝试，有的幼儿成功启动玩具，并发现了电池两极的秘密；有的幼儿失败了，重新来。当大家的玩具都能动起来的时候，他们不仅获得了成功的喜悦，还学会了电池的用法。实际上，能用科学的知识解决实际生活中的问题，也是我们进行科学教育的一个重要的目标。

图 4-48　科学区材料投放

（四）区域管理

教师要在科学区投放活动记录表，帮助幼儿确立任务意识，提高幼儿学习的效益。直接引导幼儿指向有意义的探索活动，而又能激发幼儿思考的广度以及深度，同时也帮助教师了解材料投放的有效性。例如，在"纸宝宝大力士"中，记录两折、三折、五折的薄纸卡上面分别能放几块小积木，并将结果记录下来，通过记录，幼儿感受到了多折的纸张承重力更强。记录表除了帮助幼儿学习外，还有一个作用，就是帮助教师有针对性地进行指导。教师可以一目了然地知道：今天哪些幼儿玩了科学区？使用了哪些材料？成功了没有？哪些幼儿对科学区不感兴趣？为什么？这样，教师在进行区域指导时就会做到心中有数。

科学活动结束后，幼儿要学会收拾整理好活动工具与材料。由于科学区材料涉及水、土、线等比较容易污染环境的材料，教师一定要引导幼儿有效收拾整理活动现场，并将材料放到原位。在这个过程中，教师要培养幼儿的劳动意识、物归原处的好习惯，有条不紊地做好收拾整理工作。

教师还要鼓励幼儿进行分享交流。可让幼儿分享自己在科学区玩了什么游戏，如何玩的，在这个过程中遇到了什么困难，是如何解决的，等等，帮助幼儿回顾游戏过程，开拓其他科学材料玩法的新思路，激发幼儿参与科学探索创新的兴趣。

图4—49　科学区活动规则牌

贴心提示：

（1）科学区材料的投放要讲求安全、耐用，避免选择那些尖锐、易破碎、易散落、会散发有害气体的操作材料。

（2）耐用幼儿的操作是探究性、反复性的，因此工具应当耐用，其他材料宜多从日常生活中收集，以便及时补充或替代。

（3）科学区材料的投放要充满游戏的趣味性，游戏材料要实现娱乐功能的同时一定要实现其教育功能。

案例分析

"我喜欢的，你也一定喜欢"

在幼儿园科学活动中，一名幼儿拿着一些水果来到小动物饲养园，要给几只小兔子喂食。看到小兔子对水果并不感兴趣，幼儿很疑惑，他认为自己很喜欢吃水果，水果很有营养，那小白兔也一定喜欢吃水果。另一名幼儿看到鱼缸中的水有些浑浊了，就觉得小鱼的身体一定也变脏了，就要拿肥皂为鱼缸中的

小鱼"洗澡",可是小鱼很不容易被抓到。教师看到两名幼儿的满脸疑惑与无奈,并没有直接去制止和告知其原因,鼓励幼儿带着问题回到班级,与大家共同分享讨论并寻求答案。

分析:

案例中教师的行为是正确的,科学活动区要营造宽松和谐的心理氛围,教师要鼓励幼儿敢于探究,在科学活动中,幼儿常常会有一些稚嫩的小发现,并时常为这些在成人眼中早已司空见惯、习以为常的事物和现象感到惊奇和兴奋,教师对此不能嗤之以鼻、嘲笑讽刺,而应该站在幼儿的角度,惊异孩子的惊异,好奇孩子的好奇,肯定孩子的小发现和小发明。教师要允许幼儿犯错误,让幼儿在犯错中学习和获取有益的经验。教师应当珍视幼儿的好奇心,支持幼儿的探索行为,让幼儿在尝试错误和体验结果的过程中获得科学领域的直接经验。

总之,创设幼儿自主探索的科学环境,激发幼儿乐于探究环境,对幼儿发展具有重要的作用,一个富有科学教育意义的环境能激发幼儿的好奇心和探索的兴趣。最重要的是教师要有幼儿主体的教育观念,以幼儿的兴趣和需要为出发点,让幼儿以主人的身份参与环境的创设,并将收集材料和布置环境的过程作为幼儿学习的契机。我国著名教育家陈鹤琴的教育思想就涉及到幼儿主体性的问题:"凡是儿童能做的应当让他自己做,凡是儿童自己能想的应当让他自己想。"教师一定要立足于幼儿的兴趣和需要,充分利用科学区室内外的环境材料等资源,支持幼儿使用相应的工具进行独自探究,或与同伴合作探索,使他们与环境积极互动,真正地在"做中学"科学,实现在自主探究中不断积累经验,并运用于新的学习活动,最终形成受益终身的学习态度和能力。

模拟实训——中班"蒙古族文化"主题美工区域环境创设

【实训目标】

1. 培养学生根据幼儿特点选择主题区域活动内容的能力。

2. 培养学生根据主题内容有选择地甄选投放的区域活动材料,并对空间进行合理规划、布置、设计的能力。

3. 培养学生根据现有条件,合理利用资源进行区域环境创设的能力。

模拟实训

【实训要求】

1. 根据中班幼儿的身心发展特点及游戏发展水平,设计中班幼儿的美工区域活动内容。

2. 根据主题内容对中班幼儿美工活动室进行区域环境规划设计,写出设计方案,说明自己的设计理念。要求合理运用以下设备：高柜子 3 个、高架子 1 个、材料架 8 个、低书架 2 个、小柜 2 个、8 人长方桌椅 2 套、4 人圆形桌椅 2 套。鼓励学生创造性地利用其他资源。

3. 根据主题要求，每组设计一幅尺幅在 50～100 厘米的主题墙饰。

【实训考核】

实训结束后，教师根据表 4-1 所示的评分标准对学生进行评分。

表 4-1　评分标准

评分项目		分值	实际所得分值
设计	科学性	20	
	创造性	20	
	准确性	20	
绘制	合理性	20	
	规范性	20	
总计		100	

课后习题

1. 进行幼儿园活动区环境创设时，应遵循哪些基本原则？

2. 进行活动区的分隔时，应注意哪些事项？

3. 如何设计美工区的区域环境？

4. 如何管理自然角？

第五章 幼儿园主题活动与特色活动的环境创设

引 言

　　幼儿园主题活动的产生依赖于周围的环境。一般来说，主题活动环境的创设与特色活动展示都是在一定的主题网络的基础上，根据活动需要进行逐渐创设的。

　　主题活动是教师与幼儿在特定的教育情境中，围绕主题开展的开放式探索的活动。环境生成主题活动，是延伸、拓展主题活动的源泉，主题活动的展开是教师、幼儿、教育环境资源以及主题等要素之间相互作用的过程。只有通过对环境的不断探索与观察，才能使幼儿发现有趣的现象。

　　环境创设要坚持艺术性与操作性相结合、互动性与挑战性相结合、动态性与丰富性相结合的原则。

　　幼儿园主题活动与特色活动教学中，还要挖掘一些适合本地幼儿园环境创设的素材，使本土资源在幼儿园集体活动中得到充分利用。充分借用家乡丰富的本土资源，实现环境与幼儿的相互融合。同时鼓励幼儿、家长积极参与环境创设的整个过程，更新观念，帮助幼儿获得新的知识，促使其全面发展。

学习目标

- 了解幼儿园主题活动的特点与环境创设的关系。
- 掌握幼儿园主题活动环境创设的步骤。
- 熟悉幼儿园主题展示区环境创设的基本要求。

第一节　幼儿园主题活动与特色活动概述

一、主题活动概念

主题活动，就是在一段时间内，教师与幼儿围绕具有内在脉络或价值关联的中心内容（即主题）来组织的教育教学活动。

幼儿园主题活动与特色活动的环境创设

主题活动打破学科之间的界限，根据主题的中心内容，确定主题展开的基本线索，依据这些基本线索确定主题的基本内容，并创设相应的教育环境，组织开展一系列教育教学活动，让幼儿通过对主题的学习，获得与主题有关的较为完整的知识和经验。

二、主题活动的特点

（一）主题活动具延续性和综合性

主题活动是一个"系统工程"，在实践上具有延续性，在内容和组织上具有综合性。

（二）主题活动更能体现生活化，注重系统协调性

主题活动的展开是一个复杂的过程，这是一个教师、幼儿、教育环境资源以及主题等要素之间相互作用的过程。

主题活动的顺利开展离不开以下要素的协调：

（1）具有一定知识储备和教学智慧的教师，能够与幼儿的自身需要、生活习惯以及已有生活经验相接轨的具有价值的适宜主题。

（2）幼儿园需要提供必要的教育资源和环境场所。

（3）具备基本学科知识与能力的幼儿及相邻主体之间的衔接。

（三）主题活动更加注重幼儿的体验和感受，即动态生成性

主题活动是教师与幼儿在特定的教育情境中，围绕主题开展的开放式探索的过程。从主题活动的目标看，预设目标与生成目标共同构成了主题活动的目标体系。从活动内容看，教学内容是由教师与幼儿在具体的、生动的、变动的主题活动中共同建构、不断创造的结果，因此不断动态生成的主题活动目标与不断丰富的主题活动内容之间共同赋予主题活动动态生成性的特征。

三、幼儿园主题特色活动与环境创设之间的关系

（一）生态环境创设是开展幼儿园主题特色活动的必要条件

《幼儿园教育指导纲要（试行）》明确提出："环境是重要的教育资源，应通过环境的创设和利用，有效地促进幼儿的发展。"幼儿园生态环境创设的根本目的是通过科学、系统地进行幼儿园生态环境创设，充分发挥环境的教育功能，从而从根本上促进幼儿的整体发展。从幼儿园特色活动的产生与发展过程来看，环境创设在其中起着非常重要的作用，是幼儿园开展特色活动的必要条件。

1. 生态环境生成幼儿园特色活动

瑞吉欧认为，环境生成课程，课程主题来源于幼儿与环境的相互作用。伴随着对环境概念内涵与外延的理解加深，教育工作者对幼儿园环境的认识也在不断深化。幼儿园生态环境包括物质环境和精神环境，它不仅局限于幼儿园内部环境，还包括幼儿园外的一切自然环境和社会环境。幼儿园特色活动就是幼儿充分利用幼儿园内部以及所在区域的特色资源或优势资源，在科学的教育理念的引下，充分发挥教师的专业能力所开展的独具特色的活动。特色活动的内容是依托幼儿园特定的环境而确定的。特色活动不是一朝一夕就能实现的，它的形成必须以相应条件、原有基础和存在的背景为平台，简单的模仿和生搬硬套其他幼儿园特色活动的做法是不可取的。因此，幼儿园特色活动的产生依赖于生态环境，生态环境是生成幼儿园特色活动的前提条件。

2. 生态环境支持幼儿园特色活动的持续发展

生态环境在生成特色活动的基础上，进一步支持幼儿园特色活动的持续深入开展。特色活动一旦形成，具有相对的稳定性，在其持续深入稳步开展的进程需要生态环境为其源源不断地提供物质和文化资源保障。比如，利用乡土资源开展特色活动的幼儿园必须身处乡土环境之中；以突出某一领域优势开展的特动，必须要有一批在这一领域有教育专长的教师。总之，只有建立在生态环境基础上的特色活动才能持续深入地开展下去。因此，生态环境是支持幼儿园特色活动持续发展的重要条件。

（二）幼儿园特色活动制约着生态环境的创设

幼儿园特色活动的开展对生态环境创设有一定的要求，幼儿园特色活动制约着生态环境的创设。

1. 幼儿园特色活动的开展需要创设与其相应的物质生态环境

幼儿园特色活动的开展需要某些特定的场地、材料、时间等物质环境的支持与配合，这样才能体现出特色活动的独特性。幼儿园的生态环境创设要以特色活动的发展理念为前提，从本园条件、所处地域的物质和文化特点入手，充分挖掘，合理利用幼儿园物质资源，以展示特色活动目标、内容与活动成果，使生态环境作为"第三位老师"充分向幼儿传递特色活动的信息，使特色活动的意义和价值得以最大化体现，使幼儿在与生态环境的相互作用中得到发展。

2. 幼儿园特色活动的开展要求创设符合其特色理念的精神生态环境

一所幼儿园要办出自己的特色，必须有自己清晰的办园理念，准确定位幼儿园发展的方向，客观认识本园实际情况，明确幼儿园所处周边环境以及自身可以利用的优势资源，不断凸显自身优势，办出特色，保证幼儿园创建的特色具有持续发展的动力。幼儿园特色活动的开展要求幼儿园生态环境创设要渗透特色活动的理念，创设符合其特色理念的精神生态环境。也就是说，特色活动的开展要求教师要创设宽松、和谐、民主的幼儿园环境氛围，为幼儿提供积极的情感支持，激发幼儿参与特色活动的主动性，从中体验特色活动的乐趣，促进幼儿的充分发展。

（三）环境是延伸、拓展主题活动的源泉

主题活动的开展需要借助特定的支持，一旦主题活动确立，教师与幼儿会着手共同创设独特的创意环境，这就需要提供相应的物质材料和活动空间，离开二者的支持，主题活动难以开展。

案例分析

过大年

在主题活动"过大年"中，教师在教室的各个区域空间放置关于春节的活动材料，例如益智区、美工区、表演区的各种"福"字卡片、鞭炮、灯笼、糖果、窗花、福袋等，极大地引起了幼儿的注意，提高了幼儿的兴趣，他们会把这些东西作为装饰品布置在教室里……幼儿自发的独特创意往往会出乎教师的想象。

但是，看着充满节日气氛的教室空间，有的幼儿会提出来：为什么教室里装饰的东西以红色居多？过年为什么要放鞭炮？过年为什么要贴对联、挂"福"字……伴随着幼儿的提问，于是关于"中国红""火药的发明""中国传统过年文化"等主题活动应运而生。

点评：教师通过在各个区域投放与过年有关的活动材料，是为了顺利开展"过大年"的主题活动，然而却在活动的过程中生成了新的主题活动。

主题活动的开展，需要设立一定的情境，需要基本的物质材料与空间的支持，关键是教师与幼儿之间的探究讨论，只有二者建立了良好的互动交流关系，并通过教师必要的引导，幼儿才能真正成为推动主题活动展开的主人，推进主题活动的不断深入。

图 5-1　过年贴春联

图 5-2　"过大年"主题墙纸

案例分析

中秋节

　　中华民族优秀灿烂的文化财富，是我们实现强国之路的软实力。一年当中总会有一些特别的日子，这些中国传统节日是幼儿教育中很好且少不了的题材。传统节日特有的欢庆气氛和内容，体现了一个国家的文化习俗。教师在组织特色主题游戏与重大节日进课堂教学活动中，要不断树立幼儿爱党、爱国、爱家乡等美好情怀，文化自信心要从娃娃抓起。

　　"快乐中秋节"可以说是幼儿园每年都要举办的大型活动，如何巧妙运用中秋节元素营造节日氛围，展开互动教学活动是"快乐中秋节"主题环境创设的关键。可以通过前期的活动准备：例如，收集有关"中秋节"主题的图书、故事、歌谣、儿歌、装饰品、食物、卡片、图片等；同时邀请家长参与；又如，协助幼儿收集各种有关中秋节的资料（玩具、画册、相片及报纸、宣传单等），利用节假日与幼儿一起讨论他们喜欢的月饼，以及水果的口味与形状，共同制作中秋节花灯、给亲朋好友的祈福卡等。

图 5-3　制作中秋月饼

图 5-4　中秋节花灯

　　点评：中秋佳节让幼儿体会到与亲朋好友欢聚一堂、团圆祈福的幸福寓意，让幼儿从小懂得中国传统文化中对圆满的理解。例如，中秋节这一天，人们期盼团圆、渴望圆满，所以月饼、月亮、圆桌都是圆的；透过"快乐中秋节"主题活动，为孩子们提供一次充满"爱、希望和想象"的学习之旅。在这一主题中，孩子们将自始至终地保持着探究的愉悦情绪与体验。

四、主题环境创设的原则

（一）艺术性与操作性相结合的原则

生活中有许多随手可收集的废旧物品，这些物品隐含着数量、形状、材质、生活常识等元素，将其直接作为主题活动的材料资源，让幼儿与没有经过任何加工的废旧材料直接互动，使幼儿学会从生活中发现美进而创造美。

（二）互动性与挑战性相结合的原则

主题环境创设要体现有趣与实用，材料的投放要把"平面"变为"立体"，将"静态"赋予"动感"，让"一次"化成"反复"，使幼儿在所创设的环境中真正能够玩起来。

（三）动态性与丰富性相结合的原则

主题环境创设要体现在材料投放的多种玩法、多个层次内容。例如，下面介绍的"小鱼变变变"游戏。

玩法1：根据图示中圆圈所摆成的形状，尝试用小鱼排列成图示中所要求的形状。

玩法2：根据自己意愿摆出自己想象中的形状，并尝试将自己摆的造型用圆圈表示出来。

玩法3：根据绘本《小鱼》的故事情景，在摆图形的基础上，学习用许多小鱼摆出一条大鱼的形状等。

图 5-5　小鱼变变变

第二节　幼儿园主题活动环境创设的步骤

主题活动与环境密不可分，环境为主题活动而创设，主题活动需要环境的支持才能更深入地开展。创设高质量的主题活动环境是一个复杂而漫长的过程，从主题活动的展开过程来看，需要考虑以下几个方面。

一、设定幼儿园主题活动环境创设的目标

幼儿园主题活动环境创设的步骤

在设定主题活动环境创设的目标时，要注意以下几个方面的内容。

（一）环境的使用主体

在创设幼儿园主题活动环境时，首先要考虑并了解使用和参与该环境中的主体对象的基本情况。例如，本次活动对象是小班幼儿还是大班幼儿、参与主题活动的人数是多少等。对于不同年龄段的幼儿和不同的参与人数，环境创设中考虑的情形也是不同的。

参与到主题活动中不同年龄阶段的幼儿的身心发展是存在差异的，这就要求教师在主题环境的创设过程中针对不同对象的发展状况和身心特点来创设具有层次性的环境，并针对不同年龄阶段幼儿的材料采取不同的指导方式。此外，在同一主题活动中，参与的人数不同，对活动的空间要求也是不同的。

案例分析

神奇的印刷术

在主题活动"神奇的印刷术"中，为小班幼儿提供的印刷材料为：硬币、树叶、复写纸、图画纸、铅笔、颜料、蜡纸、KT 板等，引导小班幼儿分组、分材料尝试不一样的"神奇的印刷术"。小班幼儿好模仿，看到别人玩什么，自己也想玩什么，因此教师给他们提供的材料种类不必太多，但数量可多一些。例如拓印，可以让幼儿把白纸蒙在硬币或树叶上，利用铅笔拓印，还可以让幼儿用在两张白纸中间夹一张复写纸的方法复写印出同样的图案。相对于小班幼儿，中班幼儿的思维要活跃得多，他们可能会想尝试更多不同的印刷方法，如萝卜、土豆、蜡纸、油墨、颜料、KT 板等。因此，教师提供给中班幼儿的活动材料要相对丰富一些，而大班幼儿的思维和想象就更活跃大胆，他们喜欢新奇的、不一样的东西，喜欢与众不同，并且他们可能会有更多更大胆的想法。例如，同样的雕版印，小班和中班的幼儿一般只是用铅笔在 KT 板上简单地刻画出一些图案，然后蘸上单一颜料直接印在纸上，而大班幼儿则会尝试用不同颜色分区域印刷；同样的材料如萝卜、土豆，小班直接蘸取颜料拓印，大班幼儿则会利用工具雕刻出不一样的造型与图案、文字后再印刷……因此，教师提供给大班幼儿的活动材料就要更加丰富，这样才能满足他们的要求。

图 5-6　神奇的印刷术

点评：教师根据各年龄班幼儿的不同特点提供相应的活动材料，能够满足不同幼儿的实际需要。

（二）主题活动的目标

主题活动是整合了不同领域内容与目标的教育活动，而每个领域的活动又可以包含多个教育目标。虽然每个主题活动都可能具有多种教育价值，但是在一个主题活动中不可能达成所有领域的多个目标，这就需要教师在开展活动的过程中初步确立该主题活动的主要目标，并依据主要目标进行相应的环境创设。主题活动内容和目标是环境创设的内在依据，环境创设是主题活动目标的外在体现，只有创设出与主题活动相适应的环境，才能充分发挥环境的教育功能，为幼儿提供良好的探索氛围和发展契机。因此，在创设主题活动环境时，首先应明确主题活动的目标和内容，然后据此进行环境创设。

案例分析

不许摸

在小班"不许摸"的主题活动中，教师初步确立了以下两个活动目标：

（1）了解身体的隐私部位，知道要保护自己并尊重别人的隐私。

（2）掌握保护隐私部位的方法，增强自我保护意识。

如果从领域的角度看，这一主题活动主要涉及健康领域、社会领域和语言领域，这就需要从这几个方面去进行环境创设。例如，要想让幼儿明白，自己的身体哪里是不许别人触摸的，教师就需要从以下几个方面与幼儿一起进行创设环境：提供男孩、女孩卡通人体图，固体胶"小花"模板贴图、多媒体课件，《幼儿画报》中红袋鼠自护系列故事《不许摸》，幼儿安全自护图片四幅，知识竞赛题卡等。有了这些材料后，就可以通过活动让幼儿了解自己的身体哪些部位不能给别人随便看、随便摸。通过知识卡抢答活动，启发幼儿回答包括：如果有人要摸你的隐私部位，怎么办？如果有人摸了你的隐私部位，是藏在心里还是及时地告诉家人或老师？如果有人想带你去没人的角落或屋子，你去吗？别人的隐私部位我可以随便看、随便摸吗？

图5-7　固体胶"小花"模板贴图

图5-8　男孩、女孩卡通人体图

点评：教师针对主题活动的不同目标准备相应的活动材料以及合适的活动场所，并进行合理的指导，只有这样才能达到预期目标。

（三）教师的教学设计

在主题活动中，教师的教学设计包括教学方式、教学设计思路等。从教学方式角度看，教师是采取集体教学为主要方式，还是采取小组活动为主要方式，抑或采取集体教学与小组活动、个别活动有机结合的方式，对环境创设的要求存在着很大差异。例如，对活动空间、教学资源以及教师与幼儿之间的互动关系等都有不同要求。

从教学设计思路看，如果教师是开展精心准备的主题活动，则只需按照活动步骤提供材料、布置空间，再辅以灵活机动的材料增减和空间调整即可；如果教师是以一种开放性的思路来组织主题活动，则要提供更多的与主题活动相关的材料，教师要积极引导幼儿进行探索，只有幼儿对尽可能多的材料进行操作探索，且教师提供及时、有针对性的指导，主题活动的脉络才会逐渐清晰。

（四）幼儿的活动方式

在主题活动中，幼儿如何参与并对主题活动进行探究，采取何种学习方式，这方面对主题活动的环境创设都有着不同的要求。如果幼儿是在教师有目的的引导下参与主题活动，则环境中材料的种类、数量与材料的投放是比较稳定的，而且环境中的活动顺序也是有序的；如果幼儿在主题活动中自主发挥的机会比较多，那么在环境创设方面则需要在基本配置的基础上，随时按照幼儿探究的进展和状况进行及时补充，这样才能为幼儿发挥其想象力和实现其想法提供支持。此外，如果主题活动涉及户外的探究或者采用游戏的方式，则需要更加丰富的材料配置、更加动态的场景布置及更加灵活多样的指导方式。

二、规划主题活动的环境布局

环境布局规划是主题活动中环境创设的第二个步骤，也就是在考虑上述提到的环境的使用主体、主题活动的目标、教师的教学设计与幼儿的活动方式的基础上，对主题活动所需要的空间和资源进行合理的安排与配置。

（一）主题活动的空间布局规划

主题活动的空间主要包括室内空间与室外空间，其中，室内空间包括教学活动场所、活动区和活动室等；室外空间包括楼道、教室的过道及相应的游戏区和操作区等。教师应根据主题活动内容的变化，对这些空间进行相应的调整和规划。

随着幼儿园室内环境资源的逐渐丰富和区域的增多，幼儿园在主题活动中越来越重视对教室过道和走廊的有效利用。而且楼道和教室过道的布置比较灵活，可在活动开展前在相应的区域内为幼儿提供主题活动所需要的材料，活动结束后，再对这些区域进行清理。

教室内部的空间规划需要考虑教室中的固定装置，如立柱、墙面、窗户、地板等。在开展主题活动的过程中，幼儿一般对主题墙面非常重视，因此，教师要对这个区域进行重点规划，并随着活动的进展而逐步丰富。

此外，教室活动区的布置要依据主题活动设计的内容和幼儿的学习方式进行设计。在活动区内，可依据幼儿的兴趣与能力在教室内设计多样化的小区域，并在这些区域中提供与主题有关的丰富的玩具、教具、器材和设备等材料，让幼儿主动进行探究、观察和游戏。幼儿园一般都设有阅读区、音乐区、建构区、积木区、美工区、电脑区等，但并不是每一个主题活动都会涉及这些活动区，这就需要教师在开展主题活动的过程中根据主题的需要开放相应的区域并依据活动进展投放相应的材料。

图 5-9　阅读区

图 5-10　美工区

（二）环境的情境布置

情境布置是指教师围绕主题活动的内容创设相应的学习环境和氛围，营造一个幼儿能够身临其境的主题情境和学习环境。情境布置是主题活动环境创设的一个重要环节，该环节是依据幼儿园主题活动中涉及的材料的投放与充实、环境的柔化布置的过程。

幼儿园主题活动中的情境布置主要包括学习活动场所的环境创设，以及根据主题活动的需要布置相应的活动情境，可以从活动空间的自然情境和社会情境的设计与布置等方面着手。主题活动中每一个活动的开展，通常都要涵盖一个活动空间、固定活动的器材设备、相应的操作材料和储物区。活动区也可能是一个表演的场所，但都应该色彩鲜艳，可布置能够吸引幼儿的图画、实物和展示品。

案例分析

秘密花园

在主题活动"秘密花园"中，教师利用走廊、阳台等角落打造一个充满生机的植物角，摆放一些各种各样的种子幼苗，把整个空间布置成一个植物宝宝的"秘密花园"，从窗台、屋顶到阳台，到处都是各种各样的种子宝宝，有豆子宝宝、蔬菜头宝宝、水果头宝宝、花仙子宝宝等。在这样的情境中，幼儿仿佛自己也变成了秘密花园中的发现者，在神秘的植物世界里主动探究，每天都有新奇发现。教师还可以带领幼儿去户外的公园、菜园里游玩，回来后让幼儿把自己看到的情景和"秘密花园"里的情景相对照，然后再次对植物角的环境进行改造，自己动手制作各种不一样的花盆器皿、将种子宝宝放置其中饲养。如图 5-11、图 5-12 所示。

图 5-11　秘密花园贴墙

图 5-12　阳台的植物角

点评：教师根据主题活动进行了相应的情境布置，并让幼儿参与其中，能够大大提高幼儿活动的积极性。

三、管理与评估主题活动中的环境

（一）主题活动中的环境管理

主题活动是一个过程，在此过程中要想提升环境的功效，需对主题活动中的空间环境和情境布置进行系统的管理。主题活动中对环境的管理一般包括活动材料的使用规则和使用指引、每个活动区的人数控制及活动过程中的基本规则。例如，在中班的主题活动过程中，针对美工区的使用，教师与幼儿共同制定了以下使用规则：

（1）不能在美工区跑来跑去，要坐在小椅子上活动。

（2）安全使用剪刀，不浪费颜料，工具材料要轻拿轻放。

（3）活动时要专心和安静，保持正确的姿势，不吵闹、不影响他人。

（4）活动结束后要把工具材料送回家，桌面保持干净，小椅子也要归好位。

图 5-13　美工区标语

图 5-14　美工区

（二）主题活动中的环境评估

在主题活动过程中，教师需要对活动环境进行评估，包括活动过程中的评估和活动结束后的评估。

1. 活动过程中的评估

在动态的主题活动环境创设过程中，教师如果发现环境的创设、情境的布置或者自己的指导方式不符合幼儿的学习、主题活动目标或者教学设计的时候，可及时对环境中的空间设施、基本材料以及指导方式进行重新规划与调整，以促进主题活动的开展。在主题活动中，幼儿不仅是环境的主要使用者，也是主题活动环境的创造主体，教师应通过观察幼儿在主题活动中的反应来对主题活动环境进行调整。评估包括调整、创新、拒绝等。

调整：是指幼儿在参与主题活动时，其活动方式有改变，这种改变与教师事先设计活动区时所想象的幼儿行为模式不同。

创新：是指幼儿对主题活动中活动场所或活动区提供的材料与教具在使用方式方面的改变，或者是重新组合。

拒绝：是指幼儿明显地拒绝进入活动区，或者难以对教具、材料产生操作兴趣。

2. 活动结束后的评估

在主题活动告一段落后，教师也需要根据活动过程中的反馈对创设和布置的环境进行系统的回顾与总结，如果发现环境创设和布置中的某些环节难以有效地为主题活动提供支持，或者幼儿对环境的参与程度和参与方式不尽如人意，教师就需要尽快进行反思，找出问题所在，为下次主题活动的环境创设提供可供借鉴的经验。

综上所述，结合当前幼儿园主题环境创设存在的普遍问题，归纳概括为在进行幼儿园主题环境创设时需要注意以下几点：

（1）环境创设≠简单装饰，因为教育功能难以实现。

（2）环境创设≠作品展示，因为墙面价值难以体现。

（3）环境创设≠随性布置，因为课程教学难以体现。

（4）环境创设≠教师独秀，因为幼儿主体性难以体现。

针对以上问题，幼儿园小班环境创设要注重营建温馨舒适的生活环境；中班环境创设注重营建交往互动的游戏环境；大班环境创设则需要营建合作探究的学习环境。即环境创设要符合幼儿的年龄特征，体现教育功能，增加互动参与。

第三节 幼儿园主题活动过程中环境创设的跟进

环境是主题活动的载体，随着主题活动的开展和深入，环境的创设也在不断丰富和充实，发挥环境对主题的激发、过渡以及成果展示功能。相对而言，在主题活动环境初步创设中，物质环境的准备是非常重要的，但是随着主题活动的展开，主题展示区的布置在逐步调整的过程中越来越丰富，活动区中根据活动需要增减相应的活动材料，教师同时要考虑如何创设一个良好的主题探究氛围，并通过指导更好地促进幼儿对主题活动的探究。

第三节主题活动展开过程中环境创设的跟进

一、主题展示区环境创设的跟进

主题活动环境创设是一个动态过程，环境既引发了主题活动，也延伸了主题活动，其目的是通过环境的跟进有效激发幼儿探究的兴趣，达成活动目标，促进幼儿的主动发展。在进行主题展示区环境的跟进时，要注意以下两个方面。

（一）环境的跟进要依据主题的展开和幼儿的探究状况进行创设

主题展示区要引领主题、渲染主题氛围，主要展示主题活动的内容、发展脉络、相关信息资料以及幼儿的作品等。但主题展示区的布置不是一成不变的，而是随着主题的开展而逐步丰富起来的，需要根据活动目标的变化和活动中的实际需要进行调整。因为幼儿在主题探究过程中，随着活动情境和操作材料的变化，会产生许多新的兴趣点，教师要善于观察，及时捕捉有价值的要素，创设问题情境、提供环境支持，调动幼儿已有的经验去生成新的主题活动。

案例分析

收集印刷品

在"收集印刷品"主题活动中，把孩子们从家里带来的各种各样的印刷品陈列在展示台上，组织幼儿进行观察和交流。例如，报纸、书籍、超市分发的广告单，而且种类多样，有彩色的、有黑白的、有带图片的、有文字的；还有生活中的钞票孩子们也带来了，但大家纷纷认为纸币上的印刷似乎跟图书上的印刷又不一样，摸起来粗粗的；孩子们还发现洗脸用的毛巾、睡觉盖的小被子、脸盆、衣服、书包上也有印刷，甚至有的孩子指着窗外的大广告牌说那也是印刷的……印刷品在生活中的应用真是太广泛了，幼儿通过实物印刷之间的对比、教师的不断启发，纷纷开始热烈的讨论，各种对印刷的疑问不断抛出。例如，那么厚的书，那么多的文字是怎样印刷出来的？衣服、器皿上的图案和文字又是怎么印刷上去的？那么大的广告牌是如何印刷的……这样"关于中国印刷术的演变""自己动手来印刷"等游戏活动也就自然诞生了。

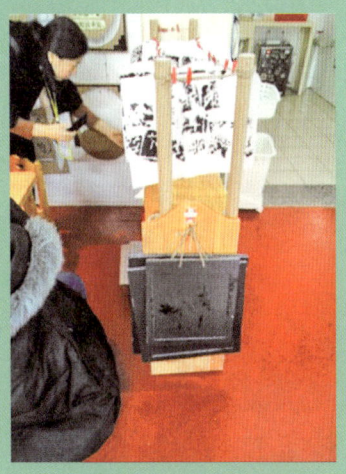

图 5-15　印刷品主题活动　　　　图 5-16　收集印刷品

点评：教师在活动中善于观察幼儿的兴趣点，根据其兴趣点的转移逐步创设新的环境，使幼儿始终情绪高昂地参与主题活动。

（二）环境创设的跟进过程要为幼儿提供更多参与活动和表现的机会与条件

在主题活动环境创设的跟进过程中，幼儿不仅是环境的使用者，也是环境的设计者和创设者。如果在环境跟进过程中仍然是教师主导环境创设，并且注重的是静态装饰性环境的话，就难以激发幼儿的主动参与性，实现不了幼儿与环境的有效互动，也使环境失去了教育和促进幼儿发展的价值。因此，教师要通过不断创设与幼儿相互作用的环境，鼓励幼儿参与环境创设，具体可从以下两方面着手。

1. 积极引导幼儿根据主题活动进展，收集与活动相关的材料

材料是环境创设的要素之一，幼儿收集材料的过程就是幼儿思考如何创设环境的过程。幼儿亲自收集到的多样材料所隐含的信息往往能成为幼儿环境创设的线索，让幼儿在创作中有了更多的选择空间，这不仅有利于提升环境创设的效果，而且真正为幼儿提供了一个能与他们进行有效互动的行为环境。这种环境不仅是幼儿学习中的重要因素，也为教师在主题活动中及时补充教育资源、提供多元选择、做出建设性建议提供了支持与来源。

2. 鼓励幼儿参与环境布置

教师不仅要与幼儿讨论他们的想法与需求，而且在为幼儿设置作品展示区的过程中要鼓励幼儿依据自己的想法与需求展示作品与所收集到的材料。虽然这个区域在刚

开始布置时比较乱，不够美观，但是教师要先让幼儿参与尝试并给予支持和鼓励，帮助他们积累相关的布置技能、技巧，以实现让幼儿自主创设环境。

正是由于幼儿主动参与环境布置，幼儿对环境的变化产生了期待，由期待又萌生了主动参与的冲动。在这个开放的空间区域环境中，幼儿可以随时与之互动。在与环境的互动、与同伴的交流中，幼儿实现了经验的交流和信息的传递，并使主题环境的创设伴随主题开展的日渐深入而不断完善。

案例分析

塑料袋的妙用

在"塑料袋的妙用"主题活动中，教师出示与幼儿共同收集来的各色塑料袋，并告诉幼儿，塑料袋不但可以用来装东西，还可以用来做游戏、设计制作其他物品，以激发幼儿的参与兴趣，鼓励幼儿尝试探索塑料袋的新玩法，例如：吹塑料袋、向上扔塑料袋、系上小石块做降落伞、系上绳子放风筝等。

点评：教师鼓励幼儿积极参与，并根据活动进展情况对活动内容进行增减，提高了活动效率。

二、主题活动区域环境创设的跟进

主题活动区环境的跟进主要包括操作材料的增减和区域的调整。

（一）操作材料的增减

虽然教师在活动初期已经在活动区准备了相应的操作材料，但是这些材料并不是一次性地投放到活动区中去的，而是根据主题活动的进展和需要逐步、有间隔地投放材料。主题活动区中材料的增补也不是教师一个人的工作，而是根据具体情形有针对性地进行增补，如有的材料是教师根据观察到的幼儿活动状况，主动为幼儿提供的；有的材料是为了使活动顺利进行下去，需要幼儿自己收集材料。

此外，在主题活动中，教师也要根据实际情况对材料进行删减。例如，在原有材料的基础上减掉一些材料，使游戏出现新的问题情景，从而产生新的游戏方法。如果发现幼儿对某些材料不感兴趣，也可将这些材料整理好放入储物柜，以扩大活动空间，提高活动效率。

案例分析

扑克牌少了几张

在主题活动"扑克牌少了几张"中，教师从整副扑克牌中每天抽走一两张牌，让幼儿主动寻求答案：扑克牌究竟少了几张？同样的扑克牌，教师还可以设置在建构区、美工区、数学区等，围绕"扑克牌"幼儿可以进行绘画、拼图、识数等活动。

图 5-17　扑克牌少了几张

点评：教师根据活动进程，适时在区域增补材料，重新吸引了幼儿的注意力，使活动顺利进行下去。

（二）区域的调整

区域活动的开展应兼顾主题的核心目标和内容，让幼儿能在其中获得与主题相关的经验，因此随着不同主题的生成和更换，活动区域也要顺应主题的变化而调整，具体来说，调整区域的方式主要有以下几种。

1. 逐步深入式

有的区域投放的材料丰富多样，每种材料都有多种操作方法，蕴含着丰富的教育价值，而且材料与幼儿的互动呈现出多层次、递进性的特点，对幼儿具有挑战性的同时又极具吸引力。在更换主题时，不能对这样的区域搞"一刀切"，而应在尊重幼儿主体性的前提下，采用及时引导等方式支持和推动区域活动的深入开展。这样的区域活动往往根据主题而设立，但因本身的一些特点渐渐地脱离了原来的主题而独立存在，表现出旺盛而持久的生命力。

2. 自然过渡式

有时，相邻的两个或几个主题存在一定的联系，如主题经验具有相似相连的特点、操作材料具有共享性、操作技能具有传递性等，此时教师应善于寻找和利用主题之间的连接点，深入挖掘材料本身具有的价值，实现主题的自然过渡，提高资源利用率，使环境的材料内容呈现多元化，主题活动内容集中体现在多种内容领域的相互配合与均衡。

案例分析

吃豆豆

在开展"吃豆豆"的主题活动时，教师在活动区提供了如下材料：

（1）三种食物：旺仔小馒头、小青豆、鱼皮花生。

（2）三种罐子：糖罐、盒子、巧克力盒。

（3）三种工具：勺子、镊子、筷子。

（4）图加文说明书。

先通过比赛，看谁使用三种工具装的豆豆多，有效地锻炼了幼儿使用操作餐具的能力、手指的灵活性与小肌肉的发育，同时不断地增加游戏难度，让幼儿依次将不同形状、数量的豆豆按照图文说明书，依次放置在三种不一样的罐子里，这样又训练了幼儿数数、观察、辨别形状颜色的能力，实现了两个主题的自然衔接，巧妙过渡。

图 5-18　吃豆豆

图 5-19　活动材料

点评：主题活动"吃豆豆"中出现了各种工具、材料，幼儿通过吃豆豆和数豆豆的互动，系统地锻炼了各方面的能力，可谓一举两得。

3. 渗透融合式

主题活动中的区域与传统活动区一样，承担着促进幼儿自我学习、自我探索、自我发现、自我完善的任务，所以不是每个区域所创设的内容都要与主题完全契合，也应该有相当一部分是符合幼儿年龄特点、涉及面更丰富的内容。在开展主题活动时，教师可以投入一些与区域教育功能一致的材料，让主题内容渗透其中，让幼儿在区域活动中提升主题经验，有效实现区域目标与主题目标的有机整合。这种调整方式操作简单方便，在配合主题更换时表现出极强的灵活性。例如，遵循材料投放的动态性组合，将原有的两组或两组以上的游戏内容合在一起，形成一个新的游戏，引起幼儿新的活动方法。

4. 分解重置式

当一个主题活动结束以后，相关区域的教育价值也实现了，幼儿的兴趣都集中到下个主题活动中。这时，上一个区域看起来已经失去了存在的价值和意义，需要撤除，以便为下一个主题活动的开展提供场地。但是撤除不等于简单地清除，我们应该充分考虑区域中每一件材料的教育价值和功能，可以将这些材料分散放置到其他合适的区域中去，让这些材料在另一个区域中焕发生命力，真正做到物尽其用，或者将材料暂时撤下"冷

"，过一段时间重新与其他游戏再次配置使用，重新激起幼儿游戏的兴趣。

案例分析

巧手装扮

在"巧手装扮"幼儿园的主题活动中，教师可以将"快乐中秋节""过大年"等主题活动结束后撤下来的一些富有节日气氛的"福"字、福袋、花灯、鞭炮、祈福卡、彩泥作品等具有特殊符号功能的材料重新投放到新区域中。例如，投放在表演区、美工区、阅读区等，鼓励幼儿自发地重新布置整理区域，这样有助于幼儿主动地利用这些材料进行角色扮演活动，通过操作材料，使旧材料变得更加丰富有趣。

点评：将操作材料投放到下一个主题活动中，实现了操作材料的再利用，为主题活动和区域活动增添了绚丽的色彩。

三、主题活动展开过程中精神环境的有效支持

主题活动展开过程中，除了需要上述提到的物质环境方面的跟进外，精神环境的支持对于主题活动的有效开展也很重要，二者缺一不可。在幼儿园主题活动中，精神环境是一种幼儿可以感受和体验到的潜在氛围，它通过对幼儿活动的动机、幼儿心理状态的影响，促进幼儿认知的发展。在主题活动精神环境的创设中，需要考虑以下两个方面。

（一）创设积极愉悦的主题活动氛围

主题活动氛围是指教师与幼儿在主题活动过程中形成的一种情绪、情感状态。主题活动过程既是信息交流的过程，也是情感交流的过程。在主题活动中，和谐、愉悦的活动氛围是鼓励幼儿与周围人、事、物相互作用的前提，建立积极的情感氛围对于幼儿积极参与活动探究是至关重要的。

一般而言，教师的态度、期望、课堂行为、教学方法等都是直接影响情感氛围的无形因素。教师在活动中对幼儿探究行为的支持、积极言语的鼓励、适时的启发和引导可营造一种宽松和谐的氛围，这不仅有助于鼓励幼儿用自己所学的知识做出相应的选择，培养他们的兴趣，而且能为幼儿提供情绪的支持，使幼儿能够充满自信地、大胆地探索周围的环境和积极地表达自己的想法。

（二）创建和谐的师幼关系

在主题活动中，教师与幼儿、幼儿与幼儿之间的关系直接影响主题活动的开展和幼儿的参与状况。主题活动中的师幼关系作为一种人与人之间具有情感色彩的人际关系，深深地影响着主题活动的进程与效果，也影响着幼儿学习的积极性。和谐的师幼关系能够为幼儿提供有助于学习的情感氛围，使幼儿在活动中保持学习的积极性。教师在建立与幼儿良好关系的过程中，应注意以下几个方面。

1. 尊重幼儿在主题活动中的主体地位

师幼关系是在主题活动中教师与幼儿通过互动建立和发展起来的,教师只有把幼儿当作积极、主动发展着的个体来看待,尊重幼儿在主题活动中的主体地位,才会允许幼儿自由地选择活动材料和决定如何使用材料。

在主题活动中,尊重幼儿的主体地位,一方面,需要教师正确地认识自己与幼儿在活动中的角色。幼儿是主题活动中的主体,教师不是活动的裁决者,而是良好互动环境的创设者,积极师幼互动的组织者和幼儿积极建构与发展的指导者、促进者。在主题活动中,教师只有对自身的角色有了恰当的定位,才可能更多地关注幼儿的需要、兴趣、见解,也才能更有效地与幼儿进行对话、沟通,倾听并理解幼儿。另一方面,教师在与幼儿的交往中,要营造对幼儿具有激励作用的良好精神氛围,如平等、期望、宽容、理解、激励等,这种氛围能激励幼儿的主动探究欲望和积极交往动机。

案例分析

野生动物调查统计表

在观看了《疯狂动物城》的电影之后,孩子们对各种动物产生了极浓的兴趣。教师便组织开展"野生动物调查统计"主题活动,带领幼儿到动物园观察各种各样的动物,直接感知动物的名称、外形、生活习性等,引导幼儿用眼睛观察各种动物的外形特征。幼儿对动物的探究活动更感兴趣了,在活动中他们充分地发挥想象力,探索利用各种不同的材料制作出自己想要扮演的动物。装扮孔雀的孩子们,有的用纱巾,有的用扇子来制作孔雀的尾巴;还有的孩子用纸盒等来制作老虎、狮子的头饰;装扮"袋鼠妈妈"的孩子,不仅戴上头饰、装上尾巴,而且找来旧布围在肚子上当作保育袋;装扮大象的孩子们,用大纸盒制成最有特点的长鼻子;还有的孩子用报纸、废旧线管制作梅花鹿的魅力鹿角;装扮"大鳄鱼"的孩子,用纸剪出鳄鱼的鱼身、鱼尾装扮在身上,还剪出了鳄鱼锋利的牙齿贴在自己的嘴巴上。同时,教师根据幼儿的需求适时的设计制作相关主题的互动墙,来加深幼儿的游戏体验。在整个活动中,孩子们都表现得非常积极。

 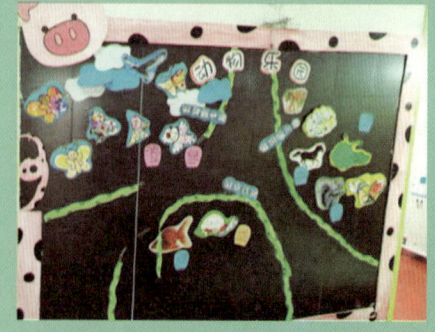

图 5-20 野生动物调查统计

点评:教师不仅尊重了幼儿在活动中的主体地位,而且随时根据幼儿的反应进行积极引导,为幼儿营造了一种良好的参与和探究的氛围。

2. 从情感上真诚地关注幼儿及其活动

在主题活动中，教师与幼儿建立的关系不仅包括教学关系，还包括情感交流。建立新型的师幼关系，最主要的就是要求教师对幼儿抱着真诚、理解和接受的情感态度，并创造一种与幼儿平等相处、坦诚相待的氛围。因此，教师不仅需要与幼儿有认知上的交流，而且需要与幼儿有情感上的互动，从根本上营造一种和谐的氛围。这就需要教师对幼儿及幼儿的活动加以关注，这种关注是发自内心的，其外在表现为在与幼儿交往时，教师能够真诚地接纳每个幼儿，并且力图从幼儿的角度来体验他们在活动中的感受。当教师真正关注幼儿和幼儿在主题活动中的状态时，就会有意识地观察、了解幼儿当下的需要、情绪状态及感兴趣的话题，不仅在语言、体态、手势、面部表情、眼神等方面表现出对幼儿及其当下状态的关注，而且从心理上贴近幼儿，并能为幼儿所感受，从而为和谐师幼关系的建立创设良好的情感基础。

资料链接

水果宝宝的家

以"水果宝宝的家"的主题活动为例，简述其活动过程。

一、活动目标

1. 了解不同的水果生长在哪里。

2. 了解南、北方生长环境不同，水果的种类和口味的不同。

3. 让幼儿更多地了解水果的知识，唤起幼儿更多的探索兴趣。

二、活动形式：集体活动。

三、活动准备：视频资料、图片。

四、活动过程

1. 在出示图片和播放视频之前，幼儿认为水果都是长在树上的，经过观察，幼儿才了解也有生长在其他环境中（水中、土中）的水果。

2. 幼儿提问：为什么不长在树上的水果也能生长？

3. 引导幼儿了解植物的营养是可以从其他条件中吸收的，如：木耳长在朽木上，菌类长在菌床上，都说明树不是水果宝宝唯一的家。

（五）教育反思

幼儿对拟人化的形式兴趣颇浓，这时，他们的好奇心大多体现在水果宝宝到底能有多少个家。从而教师可将活动延伸至寻找水果宝宝的家。

根据案例内容，可编制如下的主题网络图：

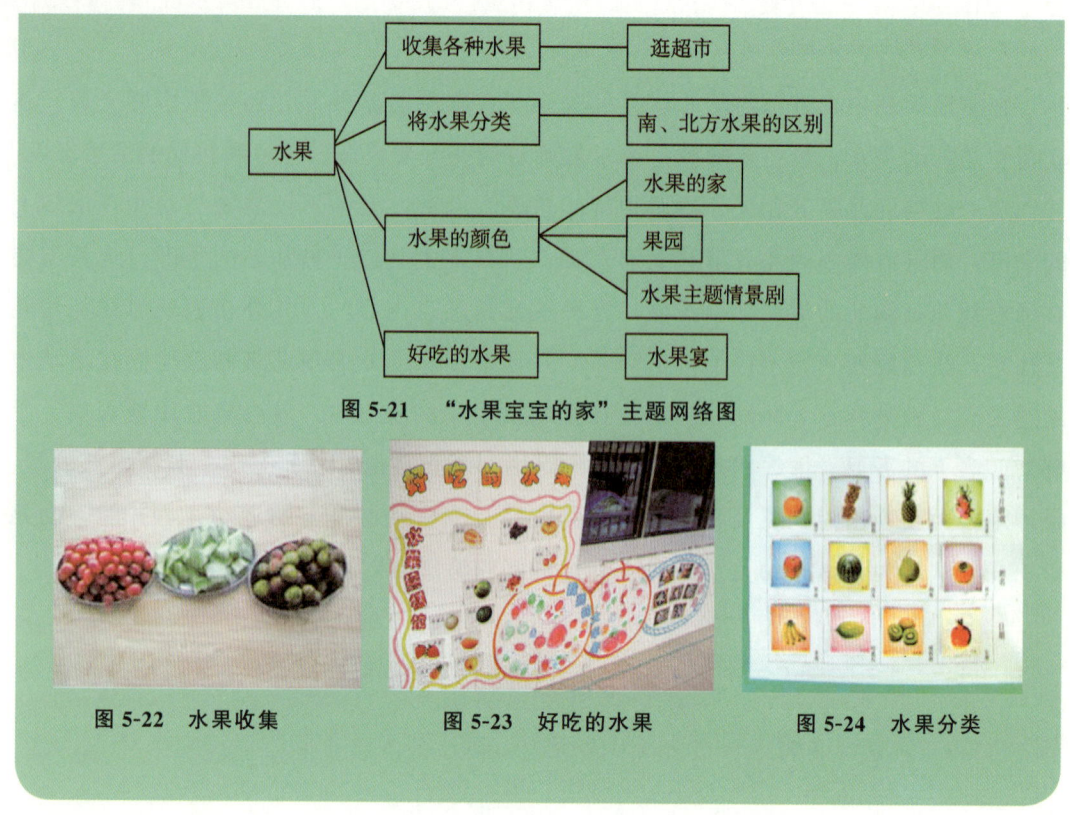

图 5-21　"水果宝宝的家"主题网络图

图 5-22　水果收集　　　　图 5-23　好吃的水果　　　　图 5-24　水果分类

第四节　幼儿园环境创设与特色活动的配合

在幼儿园主题教学活动中，受教育理念与教师实践经验等因素的影响，主题活动环境的创设与特色活动展示的方式是多种多样的。一般来说，主题活动环境的创设与特色活动展示都是在一定的主题网络的基础上根据活动需要进行逐渐创设的。

环境与特色活动的配合

一、主题网络的设计

主题网络就是将与主题有关的知识经验或概念经过归纳和整理，建立起某种关系与联系，并以网络的形式将其直观形象地呈现出来。主题网络的设计主要包括以下三个步骤。

（一）选择主题

主题对整个活动起着统率的作用，处于核心的位置。教师在选择主题时，可从以下三个方面出发。

1. 从课程目标出发

教师可以从确定的课程目标出发寻找相应的主题。例如，可以通过《幼儿园教育指导纲要（试行）》中提出的"爱护动植物，关心周围环境，亲近大自然"这一课程目标选择"一起去春游""昆虫总动员""奇妙的种子"等主题，引导幼儿接触自然环境，感受自然界的奥妙。

2. 从幼儿的兴趣和需要出发

幼儿感兴趣的事物中可能包含丰富的教育价值。教师要细心关注幼儿的兴趣点和需要，从中发现有价值的主题。例如，在日常就餐时，幼儿对豆腐、豆腐皮、豆腐脑产生了兴趣，教师分析得出有关"大豆"的主题对幼儿发展有价值，于是便生成"万能豆宝宝"这一主题活动。再如，户外活动时全班幼儿都对草坪上一个个的蚂蚁洞产生了兴趣，围着它们叽叽喳喳地讨论不停："这么多的蚂蚁，小蚂蚁是怎么找到自己的家的？蚂蚁家里是什么样的？它们吃什么？小蚂蚁如果路上遇到危险了，它会怎么办？"教师抓住幼儿的兴趣生成了"蚂蚁王国"这一主题，让幼儿观察蚂蚁，并记录其生活规律和特征等，取得了良好的教学效果。

3. 从现有的材料和内容出发

班级生活中一些不期而至的事件或获得的材料可以成为难得的主题。例如，某幼儿从家里带来了小金鱼，某幼儿在家中不小心烫伤了自己，等等，这些意料之外的事件可以生成"我的宠物""怎样保护自己"等主题。另外，与幼儿日常生活息息相关的季节变化和节日的庆祝等相关的学习内容是有规律地呈现的，教师也可以根据需要从中选择。

（二）编制与展开主题网络

确定了主题之后，接下来的任务就是编制与展开主题网络。这一步骤包括初步确立主题活动目标、编制主题网络和展开主题网络三个部分。这三个部分是相互影响、相互制约的。

1. 初步确立主题活动目标

虽然教师在选择主题活动时已经进行了多方面的考虑，且深入了解了该主题的价值，但是一个主题蕴含的教育价值是多方面的，这就需要教师对主题中的潜在价值进行分析，以此确定为了实现这些价值，主题活动应该如何开展。

由于主题活动延续的时间比较长，这就需要注意主题目标的全面性与有机整合，也就是在主题活动中要能够有机融合各种学习内容，使同一领域中的知识、情感与技能等方面以及不同领域之间产生有机的联系。主题网络可以有不同的侧重点，但是从主题活动的组织方面看，体现在活动网络之中的活动目标、内容与展开之间应该是内

在的有机整体。

2. 编制主题网络

主题网络是由许多与主题密切相关的下位概念或问题、活动有机构成的。从编制思路来看，教师可以从自身经验出发进行主题网络设计；也可以参照已有的主题网络，结合本班的活动状况进行重新加工设计；还可以采用与其他教师进行合作设计的方式，或者与幼儿、家长合作的方式进行设计。在主题网络构建过程中，教师可以根据自己对幼儿的了解初步预设一个主题网络，然后与幼儿共同讨论，及时把幼儿的不同想法用简明的方式记录下来，根据讨论情况加以修改和完善。

在构建主题网络时，教师应尽可能围绕某一主题展开丰富联想，充分调动相关知识经验，将头脑中出现的与主题有关的内容记录在事先准备好的小卡片上。之后，教师要根据初步确立的目标以及资源等对这些内容进行筛选，以确立一个比较可行的主题活动体系，但是，这些初步确立起来的目标并不是不可改变的，也不是一定要完成的。这就需要教师在制定目标和选择内容时具有一定的灵活性，一方面，初始预设的活动目标内容可能会由于幼儿缺乏这方面的经验或者不感兴趣而被舍弃；另一方面，教师在教学过程中可以根据幼儿的兴趣和活动的需要生成新的目标和内容。

案例分析

蛋

在"蛋"的主题网络构建过程中，教师通过启发幼儿，让幼儿介绍自己平时熟悉的蛋，例如，蛋可以吃，圆溜溜的蛋会滚、会转，惹人喜爱；薄薄的蛋壳一不小心就会破碎；蛋里还会孵出小鸡、小鸭……一个蛋就是一个秘密，这一切都吸引着好奇的孩子，为学习情境的创设奠定了生活化、情景化的基础。在这个主题中，教师和幼儿一起观察生蛋和熟蛋的区别，一起小心翼翼地保护易碎的蛋，一起模拟表演小鸡出壳的情景，一起品尝各种各样的蛋制品……开展"蛋游戏"的活动中，教师通过"画表情蛋""装饰蛋宝宝""砸金蛋"等游戏设计，让幼儿感受、体验、理解、反思、领悟，美就在身边，快乐需要自己主动去寻找，当然以上活动最终教师要落实在一面精心设计的主题墙上，更能加深幼儿对主题活动的体验与掌握，从而使幼儿自然而然地获得与具体情境紧密关联的知识并启迪自身的智慧与情感。

主题网络图的目标制定：

1. 初步了解蛋的外形特征和内部构造。
2. 探索蛋宝宝的秘密，体验探索带来的乐趣。
3. 学习制作蛋类食品，享受制作食物的乐趣。
4. 了解人际交往的特点，学习表达关心与祝愿，培养良好的用餐礼仪。

点评：教师将有关"蛋"的各种知识都考虑在内，形成了比较完善的主题网络。

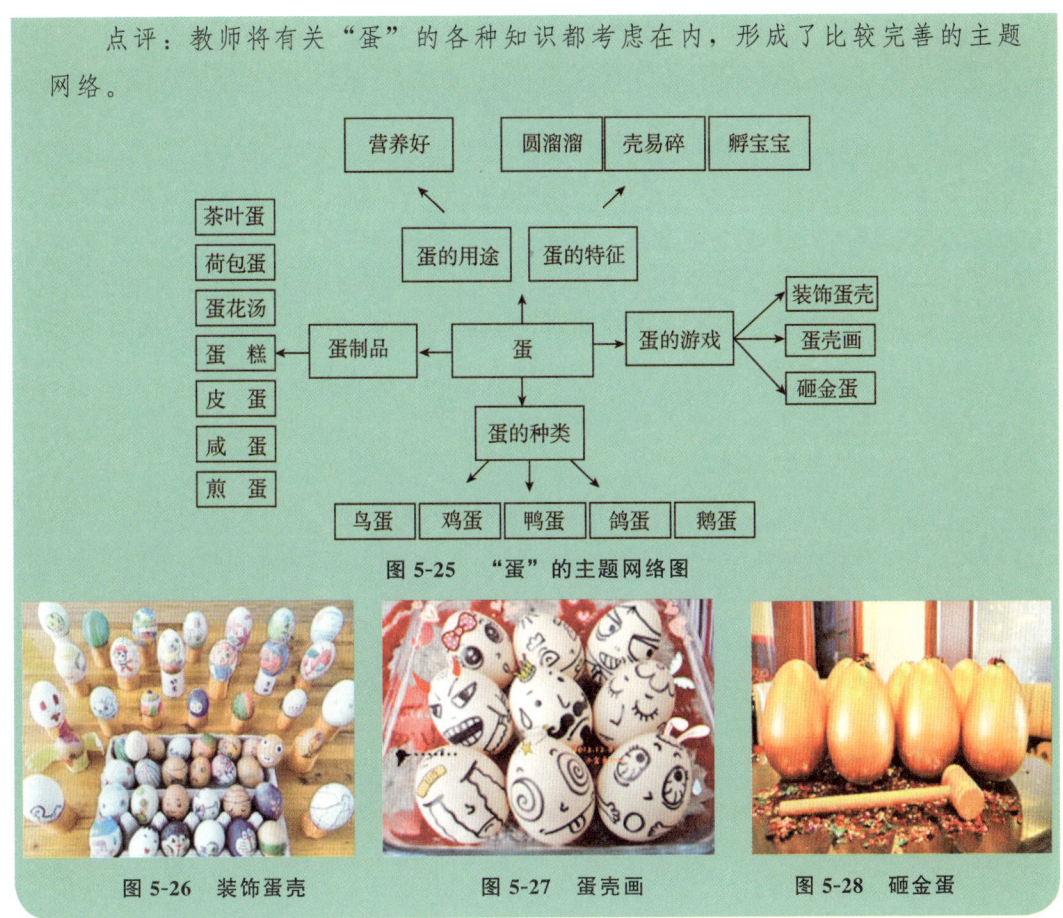

图 5-25　"蛋"的主题网络图

图 5-26　装饰蛋壳　　　　图 5-27　蛋壳画　　　　图 5-28　砸金蛋

3. 展开主题网络

在初步编制出主题网络后，教师就要着手展开主题网络。在此过程中，教师可以先引导幼儿围绕主题网络进行交流和讨论，了解幼儿对主题网络内容的具体理解情况，如幼儿对主题活动的哪些方面感兴趣，具备了哪些经验，哪个方面最有可能成为主题活动的切入点，幼儿在哪些方面存在疑问，等等。

主题网络的展开方式主要有分领域、按目标展开和按主题下位概念展开两种。

（1）分领域、按目标展开

分领域、按目标展开就是把主题网络与领域活动结合起来，一般是将五大领域与主题活动目标脉络、主题网络进行组合，形成一个主题网络展开图。需要注意的是，一个主题活动有可能会涉及五个领域，也有可能只涉及其中几个领域；每个领域可能会有相应的一个或者多个活动，也有可能是从两个或多个领域整合的视角来开展一个活动，这主要取决于教师对每一个活动的理解和驾驭。

案例分析

亲亲泥土

以主题活动"亲亲泥土"为例，按照分领域目标展开的方式。从表5-1中可以看出，"亲亲泥土"这一主题是以科学领域、社会领域和艺术领域为视角展开的，而且以艺术领域为展开重点，辅以科学和社会领域。虽然三个领域都有相应的一些活动，但是由于这个主题活动是以艺术领域的相关目标为重点的，所以在活动的开展过程中，艺术领域的活动就比较多，同时也注重各领域之间的融合，如艺术领域与科学领域、艺术领域与社会领域的融合。

点评：将主题网络图分领域、按目标展开，可以更加明确各个领域的相关活动，培养幼儿不同领域的能力（表5-1）。

表5-1　"亲亲泥土"主题的网络展开表

主题	主题活动目标	主题展开视角	终端教学活动目标
亲亲泥土	（1）感受土的不同特质，如不同土质的柔软与坚硬、光滑与粗糙、疏松与密集等质感，感受影响泥土软硬、粗细等特性的因素，如水量、土质、光线等。 （2）欣赏陶器等不同泥土艺术品，感受艺术作品的色彩、造型、装饰图案的美，初步体验民间艺术作品中的文化内涵。 （3）初步探索与学习捏、塑、雕等用泥进行艺术造型的方法与技能，并尝试运用这些方法与技能进行艺术创作。 （4）萌发热爱与亲近大自然的情感，体验艺术创作的快乐。 （5）提高主动探究、合作学习的意识与能力。	科学领域	活动：和泥 （1）探索土怎样变成泥。 （2）初步感知泥的特性。 （3）愿意分享自己的探索和发现。
		社会领域	活动：泥巴总动员之策划 （1）对创作的泥制品进行全面的展示，尝试进行展示、策划活动方案。 （2）培养团队合作精神。
		艺术领域	活动：做泥糕 （1）尝试利用不同模具制作泥糕。 （2）在感知泥的特性的基础上，学习泥糕的制作技巧。 （3）能大胆积极地动手操作，创造出不同的造型 活动1：彩绘人面泥塑——我是谁 （1）大胆运用色彩进行泥塑彩绘。 （2）增强色彩的感知能力。 （3）学唱歌曲《泥娃娃》。 活动2：自由泥型 （1）尝试运用泥塑的简单技能进行自由创作。 （2）增强动手能力。 活动：走进陶艺世界 （1）参观陶艺吧，感受陶艺制品的艺术魅力。 （2）了解有关陶艺制作的基本方法，并愿意试制作简单的陶艺作品。 （3）初步了解陶艺制品的发展历史。

（2）按主题下位概念展开

按主题下位概念展开就是将主题活动按其层次逐层展开。例如，开展"蛋"的主题活动时，可以通过蛋的性质、功能等概念形成整个网络支架，再沿着每个概念进行分解，从而分解为不同的活动内容。这种展开方式的优点是涵盖面比较广、逻辑性强、易拓展和易生成活动内容，不受学科或领域的限制，但在活动展开过程中难以突出重点活动教学，操作性较差。

二、主题活动环境的初步创设

主题的选定以及主题网络的创设都是在一定的环境考虑的基础上进行的，为了使主题活动顺利开展，需要对主题活动中的环境进行合理的规划、布置和全面考虑。在环境创设的初期，更多的是针对主题活动开展前和起步阶段的物质环境准备，因此，这里主要阐述物质环境的创设。

在主题活动中，幼儿通过与物质环境的互动来学习，只有在环境与幼儿交互作用的过程中，幼儿才能真正体验到探究的乐趣，才能激发幼儿不断发现和学习的欲望。主题活动的物质环境创设主要包括以下几个方面。

（一）室内空间的布局

宽敞的空间是幼儿开展主题活动的主要条件之一，如果室内空间过于狭窄或者没有进行合理安排，就会出现相互干扰的问题。因此，为了促进主题活动的顺利开展，教师需要对室内空间进行合理布局。

室内空间的布局取决于主题活动中所采用的教学方式。例如，采用集体活动与小组活动相结合的教学方式，要求教师规划出集体活动、小组活动的区域，如果室内空间不够宽敞，则需要在小组活动中有效利用集体活动的区域，以做到空间的合理利用。

此外，教师还需要考虑主题活动中主题展示区与活动区的合理安排。一般而言，主题展示区需要比较宽敞的空间，因为这里不仅是主题活动的核心地带，而且是幼儿出现频率最高的场所，这就需要教师根据幼儿园的室内面积和活动形式进行灵活安排。

（二）主题展示区的环境创设

主题展示区是指在主题活动中，在幼儿园班级，包括活动室内，专门设置一个区域，如室内墙壁、走廊或其他区域等。主题展示区主要用来展示主题活动展开的基本脉络，记录幼儿的学习活动。

从当前主题展示区的设置来看，幼儿园大多采取主题墙的方式，也就是选择教室内的一面墙壁，辅以相应的空间，并通过对这一墙壁和相应空间的布置来展示和记录主题活动的状况。从某种程度上讲，主题墙饰已成为主题活动环境创设的核心部分，当幼儿置身于这一环境之中时，墙面环境就像一位不说话的教师，默默地、无处不在地传递着教育信息，与幼儿进行着互动。

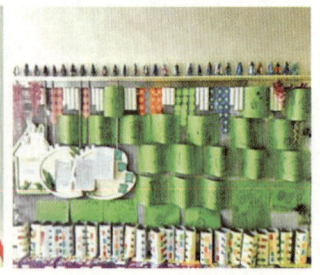

图 5-29　主题展示区

1. 主题展示区环境创设的整体思路

主题展示区的环境创设往往以主题开展为线索，教师根据主题开展的需要，以及幼儿的积极参与进行构思、创作、安排，与幼儿共同创设与主题相关的展示区环境，包括教师与幼儿在主题活动过程中如何把前面构建起来的主题网络物化在主题墙上，布置活动的情境背景，以及安排与主题墙相适应的其他空间。

一般而言，在布置主题墙的过程中，可以先通过师生共同讨论主题墙的布局，再由教师创作大背景。具体可根据幼儿园主题墙面的状况来安排，然后利用幼儿在活动中收集和创设的图画、符号、实物等材料来丰富主题展示区。

案例分析

我的祖国真大

在主题展示区"我的祖国真大"的布置准备阶段，教师选取了便于幼儿手工操作构架主题的环境创设框架。为了在教室里打造一面有中国地图的主题墙环境，教师与幼儿一起制作了主题墙饰，并把中国地图制作成拼图供幼儿游戏。栩栩如生的环境、充满趣味的互动，陪伴幼儿开始了本主题的探究之路。此外，教师还专门在附近的其他区域为幼儿准备了游戏活动中可能用到的材料，包括收集的中国各省市的标志性建筑、特产、动物、服饰、民族等图片，同时将介绍我国文化、经济、军事、生活习俗等方面的绘本、玩偶等也放置在主题墙周边。

图 5-30　活动主题墙

点评：教师与幼儿一起制作主题墙，并为幼儿提供充足的展示空间，可以带动幼儿的积极参与。

主题展示区是整个主题活动环境创设的指引，系统地呈现了主题活动的内容体系，但主题展示区并不是一开始就定型的，主题中呈现的这些内容并不是教师在活动之初就完全预设好的，而是教师根据主题的展开程度与幼儿共同建构起来的。这就要求教师一方面在互动中通过咨询幼儿对活动的认识和看法等及时进行补充；另一方面，教师通过在活动中与幼儿的互动，以及观察幼儿在活动中的表现、兴趣等方面的信息进行调整，最终在主题活动结束时构建出一个内容丰富、布局独特的主题展示区。

2. 主题展示区环境创设的基本要求

主题展示区的环境创设是为主题活动中幼儿与环境、幼儿与教师、幼儿与幼儿之间的交流提供一个中介和桥梁，促进主题活动不断丰富和深化，最终为幼儿学习与探究提供一种氛围。在主题展示区的环境创设过程中，要注意以下几个方面。

（1）主题展示区的布置要适合幼儿的发展水平

在布置主题展示区时，教师首先要考虑到幼儿的可参与性。例如，对于主题展示区的高度，一般在幼儿园的教室内，可以依据墙壁高度分为幼儿操作地带、共同操作地带、成人利用地带等。其中，幼儿操作带约在120厘米以下，这个空间是幼儿可触及的操作地带；而60～150厘米的墙面是幼儿、成人都可以使用的操作地带。可见，如果创设幼儿能够积极有效地参与的主题展示区，高度最好在150厘米以下。

此外，在展示区的表现形式上，也要尽可能多地以图片和实物展示为主，尤其对于小班和中班的幼儿来说，图片和实物不仅能使主题展示区看起来更加直观、生动，更主要的是这种表现形式符合该阶段幼儿的年龄特征和兴趣需要；而对于大班幼儿，则可以在主题展示区域中增加一定的文字说明。

（2）鼓励幼儿参与环境布置

在布置主题展示区的过程中，要注意教师与幼儿在主题墙布置中的不同作用，使幼儿成为主题墙布置的主体。这就需要教师发挥引导组织的作用，将精力放在启发、鼓励、引导幼儿参与，并有目的、有计划地组织幼儿参与设计、收集和准备材料。

案例分析

水果世界

教师试着和幼儿一起布置"水果世界"的主题墙。有布艺水果、塑料水果、手工纸水果、陶泥水果……看着收集来的各种材质的水果，幼儿兴趣浓厚，各抒己见。有的幼儿要开水果超市，有的幼儿要挂在美工区，有的幼儿要装扮娃娃家……

最后，在教师的帮助下，幼儿达成了一致意见：将主题墙分成两部分，一半布置"水果超市"，另一半用来布置"美工区和娃娃家"。

点评：幼儿参与环境创设，不仅是一个单纯的参与过程，而且是一个认识和学习的过程，这个过程能使幼儿的认知水平不断提高，认知能力不断增强。

（3）合理利用主题展示区的空间

很多幼儿园的场地并不宽裕，可以有效利用的墙面更是有限，而且在主题活动中，室内设置的众多活动区和活动材料的储物柜占据了教室内的很多空间，往往与有限的墙面产生冲突。这就要求教师在布置主题展示区时，要充分挖掘和合理利用室内外的墙面和空间。

相对而言，幼儿园在主题展示区的布置中对墙面的利用比较多，但是存在表现手法单一和利用率低的状况，教师们往往只是简单地往墙面上粘贴，这样不仅导致主题展示区显得比较单调，而且墙面只能粘贴纸质的作品或图片，实物或者其他复杂的作品则无法从墙面上展示出来。随着活动内容的扩展和幼儿作品的不断增多，就会出现由于墙面使用紧张而无法展示幼儿的创作成果的情况。

对于上述情形，可以通过多种途径来展示幼儿的作品和实物。例如，活动展示区的空中垂直地带就是一个可以利用的地方，可以将屋顶改造为木格的布局，在上面布置装饰物品或悬挂大幅的幼儿作品；或者在天花板上固定丝带，也可悬挂各种小的作品；或者在主题展示区配置多层的柜子，用以储存大量的实物和不能粘贴的作品。多样化的表现方法不仅可以改变展示区过于单调和墙面空间不足的状况，而且可从多个角度展示幼儿的作品。

图5-31　空中活动地带作品展示

图5-32　合理利用主题展示区的空间

（三）主题活动区的环境布置

在主题活动环境创设中，除了要布置主题展示区的环境外，区域环境的布置也是非常重要的，因为主题展示区中展示的幼儿作品在很大程度上要依赖于区域中幼儿的活动，区域环境的布置状况不仅在很大程度上影响了主题展示区的环境创设，也影响了幼儿在主题活动中的个体、小组探究活动的质量。

1. 主题活动区的整体设置

教师在设置主题活动中的区域时应注意以下几点：

（1）根据幼儿的年龄特点设置区域

教师应根据幼儿发展的不同需求引导幼儿开展系列区域活动，促进幼儿综合素质的发展。例如，小班幼儿喜欢模仿，社会经验欠丰富，可为其设置角色简单、分工明确的主题活动，以培养幼儿的交往能力；医院、邮局、理发店、银行这些服务设施是较大的幼儿在日常社会生活中经常接触到的，便于促进幼儿的社会性发展，可在大班设置这些活动区域。

（2）根据幼儿的兴趣点设置区域

在区域活动中，由于幼儿的已有经验、能力、兴趣及性格方面各有不同，因此会表现出不同的兴趣点。例如，有的区域深受男孩喜欢，有的区域则是女孩的天地，有的幼儿喜欢科学区，有的幼儿则喜欢美工区。随着年龄的增长，幼儿的兴趣点也在不断地转移。因此，教师在设置活动区域时应结合幼儿的不同兴趣来点进行。

案例分析

汽车俱乐部

在"汽车俱乐部"主题活动中，幼儿对自己周围常见到的汽车比较熟悉，讲到汽车品牌时，幼儿很兴奋，于是教师和幼儿一起商量，决定创设一个以汽车为主题的区域墙饰。教师先引导幼儿讨论这个区域需要什么材料，幼儿纷纷举手抢着回答，有的幼儿说做一些手工汽车，有的幼儿说粘贴汽车图片，有的幼儿说摆放汽车玩具，等等。教师和幼儿一起收集材料进行制作，并将材料归类摆放，和幼儿一起完成了区域的布置。接着教师又和幼儿一起讨论区域的名字，很快，"我认识的车"和"我设计的车"就诞生了。在自己创设的区域里，幼儿显得格外兴奋。

图 5-33　汽车俱乐部主题墙饰

点评：根据幼儿的兴趣点，引导幼儿主动地创设相关区域，能促使幼儿更积极地参与主题活动，主动获取与主题相关的知识经验。并设计了两个关于汽车的墙饰区域——"我认识的车"和"我设计的车"。

（3）与日常教学活动有机结合

幼儿之间存在着明显的个体差异，可以借助设置自由、开放的区域活动促进幼儿综合素质的提高。教师可将日常未完成的教学内容、幼儿感兴趣的教学活动融合在区域活动中，既满足幼儿的活动欲望，又让其掌握相关的知识经验。例如，教师可结合正在进行的主题，主动来设置数学区、语言区、美工区等区域。

2. 主题活动区布置的操作步骤

在主题活动中，区域环境的布置要与主题活动的主旨一致，做到环境布置的主题鲜明，具体包括以下几个方面。

（1）依据主题活动目标规划与布置主题活动区域

由于每次主题活动涉及的领域不同，因此，教师要根据具体的活动来规划和布置主题活动区。区域环境的布置应该凸显主题活动的核心目标，突出主题学习的要求。尤其是在提供和投放材料时要紧紧围绕主题活动来进行，这样幼儿只要进入区域中，就能够感受到正在进行的主题活动，并能"阅读"到其中蕴含的各种教育信息，进而在主题背景、活动内容和幼儿将要进行的活动之间建立联系。

（2）依据主题活动内容投放区域操作材料

教师投放材料的丰富程度直接关系到幼儿的活动质量。活动区材料的投放应该是丰富多彩的，然而，丰富的材料并不等于越多越好。幼儿的注意力具有不稳定性，过多过杂的材料尽管能吸引幼儿，但也易造成幼儿分心。因此，在投放材料时，应考虑材料与活动内容的关系，根据近阶段的主题目标和幼儿的活动需求及时投放活动材料，做到有的放矢，加强材料投放的针对性、目的性和科学性，并依据对幼儿活动的观察进行定期更换与补充。

案例分析

亲亲泥土

在上面提到的"亲亲泥土"主题活动中，教师按照活动内容（具体活动内容参见表5-1）和组织思路在不同的活动区为幼儿提供了丰富的材料。

科学区：收集各种透明的罐子或瓶子，便于幼儿收集各种泥土，如砂土、黏土、红土、黑土等。提供植物油、干泥、水等材料，启发与引导幼儿做泥土不干裂的小实验。准备一些不同质地的土、泥等，激发幼儿自主游戏与探索，在此过程中，引导幼儿注意感受、体验与交流不同质地的土与泥的特性。

美工区：陈列收集到的各种泥制品，粘贴各种泥塑作品的图片。提供各种可塑性不同的土（泥土、陶土等）、各种简易的雕塑工具，以及幼儿做泥塑时的各种围裙、袖套等，便于幼儿开展泥塑活动。在幼儿开展泥塑活动的过程中，教师注意进行适当的指导，特别是指导幼儿学习捏、塑、雕等用泥进行艺术活动造型的方法与技能。提供各色颜料，供幼儿给泥塑上色。如果条件允许，可以开辟一个宽敞的场地，供各班幼儿轮流使用。

阅读区：收集有关泥制品的图书等方面的资料，引导幼儿进行查阅与阅读，并分享各自的发现。还可以放置一些有关泥制品制作方法方面的书籍，启发与引导幼儿在自由制作泥制品的过程中查阅这些书籍，借鉴书中介绍的泥制品和制作方法。在此过程中，教师要对一些幼儿不懂的地方及时进行指导。

点评：在"亲亲泥土"主题活动中，科学区、美工区、阅读区三个区域中提供的各种材料都是紧紧围绕"泥土"这一主题进行的，有助于激发和引导幼儿开展相应的活动，便于幼儿在主题活动中积极地与这些材料进行互动。

（四）挖掘利用本土文化与社区家长资源

在主题活动中，教师需要从生态系统的角度来看待主题活动的环境和资源，充分挖掘家乡本地资源，其中幼儿园所属社区和家长群体作为生态系统外围的一个层面，是主题活动环境的重要构成要素，也是重要的环境资源来源。家长的参与不仅有助于教师更深入地了解幼儿，而且能够为幼儿园提供多种多样的资源。因此，教师要充分挖掘并有效利用幼儿园周围与主题活动有关的资源，从而在主题活动中形成一个由幼儿园环境、幼儿家长及周边社区环境构成的逐步扩展的生态环境资源网络。有些幼儿园所处的城市有着较深厚的历史文化底蕴和较为丰富的民间活动，这些丰富的资源正是幼儿园的最佳资源，能够极大地拓宽幼儿园环创的材料和内容，使幼儿在探索中进行成长，潜移默化地提升幼儿的创造力和动手能力。例如，在创设主题民俗文化"端午节编彩绳"的活动时，幼儿园可以结合当地社区的民俗文化活动，联合家长共同开展富有当地本土特色的互动活动，如"五毒的由来"、"五色彩绳的美好寓意"、当地民俗展览……幼儿在活动中不仅学到了丰富的民俗文化知识和传统礼仪，各方面的能力得到了发展，同时也培养了关注生活、热爱家乡的情感，把幼儿园的本土特色环境创设推动到一个新的起点与高度。

案例分析

"有趣的电" 主题由来

在"汽车俱乐部"主题活动中，其中有一个环节是电动汽车，这就引发了幼儿对电的兴趣，从认识电池开始，幼儿进入了一个崭新的领域——电，于是，我们设计了"有趣的电"等相关主题活动，目的在于使幼儿对"电"有一个最初步的了解。

思考问题：

（1）什么东西用电？

（2）电池都有什么样的？

（3）怎样装电池玩具才能启动？

（4）废旧电池该怎么办呢？

1. 主题网络图

教师根据主题目标编制了如图5-34所示的主题网络图。

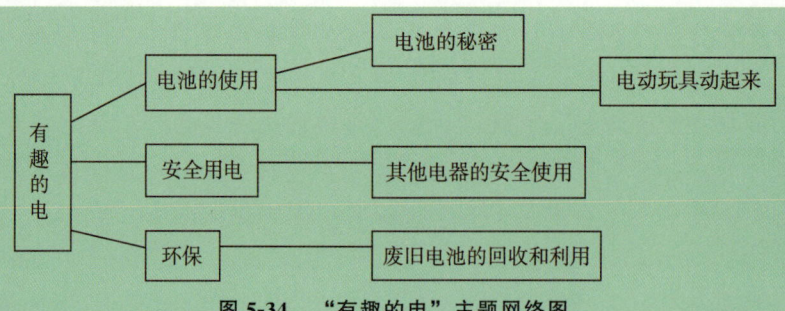

图 5-34　"有趣的电"主题网络图

活动一：电动玩具动起来

活动目标：

（1）了解普通干电池的外形特征，并能找到电池的正、负极。

（2）培养幼儿的探究兴趣。

活动形式：分组活动。

活动准备：电池的剖面图，普通1号干电池若干（表5-2）。

表 5-2　电动玩具动起来

设计意图	师幼互动	教育反思
让幼儿对电池有一个全面具体的了解	1. 投放1号电池若干，请幼儿仔细观察：幼儿发现电池的一头有一个小鼓包，另一头是平平的。 2. 请幼儿观看挂图，对电池的内部结构进行初步的了解。幼儿了解了电池的内部构造后，觉得非常好奇。 3. 师生共同总结电池的基本结构。	在此次活动中，幼儿对电动玩具非常感兴趣，但是利用挂图的形式，幼儿接受起来比较抽象。

活动二：电池的秘密

活动依据：由电池引发出其他的用电方式，于是产生了安全用电的活动。

活动目标：通过活动，使幼儿了解一些安全用电的常识，并知道安全用电。

活动形式：集体活动。

活动准备：安全用电的图片（表5-3）。

表 5-3　电池的秘密

设计意图	师幼互动	教育反思
1. 使幼儿了解一些安全用电的常识。 2. 培养幼儿的自我保护意识。	1. 请幼儿想一想平时用电时应该注意些什么，引发幼儿进行积极讨论。 2. 出示安全用电的挂图，逐一给幼儿讲解。幼儿和老师一起认真观看挂图。 3. 请幼儿说一说看了挂图后知道了什么。幼儿观看挂图后，积极发言，有的幼儿还说："我要回家提醒爸爸妈妈也注意安全！"	1. 通过这次活动，多数幼儿已掌握了一些安全用电的常识。 2. 观看挂图的环节若改变成观看有关的视频，教育效果会更加明显。 3. 讨论的时候，教师可以提升幼儿的经验，增强幼儿的自我保护意识。

活动三：安全用电

活动目标：

（1）通过活动，使幼儿了解废旧电池应该回收的道理。

（2）建立初步的环保意识。

活动形式：集体活动或小组活动。

活动准备：废旧电池回收箱、《电池的处理》视频资料（表5-4）。

表5-4　安全用电

设计意图	师幼互动	教育反思
1. 使幼儿进一步加深对电池的了解。 2. 建立幼儿的环境保护观念，使他们从中了解到一些特殊物品的回收注意事项。	1. 提问：电池用完了怎么办？ 有的幼儿说：把全园的废旧电池都收集起来。 2. 请幼儿观看《电池的处理》视频。 3. 提问并讨论：电池能像普通垃圾一样扔掉吗？ 4. 发起回收废电池的活动。幼儿自觉地把废旧电池回收箱放在传达室，准备回收全园的废旧电池。	此次活动的目标基本完成，幼儿的参与积极性很高，很多幼儿回家后也做了电池回收箱，把家中的废旧电池集中起来。

2. 班级主题环境创设

（1）主题墙饰

①有关电池剖面的图片；

②各种电池玩具；

③安全用电的光盘。

（2）区域设计与布置

教师根据主题活动内容创设了美工区、电脑区、阅读区和科学区四个活动区。

美工区：

①投放电池结构剖面图；

②各种与电有关的电子产品模型（如电视、电动车、电灯、手机）。

电脑区：生活安全用电知识的视频资料。

科学区：

①投放各种幼儿可操作的简单用具（如手电筒、电动玩具等）；

②投放各种电池，请幼儿自己进行尝试。

阅读区：有关电的各种图书、挂图、卡片等。

（3）家园合作

①请家长从家里拿来各种用电池的玩具及简单的物品；

②请家长从家里带来多种不用的废旧电池；

③利用家长园地展示网络图；

④请家长在家给孩子讲一些用电常识。

思维接力棒：

小朋友们，你们知道电是从哪里来的吗？（是从发电厂通过电线输导传到千家万户的）那么电线为什么能传导电呢？

点评：

①通过这个活动，激发幼儿对电的兴趣；

②了解电的基本用途，以及对人的利与弊；

③通过操作，使幼儿了解电池的作用，并认识电池的正、负极；

④了解安全用电的常识；

⑤通过回收废电池，培养幼儿的环保意识。

环境创设对活动的促进作用可从两方面进行分析：一方面，对主题展示区进行了规划与布置，在主题墙的布置过程中规划了一个基本的轮廓，而且对如何逐步丰富主题墙也提出了基本的思路，较好地处理了预设活动环境的布置和生成活动环境布置的关系；另一方面，对主题活动中涉及的活动区提供了一些主题活动中需要的基本材料，并对这些材料的具体操作有了一个初步的目标指向，有助于教师在活动中通过观察更有针对性地投放材料。尤其重要的是，无论是主题墙的布置还是活动区材料的投放，教师都积极地调动了幼儿的参与兴趣和探索热情。

此外，从广泛利用社区和家长资源的角度看，"有趣的电"主题活动在环境初步创设中也很好地利用了家长在该主题活动中的作用，体现了主题活动环境创设中的家庭社区积极参与的原则。

模拟实训——"秋天的果实"主题活动的环境创设

【实训目标】

1. 加深学生对理论知识的理解。

2. 提高学生应用理论知识解决实际问题的能力。

【实训背景】

秋天的脚步越来越近，植物的果实、树叶的颜色纷纷发生了变化，小动物、昆虫的生活习性也发生了改变，秋天的样子吸引着幼儿的视线，甚至有的幼儿带来了有关秋天的图书翻看着。作为四季中美丽的季节，秋天有太多值得我们探索和发现的秘密。

为了让幼儿从小萌发探究植物秘密的兴趣，树立环保意识，幼儿园组织了一次户外亲子采摘活动，让幼儿亲身体验植物带给我们收获的喜悦。秋天的大自然是个色彩缤纷、果实累累的季节，通过采摘果实，让幼儿直观地认识平时吃的水果、粮食、蔬菜是怎么生长的，那些外观不美的果实是什么原因导致的，以此来激发幼儿对植物的兴趣。活动归来后，幼儿的话题都是围绕着各种植物果实的话题开展讨论的，同时还提出了许多有关植物的新问题。看到幼儿对植物的兴趣如此浓厚，教师组织了"秋天的果实"这一主题活动。

【实训要求】

1. 将学生分成若干小组，每组4～6人，选出一名组长。

2. 以小组为单位，根据主题内容设计该主题的网络图。

3. 结合主题活动内容，创设既与主题相容，又能发展幼儿能力的室内空间环境。

4. 活动结束后，每组派一名代表分享本组的环境创设规划。

【实训考核】

教师根据表5-5所示的评分标准对各小组进行评分。

表5-5 评分标准

评分项目		分值	实际所得分值
设计方案	科学性	20	
	创造性	20	
分享过程	可操作性	20	
	讲解生动	20	
	表现自如	20	
	合计	100	

课|后|习|题

1. 幼儿园主题活动有哪些基本特点？

2. 幼儿园主题展示区环境创设的基本要求有哪些？

3. 幼儿园活动区的调整方式有哪些？

第六章 幼儿园附属设施设备的环境创设

引　言

　　幼儿园的环境除了直接与幼儿学习、游戏、活动有关的活动室和游戏活动场地之外，还有一些与幼儿间接相关的区域，如办公区域、保健室、家长接待区各种附属设施等，必须重视这些设施设备的环境创设。

学习目标

- 了解幼儿园园舍设计规划、行政办公室、保健室、家长接待区的环境创设。
- 熟悉睡眠室、餐厅、洗手间的环境创设。
- 熟悉幼儿园各种附属建筑、设备的设置。

第一节　幼儿园园舍设计规划

一、幼儿园园舍设置标准

幼儿园园舍设置应遵照以下标准：

（1）总建筑面积不少于 2000 平方米，有独立大门和保安室。

（2）幼儿生均占地面积不少于 13 平方米（国家最新标准）。

（3）户外独立活动场地面积生均 4 平方米以上、户外 30 米直跑道。

（4）园舍建筑面积生均 7 平方米以上。（国家最新标准）

幼儿园附属设施设备的环境创设

（5）每间教室使用面积 100 平方米（含儿童洗手间，洗手间面积不少于 15 平方米）。

（6）音体活动室 120～160 平方米。

（7）伙房总面积 100 平方米。

（8）幼儿园为 3 层教学楼，每层 6 间教室，其中 1 楼伙房占用一间，音体活动室占用一间，园长室、医务室、财务室共占一间，教师办公室、阅览室、美术室共占一间，余下共设 14 个教室，幼儿总人数约 600 名。

（9）教学楼两侧设双楼梯（符合消防要求），楼顶设隔热层。

二、幼儿园园舍选址要求

1. 居住人口要求

城市城区每 5000 人配建一所 6～8 个班的幼儿园；每 10000 人配建一所 12～15 个班的幼儿园。每班不多于 30 人。

镇中心乡镇和农村每 20000 人应配建两所规模 9 个班左右的中型幼儿园。

2. 交通、通信要求

幼儿园选址时，应充分考虑园所在地的交通、通信的安全和便捷。新园以靠近一般社区或新建小区的二级次干道为宜。

3. 周边环境要求

（1）必须是安全区域，即不会使幼儿身心受到威胁的区域。

（2）严禁在污染区和危险区内设置幼儿园（污染区包括大气粉尘污染，公共噪声污染，水质土壤污染等区域；危险区域指危及人健康和生命的区域）。

（3）幼儿园园所建设应选择利于幼儿成长的小气候。

三、幼儿园园舍布局

幼儿园园舍布局是指全园所有建筑及附属设施的设计、建设和装饰美化的总体规划。

1. 园舍布局的依据

园舍布局的依据有：幼儿身体尺寸、幼儿园办园类型、幼儿园教育需求、国家和地方行政部门颁发的有关法规。

2. 园舍区域的划分

园舍区域（以中等规模全日制幼儿园为例）总体划分为五个区域：门厅区 5％、教学区 30％、户外活动区 50％、教工区 10％、后勤服务区 5％。

3. 幼儿园园舍设计规划总体注意事项

（1）园区须远离主干道，是相对安静、光线充足的地方。

（2）后勤服务区的厨房需靠近教学区，防止送餐时导致卫生污染。

（3）门厅区中的大门不可直接面对街道，需留有家长接送幼儿的前厅区，防止幼儿直接进入街道，发生意外。

（4）幼儿园应设后门或侧门，并远离二级干道，设在三级干道处。

（5）将车库安置在后门旁，车行道和幼儿入园口分开。

（6）户外活动区需要占整个园所中面积最大的比例，需要成片的活动区域，不可人为划分成小块儿。

第二节　幼儿园办公区的环境创设

与幼儿的学习和生活关系较为密切的幼儿园办公区有行政办公室、保健室和家长接待区等。下面就以上设施的环境创设进行阐述。

一、行政办公室

行政办公室包括园长室和教师办公室，既是幼儿园行政服务、公务处理、课程安排、教学研究、活动设计的场所，也是进行会议和教师休息的场所。

图 6-1　行政办公室

（一）行政办公室的设置

行政办公室一般设计在能观察全园状况的位置，以便于教师对幼儿的游戏、学习和生活进行管理。

园长室可以单独设置，或合并设置于教师办公室内。单独设置的园长室应介于幼儿园出入口或门厅以及教师办公室之间，以利于园内外的行政服务和联系。教师办公室兼教学和研究之用，可集中设置于园长室与幼儿活动室之间，以便于行政联系和教学研究，或分散设置于各活动室内。也可在两间教室之间设置一间教师办公室，以便于教师就近观察幼儿的活动。

（二）行政办公室的设备

行政办公室的面积以每位教职员 4 平方米为基准，同时应配置以下设备：

教师和行政人员每人一套桌椅和橱柜；每间办公室至少 1 台电脑，如条件允许，可为每位教师和行政人员各配置一台电脑。

办公设备：如打印机、传真机、电话、广播器等。

会议桌椅一套：供会议和教学研究之用。

生活休憩设备：如沙发、电视、冰箱、微波炉、饮水机、洗手池等。

二、保健室

幼儿园保健室承担着全园幼儿及教职员工身心健康发展的监督重任，是保证幼儿园各项工作正常进行的处室之一。保健室是幼儿园中对幼儿进行卫生保健的重要场所，一般幼儿园设一至三间保健室。为方便家长幼儿进出和病儿隔离，保健室一般有专门的出入口。且应离幼儿园大门较近。保健室使用面积应和园所规模成正比，最小不低于 15 平方米。保健室内应设有医生保健办公室和幼儿隔离室。幼儿隔离室附近应设病儿专用厕所。

图 6-2　保健室

（一）保健室的设置

保健室可单独设置，也可附设于行政办公室内。其位置应设在一楼门厅附近或幼儿园大门入口处，并邻近幼儿最容易受伤的场所（如游戏室和室外游戏运动场）。同时，保健室应设于明亮、通风、安全的地方，以便于保健工作的顺利进行。

（二）保健室的设备

保健室应设桌椅、器械柜、资料柜、诊查床、污物桶、高压消毒锅和紫外线灯等设施设备，以及身高体重测量计、测试表、听诊器、压舌板等常用医疗器械和消毒药品、常用药品等。

一般设备：如桌椅、药品柜、保健资料柜、流动水设备、诊察设备等。

体检设备：如体重计、灯光视力箱、对数视力表、坐高计（供 3 岁以上的幼儿使用）和卧式身长计（供 3 岁以下的幼儿使用）等。

消毒设备：如高压消毒锅、紫外线灯和常用消毒液等。

常用医疗设备：如针、镊子、剪刀、弯盘、听诊器、血压计、体温计、手电筒、压舌板、敷料和软皮筋等。

常用药品：包括外用药、防治常见病的中成药和西药等。

保健室应创设和环境相匹配的环境氛围，应张贴卫生保健制度、病患和体弱儿童管理制度、预防疾病制度、卫生消毒制度、健康检查制度、传染病管理制度以及健康人员工作职责、全园保健数据一览表等。

资料链接

某幼儿园保健室药品管理制度

（1）禁止使用假药、过期变质药。

（2）内外科药品应分开存放，并有明显标志。

（3）必须到国家卫生部门认可的医药商店采购药品。

（4）药品须有经手人、验收人及负责领导检查签字后方可入柜。

（5）定期检查药品的质量有效期，及时补充常用药，并保持药柜整洁。

（6）买药严格执行"三查"（即查药品批号、查药品有效期、查药品是否变质），用药坚持"五对"（即对处方、对班级、对姓名、对剂量、对浓度）制度。

（7）教职工、临时工及家属开药要有专本登记。

（8）每学期期末做好药品开支统计工作。

三、幼儿园门厅区

幼儿园门厅区（包括园所大门、展示区和接待区三个部分）

（一）园所大门

园所大门在设计时应注意如下几点：

（1）设计幼儿专用通道。

（2）安装以接送人识别读卡装置及摄像探头。

（3）园门远离主干道、行车道 15 米以上。

（4）园门设计风格与园舍建筑保持统一协调、美观新颖。

（二）幼儿园展示墙

幼儿园展示墙（分为外墙和内墙两个部分）

外墙展示的内容主要是突出办园理念、办园特色，设计应大方，具有艺术性。应展现幼儿园园所标志，内容简明扼要，色彩鲜艳醒目。

图 6-3　幼儿园室内展示墙图

图 6-4　幼儿园室外展示墙

（三）接待区

接待区是家长接送幼儿以及教师接待家长的地方，要求环境舒适安静，突出幼儿园接待区的独有特色。幼儿园与家庭的一切合作均是从家长接待工作开始的，因此，家长接待区就显得非常重要。

1. 接待区的设置

接待区包括室内接待区和室外接特区。室内接特区可独立设置，也可附设于行政办公室内，如空间不足也可设置于门厅、走廊间；室外接特区可设于园门附近，以便于家长接送幼儿。

接待区具有接待休憩、信息沟通的功能，因此可提供幼儿园的活动计划、幼儿的学习成果展示和活动照片、教育期刊等材料，还可提供各县市的教育资讯及其规划活动材料。

2. 接待区的设备

室外接待区应能遮风避雨，并配置夜间照明设备，如园区前庭空间足够，可设置桌椅，并根据实际需要加设遮阳（雨）棚。室内接待区应提供沙发、桌椅、书报架，放置适合阅读的书籍和报刊、饮水机等设备并为幼儿放置部分简单玩具。

图 6-5　接待区

第三节　幼儿园附属建筑的设置

幼儿园附属建筑的设置

幼儿园教学区楼房设计不同于一般学校教学楼，其主体教学楼建筑不得高于3层，一般幼儿园附属建筑设施与幼儿关系密切的场所是睡眠室、餐厅、盥洗室、厕所等。

一、睡眠室

对幼儿来说，养成良好的睡眠习惯是促进幼儿身心健康的必要条件之一。为了保证幼儿拥有充足的睡眠，幼儿园必须为幼儿提供一个安静、舒适的睡眠空间。

设置睡眠室时，应注意以下几个方面：

（1）保证每个幼儿都有自己的床铺。幼儿睡单独床铺不仅可以保证其睡眠舒适而且能为幼儿养成良好的睡眠习惯提供必要的条件。

（2）睡眠室要安静、通风、温度适宜。保证良好的采光和通风条件，有条件者其位置最好朝南，无条件者全日制幼儿园的睡眠室也可朝北，但寄宿制幼儿园的睡眠室应朝南，以保证光线充足。

（3）儿童床的摆放要统筹安排，小床要坚固稳定，床间最好有一定距离。每排床铺之间至少间隔60厘米，全日制幼儿园的睡眠室因使用效率较低，床铺排列可稍微紧凑一些。

（4）全日制幼儿园的睡眠室应与本班级活动室毗邻；寄宿制幼儿园的睡眠室应集中布置，以便于夜间集中管理。

（5）睡眠室内须设置存放幼儿衣物及被褥的橱柜，寄宿制幼儿园还应在睡眠室内设置卫生间，定期给予幼儿选择床位的机会，消毒措施要及时跟上。

（6）寝室的光线色彩要柔和温馨，寝室色彩宜用蓝色系，稳定幼儿情绪，保证幼儿每天有充足的午睡时间。

图 6-6　睡眠室

以下为幼儿园标准教室面积和人数的规划图表，如表 6-1 所示。

表 6-1　幼儿园教室空间设计规划

年龄段	楼层	卫生间面积（m²）	室内活动室面积（m²）	卧室面积（m²）	每班幼儿人数	床位	如厕
小（托）班	一楼	15	40	30	20～26 人	单层床	男女同厕
中班	二楼	20	50	40	25～30 人	双层、单层床	男女分厕
大班	三楼	20	55	40	28～34 人	双层床	男女分厕

二、餐厅

一般来说，在全日制幼儿园里，幼儿每天有三餐饭和一次点心。一般幼儿园用活动室的桌子兼做餐桌，如有专门的餐厅，应注意餐厅的设计，以橘色最能引起人的食欲。此外，墙面装饰各种食物水果图片等餐厅是为幼儿园师生提供餐点的场所，一般幼儿园若空间不足，可将餐厅附设于活动室内。标准的食堂（厨房）应有两个单独出入的门，方便食品"生进熟出"。保证幼儿食品健康安全。

食堂应尽量设置在幼儿生活用房的下风方向，与幼儿生活用房既要有适当的距离，又要交通便捷，使用方便。具体设置方式有如下 3 种：

（1）独立设置幼儿食堂。

（2）与幼儿生活用房毗邻设置食堂。

（3）将食堂设置与主体建筑内。

餐厅与备餐室（包括厨房、配餐室和储藏室）关系密切，标准的食堂应该包括主副食加工间、配餐间、仓库、餐具消毒间和工作人员更衣间等。各功能区之间应既相互独立又相互连接，方便炊事人员操作。食堂的总使用面积应与幼儿园规模成正比，按有关规定最小不得少于 80 平方米。其中加工间和烧火房面积不得小于 58 平方米。除仓库外各区都应安装进出水管道和供大功率用电器工作的电源插座。食堂应根据功能区的特点和要求放置相应设备，如工作台、多层货架、保洁储藏柜、多层餐车等。屋顶应采用铝质扣板进行全封闭吊顶，地板应用防滑防水不沾油的地砖，此外还应注意：

（1）主副食存放应注意防潮、防霉、防虫。

（2）用于洗菜的水池应标明清洗的流程。

（3）厨房显眼的墙面应粘贴相关制度，如工作人员职责、全园一日食品进出登记表等。

（4）全园就餐幼儿人数统计表的填写，能提示和监督食堂工作，做到有计划有减少浪费。

因此这里一并讨论其设置的注意事项：

（1）餐厅应设于采光、通风良好之处，面积以能容纳全园幼儿用餐为佳，并设置纱门、纱窗，慎防昆虫、老鼠、猫、狗的侵入；应与厕所及其他不洁场所隔离，以确保清洁卫生。

（2）厨房应有足够提供全园食物的现代化储存设备及供给食物设备；地板应使用不渗透水、易清洁、不纳垢的材料铺设；天花板应为白色或浅色，表面平滑、易于清洗；厨房四周及地面应保持整洁，空地应酌情铺水泥或植草皮，以防灰尘。

（3）配餐室应设有餐车置放空间。餐车搬运途中，应注意餐食、点心的良好保温，并防止食物、餐具的污染，以及避免危险、意外的发生。

（4）储藏室用于储存各类食品材料，如鱼、肉、蔬果等，需靠近厨房，以便随时取用；冷冻、冷藏设备应设有温度指示器，定期除霜并保持清洁。

图 6-7 幼儿园厨房和餐厅

三、洗手间

幼儿园的洗手间通常包括厕所与盥洗室两部分。设置洗手间时，应注意以下几点：

（1）洗手间宜设在距班级活动室最近之处，以便于幼儿入、洗手，也易于教师照看和检查。

（2）保证洗手间内通风良好，但应避免污浊空气传入活动室、睡眠室等幼儿活动空间。在条件允许的洗手间最好朝南，以利于阳光对室内环境进行紫外消毒。

（3）便池、洗手池的形式、尺寸都应符合幼儿的人体尺寸和卫生防疫的要求，盥洗池的高度应为 0.50～0.55 米，宽度为 0.40～0.45 米，水龙头的间距为 0.35～0.40 米。

（4）可在洗手间的墙面上粘贴一些有关幼儿卫生习惯的图片，以培养幼儿从小讲卫生、守公德的良好举动和习惯。无论沟槽式或坐蹲式大便器，均应有 1.2 米高的架空隔板，并加设幼儿扶手，每个厕位的平面尺寸为：0.80 米×0.70 米，沟槽式的槽宽为 0.16～0.18 米，坐蹲式便器高 0.25～0.30 米。

（5）炎热地区各班卫生间应设冲凉浴室，热水洗浴设施集中设置，且应为独立空间。

（6）除此之外，卫生间的设计还应考虑到：

在盥洗间的墙上可以挂一些有趣的画，或是培养幼儿文明如厕习惯的宣传画和标识，如便后冲水，如厕的习惯等。盥洗间的洗手台上除了放置一些肥皂、擦手巾之外，还可以贴一些宣传画和标识，如洗手的步骤，节约用水等。

图6-8　洗手间

第四节　幼儿园附属设备的设置

幼儿园附属设备的
设置

幼儿园附属设备中与幼儿关系密切的有桌椅、公告栏、橱柜、避难设备等，现对以上设备设置的注意事项进行简单介绍。

一、桌椅

桌椅是与幼儿关系最密切的教学设备，主要用于幼儿进食、上课、做作业和桌面游戏。桌椅的设置应注意以下几点：

（1）由于幼儿园小班、中班、大班幼儿的身高相差较远，因此应根据不同年龄班幼儿的身高订制不同尺寸的桌椅。国家质量监督检验检疫总局颁布的《学校课桌椅功能尺寸》就规定了幼儿园各年龄班桌椅的设计尺寸标准，如表6-2所示。

表6-2　幼儿园桌椅尺寸表　　　　　　　　　　（单位：cm）

班级	身高范围	标准身高	适用桌椅型号	桌面高	椅面高
小班	98~112	105.0	幼3号	46	25
中班	105~119	112.5	幼2号	49	27
大班	113以上	120.0	幼1号	52	29

（2）为增加桌子使用的灵活性和活泼感，可订制不同几何形状的桌子。还可配合教学和活动之需，进行不同组合。例如，在上音乐课时可以组合成半圆形，做游戏时

可以组合成圆形，跳舞时将所有的桌椅移至墙边等。

（3）由于椅子要经常搬动，为适应幼儿的体力，其重量不应超过幼儿体重的十分之一，即椅子重量 1.5～2 千克；椅子的造型和色彩可活泼一些，以渲染室内环境氛围；椅背及椅座则应符合人体外形特点，略呈弧度。

图 6-9　幼儿园桌椅

二、公告栏

公告栏是一个多目标的教育园地。通过公告栏的展示，既可反映幼儿现在的兴趣，也可提供教学的机会。

设置公告栏时应注意以下几点：

（1）公告栏的位置通常设置于幼儿出入频繁的通道，如走廊、楼梯间，或活动室出入口处。

（2）公告栏的造型可依据教学需要做平面或立体的设计，其形状可采用正方形、长方形、菱形、圆形、椭圆形、梅花形或六角形等，既可以是单一的，也可以是多样变化的。

（3）公告栏的材质可根据展示物品的需求选择三合板、亚克力、磁铁板或软木板等，但应方便拆卸，以便随时更换。

（4）在公告栏的内容上，应以图大字小为形态，用生动的线条，以幼儿喜爱的卡通人物为主角。公告栏应放在幼儿可以平视的高度，传递有关安全（如交通规则）、认知（如认识标语牌上的字）等方面的教育信息。

（5）为教师设计的公告栏（如用以联系行政、教学或轮值工作的公告栏）应设于教师办公或休息处；为家长设计的公告栏处可设于家长接待区外，还可利用园门、院墙或另置小型看板的形式，以醒目的标题、鲜明的色彩，传递幼儿学习、亲子活动和教育新知等相关信息。

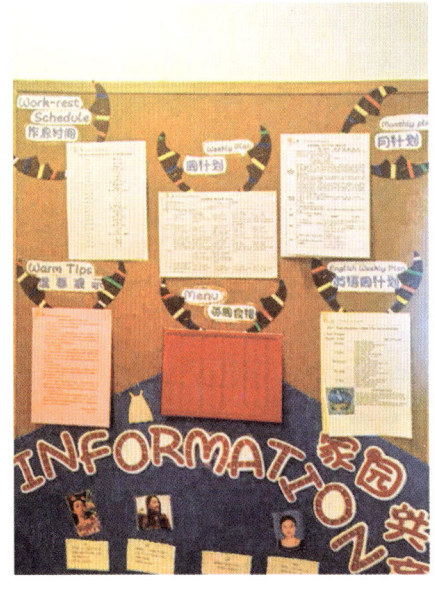

图 6-10　公告栏

三、橱柜

幼儿园的教室、睡眠室、办公室以及各个活动区内都应设置橱柜，以扩大收纳空间。

设置橱柜时，应注意以下几点：

（1）橱柜的位置设计应以近便为原则，以方便储藏设备的取用和存放。例如，教学用橱柜应设置于各学习区，个人用橱柜（用以存放幼儿的背包、外套、鞋子等）则应设置于活动室入口处，以便于幼儿就近取用。

（2）应注意开发橱柜的多种功能。例如，橱柜除可用于收藏物品外，还可用于各活动区的隔断，其台面和背面还可兼做展示柜，陈列幼儿作品。

图 6-11　幼儿园橱柜

（3）应根据不同年龄段幼儿的身高、操作灵巧度等选择橱柜的高度、大小、操作方式（如抽屉式、拉门式、托盘式），以方便幼儿使用。

（4）季节性使用的物品、备用物品，以及不可让幼儿随意取得的危险物品等。在空间充裕的幼儿园，可另辟储藏室或教具室来收藏。在空间狭小的幼儿园，则应放置于离地较高的柜里或将橱柜上锁。

四、避难设备

幼儿园的避难设备主要包括警报设备、灭火设备和避难逃生设备三种，应恪守"宁可百日不用，不可一日不备"的原则按规定设置，以备不时之需。

（一）警报设备

警报设备是指能报知火灾发生的机械器具，主要包括以下两类：

（1）火警报警设备：如报警机、警铃、警示灯、烟感报警器等，应按规定装置且功能良好。

（2）紧急广播设备：应按规定装置且效果良好，并注意紧急电源供电正常。

（二）灭火设备

灭火设备主要包括消火栓设备和灭火器：

（1）消火栓设备：如消防水源设备、水泵、马达、操作盘、消火栓箱和消火栓水口等，应按规定装置，且各部分功能良好。

（2）灭火器：每层楼地板面积 200 平方米以下者应配置两个；超过 200 平方米的场所，每增加（包括未满）200 平方米增设一个。灭火器应固定放置于取用方便之处，外表为红色或红白条相间的喷漆条纹，并标明灭火器字样、出厂（装药）日期、有效期限。使用方法可粘贴于墙上。悬挂式自动灭火器的上端与地板的距离，18 千克以上者不得超过 1 米，18 千克以下者不得超过 1.5 米；悬挂式自动灭火器应挂于被防护物的正上方。

图 6-12　消火栓设备

（三）避难逃生设备

避难逃生设备是指火灾发生时为避难而使用的器具、标示等，包括以下几种：

（1）紧急照明设备：应装置在避难通道上。

（2）避难设备：包括避难梯、避难桥、救助袋、缓降机、避难绳索、滑竿等。

幼儿园教学楼地板面积 500 平方米以下者，至少应设两个；每增加（包括未满）500 平方米，加设一个。

（3）逃生设备：安全门应为防火构造，且不可改造为普通门，并注意不能擅自加锁，妨碍紧急逃生，且其上方出口标示灯应能亮灯指示。安全梯间与紧急逃生通道上应按规定装置紧急照明灯，并注意不能堆积物品或另作他用；且应在适当处所装置避难方向指示灯，以利于紧急逃生。

（4）标示设备：包括安全出口指示灯、避难方向指示灯（标）、严禁烟火标志等，且能亮灯指示。

图 6-13　安全出口指示灯

第五节　幼儿园玩教具的设计与制作

《幼儿园教育指导大纲（试行）》要求：幼儿园教育应尊重幼儿身心发展的规律和学习特点，以游戏为基本活动形式。游戏是幼儿的天性，玩具则是他们亲密的伙伴。在学前教育活动中，教师应该赋予玩具以教育意义，增加教具的趣味性。玩教具不仅仅是以教师制作为主，儿童的参与制作与互动同样具有重要意义，这也是学前教育培养儿童综合素养的重要途径。

玩教具的设计与制作

目前幼儿园使用的玩教具，一部分是购置的，另一部分是自制的。前者以大型活动玩教具和塑胶、机械类组合玩教具为主，这类玩教具有一定的生产工艺要求，使用周期较长；后者则是幼儿园教师根据教育教学需要自行设计制作的。幼儿园教师自制的玩教具，是一种教学或辅助教学的用品，它是教师根据教育需要和幼儿发展需求，对各种自然资源和材料，进行收集、分类、加工、改造、组合，重新进行玩教具制作的产物。这类玩教具制作工艺简单，使用周期短，但更贴近教学，更贴近幼儿，是幼

儿园购置玩教具不可或缺的重要补充。

一、玩具与教具

玩具与教具在幼儿园的各项教育活动中都不可或缺。对教师而言，在教学活动、游戏活动或户外活动的组织中恰当地运用玩教具，能够激发幼儿的求知欲，提高幼儿的学习兴趣，达到良好的教学效果。对幼儿来说，玩教具能促进他们的感知觉、语言、动作技能和技巧的发展，培养幼儿的观察力、注意力、想象力和思维能力，开拓其视野，激发其欢乐情绪，培养其良好品质。

（一）玩具

1. 玩具的概念

玩具，即用于"玩"的器具，是指儿童游戏时用到的物品或器械。它是借助一定的物质材料（如纸、布、塑料、木材、金属等）依据一定的设计要求，通过手工制作或工业化生产完成的。其形式有可视的、平面的、立体的，集游戏、娱乐、教育功能于一身，适合于学前儿童年龄及身心发展的游戏工具。玩具的概念有狭义和广义之分。狭义的玩具是生产（制作）意义上的，即一切以游戏活动为制作目的的用具。无论是厂家生产的，还是人们手工制作的，也无论是非游戏者制作的，还是游戏者自己制作的，都可归于此类。而广义的玩具可以是任何一件物品，无论它是自然物还是人工物，只要能够引发人们去玩、去游戏，并实际地进入了玩乐、游戏活动，那么，它就成了玩具。广义玩具的本质意义是进入游戏活动的存在物，甚至人也可以被当作玩具。当然，物品能否成为玩具还要受限于游戏主体的能力范围，如太阳、高山、大海、火车和飞机等都不可能成为实际的玩具。

本教材中所讲的玩具都是狭义的玩具，是指供人们尤其是幼儿玩乐和游戏的器具，其中包括幼儿和家长共同制作的器具。

2. 玩具的种类

据统计，目前国际市场上的玩具品种多达两万余种。根据玩具的特性和功能，可将玩具分成以下几种类型。

（1）形象玩具

形象玩具具有具体的形象，这些形象大多是对实物原型的模拟，也有的并无原型，而只是原型的组合、变形，甚至是纯属想象出来的形象。形象玩具的特点是生动、可爱、有趣，对幼儿有直接的吸引力，能引发幼儿的直接联想，发展幼儿的认知能力，刺激幼儿的游戏欲。形象玩具包括娃娃玩具、动物玩具、禽鸟玩具，以及各种交通工具、日常用具等，其中尤以娃娃玩具和动物玩具为优。在游戏中，它们被幼儿当作真正的生命体，极具生动感。

图 6-14　娃娃玩具

图 6-15　动物玩具

（2）音响玩具

音响玩具是指能发出悦耳声音或模拟乐器的玩具，如铃棒、小铃铛、铃鼓、小喇叭、小钢琴以及能够捏响的塑胶玩具等。音响玩具能引起幼儿对声音和旋律的兴趣，对幼儿的美育发展具有很重要的意义。

（3）结构玩具

结构玩具是指幼儿在构建、装拆、组合、排列各种物体时所使用的各种构件。结构玩具通常由立方体、棱柱体、圆锥体、圆柱体等几何形体组成，有各自独特的排列组合方法。如各种积木，由塑料和金属制成的各种建造材料、装饰物、结构拼板等，其作用在于发展幼儿的灵巧性和建造能力。

图 6-16　音响玩具

图 6-17　结构玩具

（4）智力玩具

智力玩具又称益智玩具，可以让幼儿在玩的过程中受到教育，获得知识，发展智力。智力玩具的种类很多，既包括民间玩具（如彩色球、彩色塔、套叠玩具等），也包括各种可做建构游戏的玩具（如锁套玩具、镶嵌玩具、小木棒等），还有各种机械玩具、棋牌玩具、识字卡、拼音盘等。其中，七巧板是一款用以启发幼儿智力的经久不衰的智力玩具。

图 6-18　七巧板

资料链接

七巧板

　　七巧板是由五块等腰直角三角形（两块小型三角形、一块中型三角形和两块大型三角形）、一块正方形和一块平行四边形组成的。用七块板可以拼搭成各种几何图形，如三角形、平行四边形、不规则的多角形等；也可以拼成各种具体的人物形象或动物，如猫、狗、猪、马等；还可以拼成桥、房子、宝塔或者一些中、英文字符号以及数字等。

　　操作七巧板是一种发散思维活动，有利于培养幼儿的观察力、注意力、想象力和创造力，因此，七巧板不仅具有娱乐价值，还具有一定的教育价值。七巧板可以持续不断地反复组合，已引起哲学、心理学、美学等多领域的研究者的兴趣，还被作为制作商业广告和印章的辅助手段。

（5）娱乐玩具

　　娱乐玩具又称趣味玩具，是指模拟人和动物的滑稽造型和动作而设计制作的玩具，如常见的不倒翁、布老虎等。娱乐玩具源于民间玩具，部分取自民间戏剧演出的场面。这些玩具以活动性、意外性和突然性为主要表现手法，其用意在于使幼儿得到娱乐，产生某种对喜悦与忧虑的共同感受，培养他们的幽默感等。

图 6-19　不倒翁

图 6-20　布老虎

（6）科教玩具

科教玩具是运用各种科学原理和现代科技成果制成的较高级的玩具。其品种繁多，包括各种小工具、模型及有关电、光、热、天文、气象、生物等方面的玩具，如航空航海模型、声控或无线电遥控玩具、光学玩具、小型电子游戏机等。科教玩具对培养幼儿学科学、爱科学的兴趣有着积极的意义。

图 6-21　无线电遥控玩具

（7）节庆玩具

根据庆祝节日活动的需要，幼儿园需准备一些节庆玩具，如灯笼、彩色小旗、花篮，以及化妆联欢会上表演用的表现动物形象的头饰、面具、尾巴等。此外，节庆玩具还包括民间传统节庆活动中所需的一些玩具，如爆竹、兔儿爷、走马灯等。节庆玩具的颜色鲜艳，能引起幼儿的欢乐情结。

图 6-22　各种节庆玩具

（二）教具

教具是指各种在教学工作中教师用来讲解或说明某事物时的模型、图标和幻灯等感知材料及用具，主要用于辅助教学。教具主要有以下几种形式：

实物：即实地参观或将实物带至教室内展示。例如，带领幼儿参观动物园、飞机场或在教室养蚕宝宝、小蝌蚪，让幼儿亲眼观察真实事物的形态。

标本：当无法带幼儿进行实地参观或无法带实物到教室时，教师可用标本作为教具。标本的种类有动物标本（如鸟、鱼、青蛙等）、植物标本（如花、草、树、蕨类等）、矿物标本（如火山岩、页岩等）。

图 6-23　植物标本

影片：让幼儿通过影片内容了解实物的动作和形态，如马的一生、荷花的生长过程等。

模型：这是实物的复制品。制作的各种模型可根据实物的具体情况进行同比例放大或缩小。人体器官模型、建筑模型、交通工具模型等都是幼儿教学活动中经常使用的教具。

幻灯片、挂图：可将文字、图片、声音、动画等多媒体组织起来，制作成可视性较强的幻灯片或教学挂图，使其内容更具动感和趣味性，充分激发幼儿的学习兴趣。

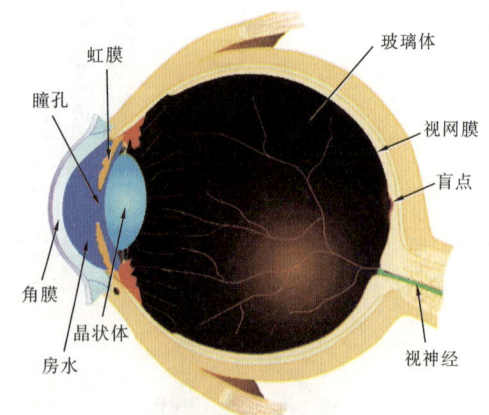

图 6-24　眼球构造模型　　　　　　图 6-25　眼球构造挂图

照片：可将报纸、杂志上的照片展示给幼儿，提供视觉的资讯。常用的照片如建筑、山水、器皿等。

图画：这是一种十分方便的教具。教师可按需要随时画给幼儿观看。图画在幼儿园教育工作中的地位非常重要。

（三）玩具与教具的关系

广义的玩具概念包括教具，其对象是幼儿的教学用具，为了吸引幼儿的兴趣，必然会带有浓郁的游戏色彩，因此，从游戏者的角度来看，这些东西当然就是玩具。而狭义的玩具与教具这两个概念则是相互交叉的，对于成人来说，交叉部分很小甚至完全独立；而对于幼儿来说，交叉部分很大甚至有时完全重合。例如，对于某些幼儿玩具，我们可以将其称为教具。

学前教育主要是启蒙教育，其教学形式主要采用游戏形式，因此，玩具应该是学前教育中最理想，也是最普通的一种教具。同样，学前教育中使用的教具也应该是幼儿的一种玩具。然而必须指出的是，学前教育中用以进行启蒙教育的玩具与一般对幼儿起自发作用的玩具并不完全相同。这种玩具是教育者根据一定的教育目的，有计划地选择或自行制作的，是为特定年龄阶段的幼儿而设计和制作的。例如，蒙台梭利教具在很大程度上应该归为教具，而不是玩具。

资料链接

蒙台梭利教具

蒙台梭利教具是由意大利著名教育家玛丽亚·蒙台梭利依据其教育思想而发明设计的。

蒙台梭利教具主要分六大领域，包括感官教育教具、数学教育教具、语言教育教具、科学文化教育教具、日常生活教育教具和音乐教育教具。其中，比较经典的教具是感官教育教具部分，如插座圆柱体、粉红塔、棕色梯和长棒等。蒙台梭利教具的最大特点在于，幼儿通过自主地操作教具，可以从中获得大量的感官经验，掌握不易理解的数理知识。

图 6-26　蒙台梭利教具

二、幼儿园设计制作玩教具的原则

好奇是人类的一种天性，是兴趣和创新的原动力，凡是新奇的事物，都会使幼儿产生好奇心。幼儿园自制玩教具对每个幼儿、教师来说都不陌生，它是幼儿教师必备的一项基本功。它既可以用于教育教学，又可以对孩子进行热爱自然、珍惜资源、关心和保护环境意识的培养。利用废物避免污染，充分利用它们来进行环保小制作。让幼儿懂得节约能源、关注环保，同时在小制作中培养幼儿的动手能力、创造能力、发散性思维、合作精神，这些将对他们今后的保护环境行为产生深远影响。设计与制作是普通玩教具生产的两个基本环节，幼儿园教师自制玩教具也基本相同。所谓设计，即对拟制作的玩教具进行总体形态构思，并用图纸表现出来，即根据设计图纸去选料、剪裁、加工，把纸上平面的设计图像变成立体的、可触摸的具体形象。设计制作玩教具时应遵循以下原则。

（一）符合幼儿的年龄特点

不同年龄段的幼儿在心理发展、动作发展等方面存在着差异，因此设计者应从不同年龄段幼儿的实际能力出发，设计制作难易程度适中、符合幼儿实际发展水平的玩教具，使幼儿园各年龄班投放的玩教具突出层次性和阶段性，按照由简到繁、由易到难，螺旋式上升的递进过渡关系，满足不同幼儿的需求。在幼儿园数学教育活动中，直观层面的替代性设计能帮助幼儿进行数字概念的学习。例如，玩教具《益智迷宫》，就是幼儿画册中的走迷宫。教师根据幼儿的年龄特点，添加不同的教育内容，发挥不同的功效，就体现了玩教具的多功能性。也就是说大班、中班、小班的幼儿都能根据自己的需要进行游戏。如小班的幼儿游戏时，可沿着1～5的顺序走；中班的幼儿游戏时，可以沿着1～10的顺序走；大班的幼儿游戏时，可以沿着单双数的顺序走。

（二）能充分吸引幼儿的兴趣

幼儿喜欢的玩教具往往是形象突出、线条简练、特征明显、色彩鲜艳。因此，应尽可能选择用简单几何线条组合起来的，通过整理或适当夸张，具有一定艺术性的形象来激发幼儿的兴趣，培养幼儿的美感。除了注意玩教具的优美造型和色彩外，还应尽可能设计一些能发声、发光或能活动、装拆和组合的玩教具。总之，为幼儿设计制作的玩教具必须既适合他们的能力水平，又能引起他们的兴趣。例如，某幼儿园为"水果超市"制作的教具就是教师利用不织布（毛毡）剩下的边角小料和幼儿一起制作出各种造型的水果玩具，然后在教室搭建布置了"水果拼超市"，在这个区域活动场地里，幼儿们玩得十分开心。

小提示：

幼儿的玩教具大多颜色较为鲜艳，这是因为高纯度和高明度的色彩比较容易引起幼儿的注意。但同时也要注意色彩的协调搭配，户外使用的运动型玩教具颜色可以鲜艳一点，室内使用的操作型玩教具颜色则要柔和一点，以免刺激过度引起幼儿的视觉疲劳。

（三）注重操作性和实用性

幼儿的思维非常形象具体，思维活动有赖于具体的物体和动作。因此，幼儿的玩教具最好是多动多变、可拆、可拼的。让幼儿通过动手来带动思维、促进发展。例如，在设计幼儿玩"过家家"游戏用的小家具时，如果只是注重了形状，将沙发、床、柜子等做成固定的形状，就很不利于幼儿的动手操作；而如果将这些小家具设计成能活动的，就可以让幼儿自己拆装组合，更能提高幼儿的兴趣。

同时，玩教具不是用来观赏的，而是让幼儿动手操作的，只有让幼儿动手操作，才有实际意义，才能体现其真正价值。因此，在设计玩教具时，必须注重其可玩性，同时还应考虑玩教具的牢固度。幼儿操作的玩教具一定要实用、耐用，且便于拆装和保存。

（四）经济环保

设计制作玩教具应就地取材，最好采用本地区较易取得的自然物、生活中的废旧物品和价格便宜的材料。这样，既可以解决材料的来源问题，又可体现节能环保原则。

沿海地区可多选用贝壳、甲壳类的材料；山区可多选用竹、木类和羽毛类的材料；农村则可多选用秸秆类、叶类和植物壳类的材料；附近有工厂、百货商店的，可多收集一些废瓶、废纸盒和工厂的下脚料，如塑料碎块、碎铁皮、碎布条等。此外，日常生活中也有很多废旧物品都可作为制作玩教具的材料，如废旧的雪碧瓶、可乐罐、纸杯、纸碟、碎布、报纸、塑料袋、鞋盒等。即使在幼儿园，也可以找到许多废旧物，如铅笔头、粉笔头、蜡笔头、废纸张、旧画报和纸盒、纸箱类的东西。这些材料经过精心设计和巧手加工，都可以变废为宝、变旧为新，成为既好玩又好看的玩教具，同时还有助于培养幼儿勤俭、爱劳动、爱惜劳动成果的良好品质和习惯。

（五）安全卫生

保证幼儿安全是幼儿教育工作者的重要职责，设计制作玩教具也要遵循安全这一重要原则。如果自制玩教具不符合安全、卫生的要求，不仅会使幼儿受到伤害，还可能成为传播疾病的媒介。教师设计制作的玩教具从选材和制作上要看它是否结实、耐用、卫生，有没有尖锐的东西可能误伤到幼儿；不可使用小的珠子，以免幼儿吞食或造成窒息伤害。当幼儿首次接触玩教具时，教师都要亲自操作演示，确保幼儿安全有序地进行游戏，把可能发生伤害的危险降到最低限度。因此，设计制作玩教具必须注意以下几点。

（1）在材料选择上，应采用无毒、卫生的材料；选取废旧物品时，应避免选取易霉烂发臭的材料，同时还要做好清洗和消毒工作。

（2）在制作过程中，要避免使用钉子、大头针、铁丝等容易刺伤幼儿的用具。如必须使用，则要注意避免它们的尖锐部分暴露在玩教具的表面，必要时可以采用截断或裹扎的方法予以防护。

（3）玩教具的大小、轻重应符合幼儿的年龄特点；在玩教具的结构上，无论是粘接、榫接还是钉接，都应做到牢固可靠，经常洗晒也不易变形、松散、褪色。

小提示：

榫接是指将两块材料中的一个做出榫头、另一个做出榫眼，然后将二者穿到一起，靠材料的摩擦力将两块材料固定。

（六）注重幼儿的参与性和互动性

为幼儿设计制作玩教具，其活动本身就具有很大的教育意义。应该注重幼儿的参与，为幼儿提供更多参与和互动的机会，有效地发挥活动的教育作用，在设计制作玩教具的过程中，既可以启发幼儿参与玩教具的设计，也可以让幼儿参与制作玩教具的某个部分或环节。这样不仅能促使幼儿充分发挥他们的想象力和创造力，还能使幼儿在参与过程中明白"有劳动才有收获"的道理。

三、自制玩教具的构思方法

玩教具的设计构思有两种情形：一是先设计后选材。即根据使用需要，先做初步的设计构思，然后根据构思去寻找合适的材料。在选材和制作中不断调整、改进设计构思，最终完成制作；二是先选材后设计。即根据收集到的材料进行设计构思，看能用这些材料做出哪些玩教具。自制玩教具的构思方法主要有以下几种。

（一）原形法

原形法就是充分利用材料的外形特点来设计制作玩教具，保持所用材料的原形，只对其进行简单的加工和装饰。例如，用大小不等的圆筒状的食品包装盒可以制成水壶和茶杯；将松果涂成彩色，加上眼睛和四肢，就可以制成小玩偶；在纸箱上贴上旧画报的图片，加上旋钮（可用瓶盖制作）和天线，即可制成电视机的模型。

（二）变形法

变形法是指对一些不能直接利用其外形来设计和制作玩教具的材料，可以对主要材料进行分解、切剖和改装，最终制作出独具风格的玩教具。例如，可以通过剪开、粘贴的手法把瓦楞纸箱制成童话城堡。

图 6-27　纸箱城堡

图 6-28　彩虹亭

玩教具的制作

一、中国龙

（1）将所有的饮料瓶洗净晾干。

（2）将大的饮料瓶横放，中间部位打个洞，将棒子插到饮料瓶中固定。

（3）把手工纸剪成鳞片状粘在饮料瓶上。

（4）在饮料瓶底部钻个小孔，用细绳把饮料瓶连起来。

玩法：可以在户外活动时，组织几个小朋友一起表演舞龙；也可以在一些传统节日活动中，组织孩子表演舞龙。

二、小鼓和风铃

（1）收集大小不一的饼干罐、奶粉罐、八宝粥罐、玻璃瓶。

（2）根据音色排列组合或者悬挂，形成一组小鼓或者风铃。

玩法：幼儿一边听着音乐，一边进行打击乐节奏的配乐，或者根据简谱提示，敲击出简单的乐曲。

图 6-29　中国龙

图 6-30　玻璃瓶风铃

三、铺墙砖、铺地砖

各色剪裁好的小块 KT 板、画好边线的厚纸板。

玩法：幼儿按照自己的图形经验将墙砖、地砖铺在墙面、地面上，全部填满后游戏结束。幼儿可以自行设计组合颜色。

四、皮影戏

（1）在塑封纸上用线描画、儿童画等方式绘制文学、艺术作品。

（2）把人物、动物的各关节剪下，用针线把关节部分钉起来，形成活动的形象。

（3）用钉子把筷子和塑封纸组装起来，制成表演把手。

玩法：幼儿手持皮影把手，配合音乐、语言等，在投影板上移动表演。

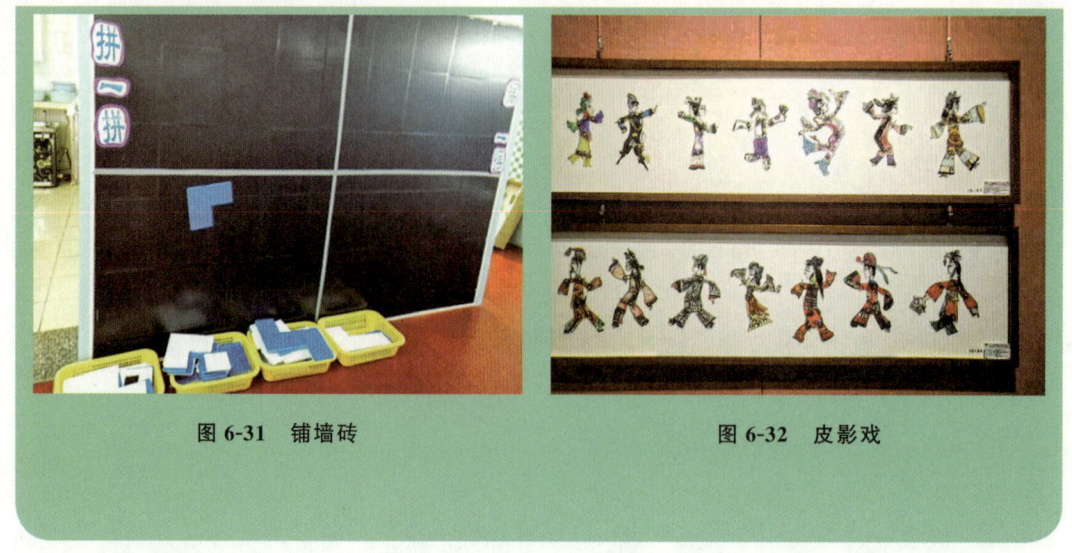

图 6-31　铺墙砖　　　　　　　　　　图 6-32　皮影戏

（三）分解法

分解法是指根据材料的外形和材质特点，将其重新组合（如穿插、衔接或装订），变换成新的形象。例如，可将厚纸板裁成纸条，穿插制成纸枪；用碎木块制成拼板、积木；用废弃的易拉罐、饮料瓶、化妆品包装盒等这些随手可得的材料制作成既实用又美观的生活用品等。

图 6-33　饮料瓶玩具

（四）组合法

在日常生活中往往可以收集到一些零零碎碎且数量很多的废品，如植物的外壳、贝壳、羽毛、废纸等，将这些材料组合起来加以适当加工，也可制成玩教具。生活用品中的扫把、瓦楞纸、纸巾等就是用这种聚零为整的方法制作而成的，按照这种思路，我们可以用纸板组合成动物，比如，用塑料绳做成毽子，用布头做成沙包等。

图 6-34　包装绳毽子

图 6-35　沙包

（五）拼合法

拼合法是指采用粘贴、缝合、焊接等方法制作玩教具。我们可以根据教学要求与年龄特点，使用不织布设计制作各种不同造型内容的玩教具。例如，用平面不织布材料拼图剪裁。

图 6-36　不织布早教书

以上五种方法仅仅是自制玩教具中常用的构思方法，在实际设计制作过程中，往往需要根据具体情况灵活选用。有时制作一件玩教具，需要综合应用多种构思方法，而对于同一种材料，也需要不断地发挥自己的创意，设计制作出不同的类型。

不织布基础针法

首先，在不织布上画好形状条，然后按照描绘好的线条裁剪好。不织布缝制的基础针法包括：平针缝、半回针缝、全回针缝、锁边缝、贴布绣、打子绣、斜线绣、缎面绣、接线、藏针收尾。锁边缝遇到障碍物的缝法、小挂件的缝法也是需要教师掌握的内容。

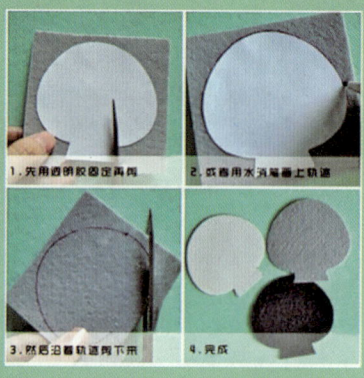

图 6-37　裁布型

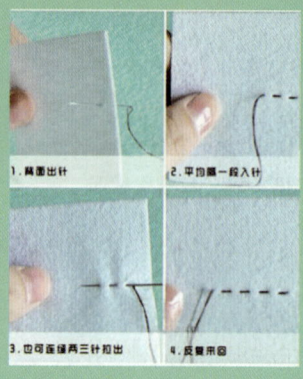

图 6-38　平针缝

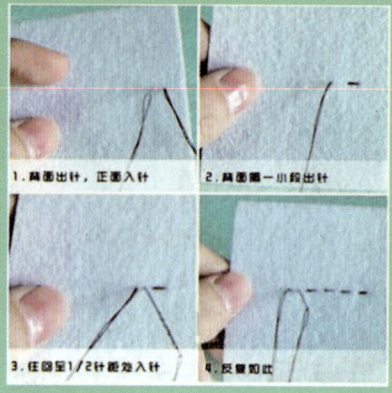

图 6-39　半回针缝

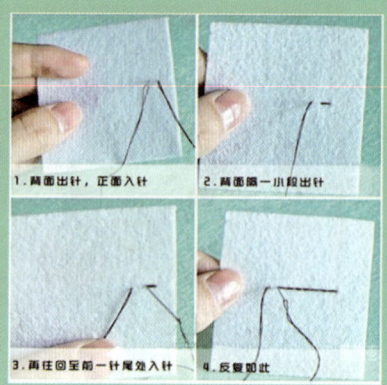

图 6-40　全回针缝

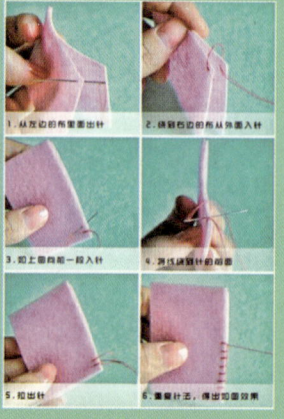

图 6-41　锁边缝之一

图 6-42　锁边缝之二

图 6-43　贴布绣

图 6-44　打子绣

图 6-45　斜线绣

图 6-46　缎面绣

图 6-47　接线

图 6-48　藏针收尾

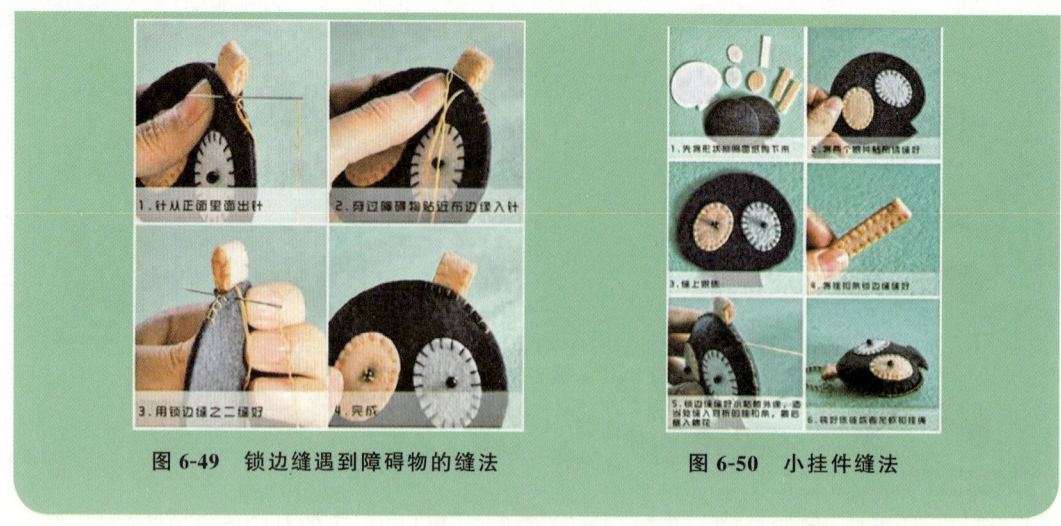

图 6-49　锁边缝遇到障碍物的缝法　　　　图 6-50　小挂件缝法

模拟实训——自制幼儿园小班不织布玩教具

【实训目标】

1. 培养学生的创意构思和设计能力。

2. 培养学生的动脑和动手能力。

3. 培养学生的研讨能力，提高团队意识与合作能力。

【实训要求】

1. 将全班学生分成若干个小组，每组 5～7 人，每组选定一名小组长。

2. 小组长组织本组组员以不织布为主要材料，运用创意构思和发散思维，制作完成适合小班幼儿游戏、教学使用的玩教具（例如不织布早教书或者其他教具）。

3. 各组成员进行交流和讨论，小组长注意随时捕捉创意火花，确定本组的最终作品，并自选材料将其做成成品。

4. 活动结束后，小组长写出本组同学设计思想的综述报告，提交给教师。

【实训考核】

教师根据表 6-3 所示的评分标准对各组进行评分。

表 6-3　评分标准

评分项目		分值	实际所得分值
设计与制作	科学性	20	
	创造性	20	
	美观性	20	
综述报告	条理性	20	
	规范性	20	
总计		100	

课后习题

1. 幼儿园单独设置的保健室，室内应配置哪些基本设备？

2. 幼儿园设置睡眠室应注意哪些事项？

3. 幼儿园设置公告栏应注意哪些事项？

4. 幼儿园设计制作玩教具应遵循哪些原则？

参考文献

［1］孔起英. 幼儿园美术教育［M］. 北京：人民教育出版社，2004.

［2］刘芳. 论主题活动背景下的区角活动创设［J］. 考试周刊，2012（49）：195－196.

［3］何桂香. 幼儿园环境创设新视角［M］. 北京：农村读物出版社，2008.

［4］袁调芬. 创设幼儿园特色环境［M］. 杭州：浙江科技出版社，2012.

［5］张建波. 幼儿园环境创设［M］. 北京：教育科学出版社，2014.

［6］李贞. 幼儿园环境创设［M］. 镇江：江苏大学出版社，2014.

［7］霍习霞，杨新荣. 幼儿园教育环境创设［M］. 武汉：华中师范大学出版社，2014.

［8］汤志民. 幼儿园环境创设指导与实例［M］. 上海：华东师范大学出版社，2013.

［9］袁爱玲. 幼儿园教育环境创设［M］. 北京：高等教育出版社，2010.

［10］李飞飞. 幼儿园墙面环境的创设要遵循"四项"原则［N］. 发展导报，2018－06－26（23）.

［11］顾晓洁. 浅谈如何创设幼儿园本土特色环境［J］. 读与写（教育教学刊），2019（8）：200.

［12］马婷. 浅析幼儿园区域活动环境创设的策略［J］. 才智，2019（36）：67.

［13］官慧云. 幼儿自主探究科学活动的环境创设［J］. 基础教育研究，2020（14）：97－98.

［14］陈晓芬. 幼儿科学区活动开展之我见：浅谈科学区的环境创设与材料投放［J］. 中国科技经济新闻数据库：教育，2018（3）：2，235.

［15］王燕. 幼儿园环境创设：理论与实践［M］北京：首都师范大学出版社，2019.